Marketing

Aníbal Pires, regente das cadeiras de Gestão Comercial I e Estratégia Comercial da Universidade Católica Portuguesa desde 1982, obteve o grau de Mestre em Gestão de Empresas (MBA) na Harvard Business School (Harvard University) e é licenciado em Engenharia pelo Instituto Superior Técnico. Tem desenvolvido actividades profissionais como gestor em empresas dos sectores alimentar e financeiro e como consultor em diversas empresas industriais e de serviços.

Marketing

Conceitos, Técnicas e Problemas de Gestão

Aníbal Pires

Editorial Verbo
Lisboa — São Paulo

Para o meu filho Miguel

© 1991 Aníbal Pires
e Editorial Verbo

1.ª Edição: 1991
2.ª Edição: 1998
3.ª Edição: 2002
4.ª Edição: 2008
Reimpressões: 1992, 1993, 1995, 1997, 2000, 2002

Composição: HGL, Lda.
Impressão: Fabrigráfica
em Outubro de 2008
N.º de edição: 2034
Dep. legal: 284 407/08

Prefácio

Introdução à 3.ª edição

Esta nova edição actualiza as anteriores com a inclusão ou desenvolvimento de temas e áreas do marketing que conheceram um significativo incremento nos últimos anos. Nomeadamente incluem-se as influências que as novas tecnologias de informação e comunicação estão a ter no marketing, nomeadamente a «internet» e a sua influência no marketing directo.

A boa receptividade às edições precedentes justificam a manutenção da estrutura básica do livro procurando apresentar os conceitos e técnicas de marketing de um modo amplo e útil à gestão de qualquer organização. As alterações e os novos temas desta 3.ª edição não modificam a estrutura inicial do livro.

À semelhança das edições anteriores aumenta-se o número de problemas e situações de marketing para análise mantendo e actualizando as que anteriormente demonstraram ser de utilidade para fins académicos e profissionais de gestão empresarial.

Objectivos

Ao reunir neste livro pensamentos, materiais práticos e pedagógicos que desde há alguns anos tenho vindo a experimentar, a aprender e a utilizar na minha actividade profissional como gestor, consultor e professor tenho como objectivos principais:
- Apresentar de um modo sistemático o que é o marketing e as funções do gestor de marketing.

- Descrever o conteúdo das actividades de marketing em organizações com ou sem fins lucrativos.
- Apresentar metodologias e técnicas básicas úteis para a gestão comercial das empresas.
- Estimular o leitor para a resolução de problemas de marketing numa óptica de gestão.

Este livro destina-se principalmente a estudantes universitários de Gestão de Empresas e a profissionais de marketing na fase inicial da sua carreira. Julgo ainda que o livro pode ser útil para estudantes e profissionais de outras áreas para os quais o marketing é relevante, e para o público em geral, que deseje clarificar alguns conceitos e práticas associados a esta actividade, por vezes fonte de controvérsias, mas cuja compreensão se torna indispensável nos mais diversos aspectos da vida e funcionamento das organizações e dos indivíduos na sociedade actual.

Não considerando o marketing como uma ciência, este livro opta por uma perspectiva de gestão, incluindo temas essencialmente práticos de utilidade para o gestor. O marketing não se aprende de uma forma passiva baseada exclusivamente na leitura ou na apreciação do que os outros fazem ou fizeram. O marketing aprende-se fazendo, experimentando e envolvendo-se pessoalmente nos problemas, procurando resolvê-los de uma forma activa. É assim que se incluem em cada capítulo conceitos, técnicas e problemas, que procuram que o leitor se envolva pensando, criticando e praticando.

Muitos dos materiais teóricos e práticos apresentados foram utilizados nas cadeiras de Gestão Comercial I e Estratégia Comercial do curso de Gestão de Empresas da Universidade Católica Portuguesa. Para melhor utilização deste livro, por parte dos docentes, foram elaboradas notas pedagógicas, reunidas no *Manual do Professor*, que inclui também propostas de resolução dos problemas incluídos no livro. O *Manual do Professor* apenas estará disponível a docentes.

Para além do reconhecimento da contribuição dos alunos da Universidade Católica Portuguesa, de quem fui professor, desejo renovar os agradecimentos a todos os que ajudaram a concretizar as anteriores edições. Por fim um agradecimento especial à minha mulher Carla Filipe pela dedicação e apoio na realização desta 3.ª edição.

1

Marketing

- *O que é o marketing?*
- *Que organizações utilizam o marketing?*
- *O marketing como filosofia de gestão*
- *Tendências do marketing*
- *Satisfação dos clientes*
- *As funções de marketing*
- *Elementos de análise económica em marketing*
- *Problemas*

O que é o marketing?

Os gestores, académicos e estudantes de gestão conhecem a existência de dezenas de definições de marketing. Todas elas têm contribuído para a compreensão e utilização prática de uma área da gestão que tem ultrapassado as fronteiras da área funcional normalmente designada por função comercial nas empresas. Muitos teóricos e práticos têm demonstrado que, de facto, o marketing ultrapassa uma mera especialização funcional como a produção, pessoal ou financeira. O marketing representa para as organizações e para os indivíduos que dela fazem partem uma filosofia de gestão, na medida em que inclui valores, técnicas e programas de acção com impacte em todas as áreas funcionais de uma organização. O marketing deve ainda condicionar o comportamento dos indivíduos que integram uma organização no sentido de assegurar a sua sobrevivência e o seu sucesso.

De um modo resumido e simplista, pode dizer-se que o **marketing** consiste na gestão da relação que qualquer organização tem com o mercado onde actua, no sentido de atingir os objectivos que persegue e satisfazer as necessidades do mercado. O **mercado** é o conjunto de clientes actuais ou potenciais que estão em condições e dispostos a oferecer algo em troca por um determinado bem pois reconhecem nele valor.

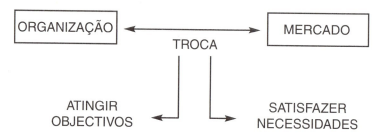

Desta definição decorrem alguns conceitos importantes:

O MARKETING É UMA ACTIVIDADE QUE GERE RELAÇÕES DE TROCA

O marketing só existe quando uma entidade (organização ou indivíduo) tem algo para oferecer que outra entidade (mercado) está disposta a adquirir, pois reconhece valor na oferta. A troca realiza-se entre duas entidades que identificam vantagens em comprar e vender um determinado bem. As trocas que o marketing gere devem ser mutuamente vantajosas. Todas as partes envolvidas na troca têm de ganhar algo. Compete ao gestor de marketing encontrar o modo mais eficaz de satisfazer as partes envolvidas na troca e não só a organização a que pertence. Se numa troca apenas uma das partes é que ganha (a que compra ou a que vende) dificilmente se repetirá nova troca entre essas duas partes. No marketing, como actividade de gestão, não há lugar para este tipo de trocas.

O MARKETING É UMA ACTIVIDADE COM HORIZONTE DE LONGO PRAZO

O marketing não procura só criar relações de troca entre uma organização e o mercado, procura igualmente mantê-las ao longo do tempo. A manutenção das relações de troca entre duas entidades existirá enquanto ambas reconhecerem vantagens nessa troca. Com o tempo, a mudança das necessidades do mercado implica o ajustamento da oferta das organizações de modo a continuar a satisfazer essas necessidades. Ao iniciar-se uma relação com o mercado deve ter-se em conta a continuidade dessa relação. A futura relação de troca entre uma organização e o mercado não deve ser prejudicada ou até impossibilitada por um início defeituoso ou que aliene uma das partes envolvidas.

O MARKETING É UMA ACTIVIDADE PLANEADA E ORIENTADA POR OBJECTIVOS

As organizações desenvolvem a sua actividade de marketing de modo a atingir objectivos bem definidos (volume de vendas, quota de mercado, notoriedade, ...). Essa actividade inclui programas que possibilitam alcançar os objectivos, tais como programas de desenvolvimento de produtos novos, publicidade, força de vendas, etc.

Os programas de marketing, como os programas de produção, financeiros, pessoal, são planeados com horizontes de, pelo menos, um ano, e incluem os objectivos a atingir e as acções mais adequadas.

O planeamento da actividade de marketing permite também, com o decorrer do tempo e com o controle das acções desenvolvidas e seus resultados, aferir e melhorar os diferentes programas de acção de modo a atingir os objectivos propostos de um modo mais eficaz e eficiente.

O MARKETING É UMA ACTIVIDADE DIRIGIDA

O marketing numa organização é desenvolvido no sentido de satisfazer as necessidades de um mercado bem definido, através da oferta de produtos e serviços.

As acções de marketing devem destinar-se a mercados bem caracterizados de modo a ajustar correcta e eficazmente os produtos e serviços oferecidos às necessidades desses mercados. Nem sempre é possível satisfazer bem o mercado total com os bens oferecidos. Certos sectores do mercado valorizam de modos diferentes os bens que neles são comercializados. O marketing de cada um desses bens deve ser dirigido claramente para a parte do mercado que retira maior satisfação e atribui maior valor a esse bem. Isto implica conhecer as diferentes necessidades desses sectores e que as organizações desenvolvam um esforço de marketing de modo a satisfazer as principais necessidades das parcelas do mercado para quem vão dirigir a actividade.

Que organizações utilizam o marketing?

Definido deste modo, deduz-se que o marketing é uma actividade que não se desenvolve exclusivamente em empresas com fins lucrativos. Para estas, a necessidade do marketing é evidente, pois as empresas necessitam de identificar os produtos ou serviços mais adequados aos mercados-alvo que pretendem atingir e desenvolver acções que possibilitem a comercialização desses bens com sucesso, atingindo os seus objectivos.

O marketing também se aplica noutro tipo de organizações, já que, de um modo ou de outro, qualquer organização só justifica a sua existência na sociedade se trocar com o exterior bens que a sociedade ou suas partes valorizam.

Não é assim de estranhar que organizações como hospitais, forças armadas, partidos políticos, serviços públicos, etc., incluam o marketing nas suas actividades de modo a atingirem os objectivos específicos e satisfazerem as necessidades das partes da sociedade que pretendem servir.

O marketing aplica-se assim a organizações com ou sem fins lucrativos que trocam com o exterior produtos ou serviços. Os mercados a que se destinam esses produtos ou serviços podem ser constituídos por indivíduos ou agregados familiares e, nesse caso, esses bens designam-se por **bens de consumo**, ou podem ser constituídos por organizações, sendo então chamados **bens organizacionais ou industriais**. As empresas que comercializam bens de consumo desenvolvem negócios B2C (business to consumers), enquanto aquelas que comercializam bens organizacionais actuam em negócios B2B (business to business).

A diversidade das organizações que utilizão o marketing conduz ao aparecimento de áreas mais especializadas:

Marketing Empresarial	-	marketing desenvolvido por organizações com fins lucrativos
Marketing Social	-	marketing desenvolvido por organizações sem fins lucrativos
Marketing de Bens de Consumo	-	marketing de bens cujo mercado é constituído por indivíduos e famílias
Marketing de Bens Organizacionais ou Industriais	-	marketing de bens cujo mercado é constituído por organizações

Também é comum classificar o marketing de acordo com o tipo de bens transaccionais: Marketing de Serviços, Marketing Financeiro, Marketing Turístico, Marketing de Retalho, etc.

O marketing como filosofia de gestão

Foi já referido que o marketing ultrapassa os limites de uma especialidade funcional na gestão empresarial. Na medida em que identifica e assegura as relações de troca entre a empresa e o exterior, o marketing influencia decisivamente todas as outras áreas de gestão da empresa e condiciona os valores e comportamentos dos gestores.

O sucesso de uma empresa depende fundamentalmente da forma como os indivíduos e organizações exteriores à empresa valorizam aquilo que a empresa tem para oferecer. Se a sociedade, ou partes dela, não reconhece valor nos bens oferecidos por uma organização, na medida em que não satisfaz os seus desejos, então essa organização não tem motivos lógicos para existir.

Uma empresa ou qualquer outro tipo de organização não existe porque tem gestores, pessoal qualificado, equipamento e instalações ou sistemas de controle mais ou menos sofisticados.

Uma empresa ou qualquer outro tipo de organização existe porque tem clientes, indivíduos ou outras organizações que reconhecem utilidade na oferta da empresa e se dispõem, directa ou indirectamente, a pagar para que a empresa exista.

A empresa, incluindo os seus activos materiais e humanos, tem de se adaptar ao exterior, e não este à empresa.

O centro de gravidade da gestão está no exterior da empresa, nos mercados que atinge, nos concorrentes, nos agentes sociais que podem influenciar a sua actividade. A identificação das necessidades dos mercados, da posição concorrencial da empresa, da evolução do contexto socioeconómico, definem como a empresa se deve organizar, os bens que deve oferecer e a forma de o fazer, os recursos materiais e humanos necessários que deve possuir.

Só com uma óptica de marketing uma organização pode ser gerida deste modo em todas as áreas funcionais.

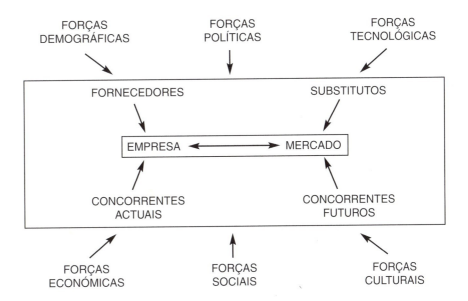

Gerir na óptica de marketing é partir das características e necessidades do mercado modelado pelas forças externas do contexto (demográficos, políticos, tecnológicos, económicos, sociais e culturais) e pelas forças externas do sector de actividade (fornecedores, substitutos, concorrentes actuais e futuros) que nele actuam.

Gerir na óptica de marketing é conceber estratégias e programas de acção para que a empresa responda às pressões do contexto mais próximo: a indústria onde actua. Nesta, a pressão e o jogo de poder que os fornecedores, os concorrentes, os produtos e serviços substitutos exercem sobre a empresa e o mercado são determinantes para a definição da estratégia mais adequada.

A gestão, na óptica de marketing, consiste numa aproximação mais geral e com maiores probabilidades de êxito a longo prazo do que as ópticas de produção e vendas, que ainda hoje prevalecem em muitas empresas.

A ÓPTICA DE PRODUÇÃO

Até ao fim do primeiro quarto do século xx a óptica de produção dominou, de um modo geral, os mercados mais desenvolvidos, e a principal preocupação da gestão era produzir e tornar disponíveis bens, de modo a satisfazer uma procura de produtos básicos geralmente superior à oferta. A prioridade dirigia-se compreensivelmente para a eficiência de produção e distribuição de produtos e serviços, a fim de satisfazerem a preços aceitáveis e de um modo rápido a procura excedentária. Os resultados das vendas possibilitavam a continuação da produção de bens semelhantes, a preços mais baixos.

Esta óptica de produção resulta bem quando só há que satisfazer necessidades básicas dos mercados (transporte, alimentação, segurança, etc.) com produtos estandardizados e baratos. O desenvolvimento desses mercados, com o aparecimento de outro tipo de necessidades e com a sua diferenciação, tornou muito limitada a gestão com a óptica de produção.

A ÓPTICA DE VENDAS

A gestão com óptica de vendas surge na sequência da gestão com óptica de produção. Quando o ciclo que alimenta a gestão com óptica de produção deixa de funcionar, os gestores não vão querer logo admitir o falhanço daquele tipo de gestão e procuram forçar o seu funcionamento. Para tal, procuram manter ou aumentar o volume de vendas dos mesmos ou de produtos semelhantes através de um esforço adicional: o esforço comercial.

O esforço comercial envolveria principalmente vendedores, que procurariam «empurrar» os produtos para os clientes, e promoções e publicidade que atraíriam os potenciais clientes.

Este tipo de gestão parte do princípio que os bens são vendidos, não comprados, que os potenciais clientes só adquirirão esses bens se a tal forem obrigados pela pressão do esforço comercial.

Os resultados da gestão com a óptica de vendas são positivos enquanto os bens comercializados continuarem a satisfazer as necessidades do mercado. Quando estas necessidades se alteram, o ciclo deixa de funcionar. O esforço comercial, mesmo acrescido, deixa de ter impacte no apoio à venda de bens que deixaram de satisfazer efectivamente as necessidades do mercado.

A ÓPTICA DE MARKETING

A gestão com óptica de marketing parte do exterior da empresa. Parte das necessidades do mercado.

O esforço de marketing aqui indicado é mais abrangente e complexo que o esforço comercial referido na óptica de vendas. O esforço de marketing envolve, para além dos vendedores, das promoções e publicidade, a prévia análise e estudo de mercado no sentido de identificar e interpretar as necessidades dos mercados e o seu acompanhamento. Inclui também a concepção dos produtos e serviços mais adequados à satisfação das necessidades e a escolha dos mercados mais predispostos a aceitar esses bens.

Uma empresa gerida na óptica de marketing parte sempre das necessidades do mercado estando mais apta a detectar mudanças nesse mercado e a ajustar a sua oferta. O esforço de marketing permite, em cada momento, satisfazer as necessidades do mercado e atingir os objectivos da empresa.

Este é o tipo de gestão que permite, a mais longo prazo, proporcionar o sucesso de uma organização na gestão das suas trocas com os mercados que pretende atingir.

Tendências do marketing

Este processo que traduz a óptica de marketing centrada na satisfação das necessidades dos clientes e na obtenção dos resultados desejados pelas organizações continua a ser essencialmente válido nos tempos actuais e sê-lo-á no próximo futuro. É no entanto necessário ter em conta as tendências que se verificam e que se admite continuarem a verificar-se no futuro, provavelmente de modo ainda mais acentuado.

Uma das principais tendências diz respeito às mudanças cada vez mais rápidas do contexto das organizações. Essas mudanças traduzem-se em alterações frequentes no comportamento dos consumidores e das suas necessidades, na disponibilidade de novas tecnologias cuja aplicação conduz ao desenvolvimento de novos produtos que permitem satisfazer melhor e a menor custo as necessidades existentes, o aparecimento de concorrentes inesperados, etc...

Outra tendência importante e que se intensificará no futuro é a rápida evolução das tecnologias da informação e comunicação que torna possível o seu uso por um número cada vez mais alargado de indivíduos e permite atingir cada um dos indivíduos de um modo mais personalizado.

Estas duas tendências implicam que o processo atrás descrito tenha de ser desenvolvido com maior rapidez e até por antecipação a acontecimentos futuros. Hoje há menos tempo para estudar convenientemente o mercado e desenvolver produtos e serviços adequadamente, pois pode suceder que quando estes cheguem ao mercado o contexto se tenha alterado invalidando os pressupostos com base nos quais esses produtos e serviços foram concebidos.

Os estudos e análises do mercado devem ser expeditos e focados a fim de minimizarem os riscos de introdução rápida de produtos novos, e de modo a que estas estejam no mercado quando os seus elementos deles tenham necessidade.

As alterações que estas tendências provocam têm impacte não só no marketing de uma organização mas também noutras áreas da sua actividade.

O sistema clássico que era o padrão até há poucos anos mas que no entanto continua a verificar-se em vários sectores de actividade baseia-se numa procura estável de bens que não apresentava modificações significativas ao longo dos anos e mesmo décadas.

Esta estabilidade permitia a existência de períodos de vida longos dos produtos, sem alterações importantes, que proporcionavam o tempo para estudar e lançar produtos novos baseados em processos de produção em massa que conduziam a produtos relativamente uniformes com custos baixos destinados a satisfazer as necessidades de mercados de grande dimensão e homogéneos.

O sistema moderno tem de basear-se na existência de mudanças rápidas do contexto, atrás referidas, que conduzem à instabilidade da procura, e à consequente vida mais curta dos bens produzidos. A elevada heterogeneidade dos mercados resultantes dessa instabilidade e da possibilidade actual de oferecer a cada cliente o que ele deseja, conduz à necessidade de produzir bens «à medida» a custos baixos, o que obriga à existência de processos de produção flexíveis que permitam também o desenvolvimento rápido de produtos novos.

A evolução em diversas actividades pode resumir-se do seguinte modo:

Procura estável	→ Procura instável
Grandes mercados homogéneos	→ Muitos mercados heterogéneos
Produtos uniformes	→ Produtos «à medida»
Processos de produção em massa	→ Processos de produção flexíveis
Ciclos de vida longos	→ Ciclos de vida curtos
Lançamento planeado de produtos novos	→ Lançamento rápido de produtos novos

As implicações mais importantes desta evolução para a actividade de marketing são:
- o conhecimento cada vez com maior antecedência das tendências futuras dos mercados
- a rapidez da introdução dos produtos novos no mercado de modo a estarem presentes quando se manifestar a procura significativa
- a capacidade crescente de satisfazer as necessidades próprias de cada indivíduo ou organização
- a utilização das novas tecnologias de informação e comunicação para atingir directamente cada cliente.

A possibilidade cada vez maior de considerar um indivíduo, uma família ou uma organização como um mercado específico, programando um esforço de marketing próprio para cada um deles, tem levado ao desenvolvimento rápido do Marketing Directo (ver em Política de Comunicação), e consequente crescimento das novas tecnologias de comunicação (TeleMarketing e Marketing Electrónico), aplicadas no Marketing Directo.

Por outro lado, as novas possibilidades tecnológicas de tratamento da informação tem permitido a construção e gestão de bases de dados sobre indivíduos e organizações que permitem o seu conhecimento actualizado e detalhado para fins de utilização em programas de marketing (Database Marketing).

Estas tendências do marketing vêm de um modo geral reforçar a necessidade de conhecimento actualizado do cliente final, valorizando todos os meios de contacto directo com ele.

O ciclo atrás descrito que traduz a gestão na óptica de marketing tem que ser percorrido mais rapidamente e assumindo maiores riscos quando estas características da evolução moderna se verificam.

Satisfação dos clientes

UMA DEFINIÇÃO

A satisfação de um cliente ou de um grupo homogéneo de clientes depende não só da medida em que os atributos de um produto correspondem às necessidades dos clientes, como também das expectativas dos clientes face ao desempenho global do produto.

$$\text{Nível de satisfação} = f \left(\frac{\text{Atributos}}{\text{Expectativas}} \right)$$

O primeiro componente da formação do nível de satisfação é o grau de conformidade dos atributos oferecidos com as necessidades que pretendem satisfazer. Os clientes avaliam, a seu modo, esse grau de conformidade.

Os atributos incluem não só as características técnicas mas também outros aspectos como, por exemplo, a marca, o serviço após venda, as garantias, os produtos e serviços complementares, a simpatia e competência do pessoal de atendimento, as instalações, a imagem, etc.

As expectativas são criadas pelo fornecedor do produto ou, pelos seus concorrentes com ofertas similares, e por outros consumidores ou utilizadores do produto.

Se o fornecedor cria expectativas que não pode atingir ou mesmo exceder, a avaliação dos clientes não será positiva e conduzirá a um mais baixo nível de satisfação, mesmo que o atributo oferecido satisfaça as necessidades dos clientes.

Revela-se assim por vezes útil baixar as expectativas dos clientes de modo a poderem ser ultrapassadas.

No entanto, um excesso significativo do que é oferecido face à expectativa criada pode gerar desconfiança e falta de credibilidade.

Pode assim resumir-se o processo de formação da satisfação dos clientes:

Quanto melhor o desempenho do produto ou serviço nos atributos relevantes, maior a probabilidade de atingir um nível elevado de satisfação. Quanto maior a expectativa criada, menor essa probabilidade.

IMPLICAÇÃO NA GESTÃO DAS ORGANIZAÇÕES

A definição da Satisfação dos Clientes apresentada tem implicações importantes na gestão das organizações, tenham elas fins lucrativos ou não:
– São os atributos definidos e avaliados pelos clientes que são relevantes para avaliar a satisfação;
– As expectativas criadas nos clientes afectam positiva ou negativamente a sua avaliação dos atributos de um produto ou serviço;
– Grupos de clientes diferentes podem ter critérios diferentes, quer em termos de atributos a avaliar quer da sua importância relativa;
– A satisfação dos clientes pode ser avaliada em termos absolutos ou relativos para as diferentes ofertas dos concorrentes.

Em primeiro lugar, os clientes, independentemente do seu grau de conhecimentos, têm critérios próprios, objectivos ou subjectivos, para avaliar os produtos ou serviços que lhes são oferecidos.

O argumento muitas vezes utilizado de que os clientes não são educados e não têm conhecimentos técnicos para avaliar os produtos, pode trazer desagradáveis consequências a quem neles se basear.

Em segundo lugar, para além das qualidades técnica e percebida que os fornecedores têm de incorporar nos seus produtos, também têm que gerir as expectativas dos clientes a quem estes se destinam.

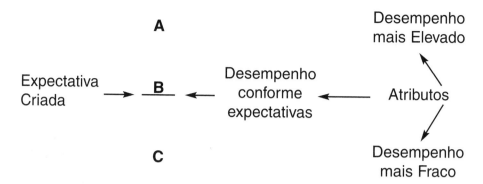

A zona desejável é a zona B, na qual a organização oferece um produto ou serviço cujos atributos correspondem às expectativas dos clientes ou as ultrapassam ligeiramente.

A zona A corresponde a um conjunto de atributos que excedem largamente aquilo que os clientes esperam. Pode não ser economicamente correcto para a organização oferecer esses atributos, e o excesso oferecido pode não ser valorizado pelos clientes.

A zona C corresponde à insatisfação dos clientes, não sendo, portanto, desejável.

A terceira implicação indicada corresponde à delicadeza da análise da satisfação dos clientes: é necessário identificar grupos homogéneos de clientes (segmentos de mercado) que avaliem de modo idêntico os atributos de um produto ou serviço. A análise global do mercado pode encobrir níveis de satisfação médios com partes desse mercado muito satisfeitas e outras insatisfeitas.

Por último, sempre que os clientes adquirem ou consomem produtos de fornecedores ou marcas concorrentes diferentes, a avaliação do nível de satisfação deve também ser feita em termos comparativos. Deste modo, pode medir-se não só a satisfação global relativamente a cada um dos concorrentes mas também identificar os atributos em que a empresa ou marca em análise se encontra numa situação melhor ou pior face aos seus concorrentes.

ALVOS DA MEDIÇÃO DE SATISFAÇÃO

Um dos aspectos fundamentais na medição da satisfação dos clientes é definir os alvos sobre os quais deve incidir essa medição.

Esses alvos são, os clientes directos ou finais, os clientes internos e os ex-clientes.

Diferentes grupos de clientes podem desempenhar papéis diferentes na comercialização dos bens, e podem também atribuir importâncias diferentes aos atributos associados a esses bens.

Torna-se assim importante identificar os diversos tipos de clientes e agentes intervenientes no processo de compra, reconhecer os critérios de formação de grupos de clientes com características idênticas e identificar os atributos que os clientes utilizam para escolherem e avaliarem os produtos.

Nos casos em que o produto ou serviço seja adquirido, utilizado ou consumido por organizações e também por indivíduos, há pelo menos a necessidade de considerar estes dois tipos de clientes, pois de certeza valorizam atributos distintos e dão-lhes importâncias diferentes.

Na situação mais usual de os produtores comercializarem os seus bens através de canais intermediários de distribuição, também se pode considerar útil analisar o nível de satisfação destes, cuja avaliação é diferente daquela que é realizada pelos clientes finais. Tais canais de distribuição, que podem ser grossistas, retalhistas, *brokers* ou agentes, são os clientes directos de muitos produtores, por vezes até os únicos clientes directos, sendo importante conhecer a sua opinião.

A satisfação dos clientes finais é influenciada pelo desempenho dos colaboradores da organização fornecedora.

Principalmente no caso dos serviços o comportamento dos prestadores de serviços é crucial para a satisfação dos clientes.

A satisfação ou insatisfação dos colaboradores de uma empresa transmite-se internamente a outros colaboradores e externamente aos clientes, afectando por sua vez a percepção destes quanto à qualidade dos produtos e serviços da empresa.

Os colaboradores de uma empresa fornecem serviços e produtos uns aos outros comportando-se, assim, como clientes internos. A satisfação dos clientes internos afecta directa ou indirectamente a satisfação dos clientes finais, pelo que não deve ser esquecida mas complementada com a avaliação do desempenho face aos objectivos da organização.

Outro alvo importante para uma empresa são os clientes que a abandonaram.

Porque a abandonaram?

Que concorrentes é que escolheram? Porquê?

Em que é que esses concorrentes são melhores?

Estas são perguntas cujas respostas podem ajudar a empresa a melhorar a sua oferta.

É claro que o abandono de certo tipo de clientes pode não ser negativo. Por exemplo, o abandono de clientes com uma má história em crédito é positiva para um Banco.

A análise dos ex-clientes deve começar pela definição do que representa o abandono de um cliente e a identificação dos clientes cujo abandono é relevante para a empresa, quer pelo volume ou rendibilidade que geravam quer pelo prestígio associados.

IMPORTÂNCIA DA SATISFAÇÃO E FIDELIZAÇÃO DOS CLIENTES

Ter como objectivo a satisfação dos clientes não é meramente uma atitude altruísta por parte da gestão de uma organização, é uma postura que conduz a resultados económicos apreciáveis para essa organização.

No conceito de marketing apresentado salienta-se a importância de, para além de atrair clientes novos, manter os clientes actuais.

Quais são as vantagens económicas na manutenção dos clientes? Não fica uma empresa na mesma se substituir os clientes que perdeu por igual número de novos clientes semelhantes?

Na realidade uma empresa fica pior com essa substituição pois as vantagens económicas inerentes à fidelização dos clientes são significativas e por vezes decisivas no sucesso de um negócio.

As principais vantagens económicas associadas à fidelização dos clientes são:

- Diminuição de custos associados à captação de clientes novos. Estes custos resultam das campanhas publicitárias para atrair clientes, comissões e despesas com vendedores, tempo dos gestores na execução de propostas novas, etc., ... Substituir um cliente perdido por um novo implica a ocorrência destes custos.
- Aumento das vendas a cada cliente. A fidelização de um cliente é normalmente acompanhada pelo aumento das suas compras à empresa. Se continuar satisfeito e à medida que vai conhecendo a gama de oferta da empresa vai adquirindo produtos e serviços novos. Por exemplo, um cliente satisfeito com a loja de vestuário onde habitualmente compra fatos está mais disponível para comprar nessa loja camisas, gravatas, sapatos, lenços, etc., ...
- Diminuição dos custos operacionais. O conhecimento que a empresa acumula sobre o cliente permite-lhe ser mais eficiente. Também a experiência que o cliente vai adquirindo na sua relação com a empresa diminui o desperdício nessa relação com a correspondente diminuição de custos. Uma oficina de reparação e manutenção automóvel retira muitas vantagens económicas do conhecimento da história do veículo, do seu cliente e dos seus requisitos.
- Recomendações feitas pelos clientes actuais. Os clientes actuais satisfeitos recomendam a empresa, os seus produtos ou serviços a clientes novos, actuando assim como vendedores da empresa. Este facto só por si representa um valor económico significativo pois substitui o esforço comercial da empresa na captação de clientes novos.

Por outro lado os clientes actuais têm tendência a trazer clientes novos semelhantes, com as mesmas necessidades e comportamento, logo com fortes hipóteses de se sentirem satisfeitos com a oferta da empresa e se tornarem relativamente fiéis.

Estas vantagens económicas são significativas e justificam os esforços na satisfação e fidelização da base de clientes.

Deve no entanto referir-se que nem todos os clientes são igualmente fiéis, rentáveis ou valorizam do mesmo modo a oferta da empresa, a análise do mercado (Capítulo 2), permite identificar tais diferenças.

As funções de marketing

As funções de gestão na área de marketing podem agrupar-se em três grandes grupos:

FUNÇÕES ESTRATÉGICAS

Inclui a definição dos componentes da estratégia de Marketing (Capítulo 3) e dos mecanismos de gestão que assegurem que o planeamento de marketing e a implementação das acções de marketing sejam coerentes com a estratégia definida.

FUNÇÕES OPERACIONAIS

As principais actividades operacionais de marketing são as seguintes:

- Gestão dos **produtos e serviços** que constituem a oferta da empresa;
- Concepção, teste e lançamento de produtos novos, normalmente designada por **desenvolvimento**;
- **Vendas e distribuição** que incluem a gestão da relação da empresa com os clientes finais e com os canais de distribuição (clientes directos);
- Actividades de **comunicação** tais como a publicidade, relações públicas e promoções;
- Definição da política de **preços** dos produtos e serviços.

Este conjunto de actividades operacionais: produto, comunicação, distribuição e preço, é designado por marketing-mix.

A complexidade da empresa e a sua estratégia conduzem a diferentes tipos de organização de marketing (ver Cap. 8), no entanto, as funções referidas estarão sempre presentes.

FUNÇÕES DE SUPORTE

- **Estudos de Mercado** e **sistema de informações** que permitem conhecer os mercados e a concorrência;
- **Controle e Planeamento** de marketing que proporciona o acompanhamento e avaliação do desempenho de marketing da empresa face aos objectivos definidos.

Estas actividades podem apresentar-se resumidamente no esquema de organização funcional do marketing de uma empresa indicado em baixo.

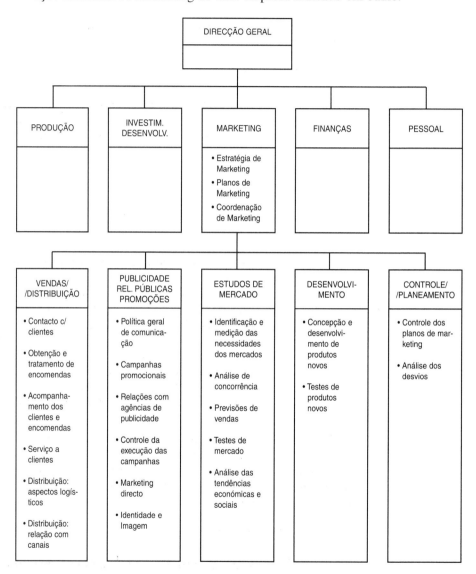

Elementos de análise económica em marketing

Apresentam-se seguidamente algumas técnicas simples que permitem analisar as consequências de ordem económica de diversas alternativas de decisão na área de marketing.

MARGEM DE CONTRIBUIÇÃO

A margem de contribuição é o montante de fundos disponíveis após dedução dos custos variáveis associados com a produção e comercialização de um produto. Se, por exemplo, se vender uma unidade de um determinado produto aos «grossistas» por 100€ e o custo variável de produção é 30€, o custo de transporte é 3€ e os vendedores recebem uma comissão de 5%, os custos variáveis associados com cada unidade são 38€ (30+3+5). Como o resultado da venda de uma unidade é de 100€, a margem de contribuição por unidade é 62€ (100-38).

Esta contribuição de 62€ destina-se a cobrir as despesas fixas de produção e comercialização, assim como os gastos gerais associados ao produto para além de proporcionar o lucro (ou prejuízo se a contribuição não for suficiente para cobrir aqueles encargos).

PONTO DE EQUILÍBRIO *(BREAK-EVEN POINT)*

O ponto de equilíbrio corresponde à situação em que as receitas são iguais aos custos fixos e variáveis, não existindo lucro ou prejuízo.

Uma forma de apresentar o ponto de equilíbrio é dizer que a margem de contribuição total é igual aos custos fixos:

$c \times n = f$

c – contribuição por unidade
n – n.º de unidades
f – custos fixos

Se, no exemplo anterior, os custos fixos são de 100 000€ então o ponto de equilíbrio verifica-se quando a empresa produz e vende 1613 unidades (62 × 1613 = 100 000).

Poucas são as empresas que se contentam em operar no ponto de equilíbrio. Normalmente, procuram que cada um dos seus produtos tenha um impacte positivo nos seus lucros.

Impacte nos lucros = $c \times n - f$

Se aquela empresa produzir e vender 2000 unidades o impacte nos lucros é de 2000 × 62€ - 100 000€ = 24 000€.

Suponhamos, entretanto, que a empresa deseja ter um impacte nos lucros de 50 000€. Qual deve ser o seu volume de vendas de modo a atingir esse impacte?

50 000 = 62 × n - 100 000

n = 2419 unidades

A mesma técnica pode ser utilizada para calcular os efeitos de mudanças no programa de marketing. Com o programa actual a empresa espera produzir e vender 2000 unidades de um produto com uma contribuição unitária de 62€; com um total de custos fixos igual a 100 000€ verificou-se que o impacte nos lucros é de 24 000€. Se a empresa decidir elevar o seu orçamento de publicidade de 50 000€ qual deve ser o novo volume de vendas a fim de gerar o mesmo impacte nos lucros (24 000€)?

Custos fixos actuais	100 000€
Impacte nos lucros	24 000€
Custos fixos adicionais	50 000€
Custos fixos + impacte nos lucros	174 000€

$$174\,000€ = 62 \times n \quad \Rightarrow n = 2806 \text{ unidades}$$

É necessário produzir e vender 2806 unidades a fim de se obter o mesmo impacte nos lucros com o novo programa de publicidade (com o anterior programa, para obter o mesmo impacte nos lucros, seriam necessárias somente 2000 unidades).

Nos cálculos dos efeitos de ordem económica do programa de marketing é geralmente necessário realizar um certo número de pressupostos. A previsão de vendas é geralmente o mais crítico, mas os custos e preços de venda são também incertos. Nestas circunstâncias, é geralmente útil calcular o impacte nos lucros para várias alternativas.

QUOTA DE MERCADO

Uma maneira de avaliar o realismo de previsão de vendas é calcular as suas implicações na quota de mercado da empresa. Se, por exemplo, o mercado total do produto referido é de 10 000 unidades e a empresa vende 2000 unidades, a quota de mercado é 20%. Como se viu, se o gestor do produto recomenda elevar a verba de publicidade de 50 000€, a empresa tem de vender 2806 unidades para obter o mesmo impacte nos lucros. A quota de mercado deverá aumentar de 20% para 28,06%. Qual a viabilidade do adicional esforço de publicidade? A concorrência permitirá uma cedência de 8% de quota sem reagir?

MARGENS DE COMERCIALIZAÇÃO

A nível dos canais de distribuição (grossistas e retalhistas) os proveitos directos da sua actividade realizam-se com base na diferença entre o preço a que vendem os seus produtos (a clientes finais ou outros canais de distribuição) e o preço a que adquirem esses produtos.

Uma entidade vendedora procura vender os seus produtos a um preço superior ao seu custo. A diferença entre o preço e o custo é a margem.

Ex.:   Preço de venda   =   10€
        Custo   =   6€
        ─────────────────────────
        Margem   4€   => 40% do preço de venda

O preço de venda de um retalhista é igual ao custo + margem. No exemplo anterior, a margem é de 40%. Por vezes, a margem de comercialização é medida com base no preço de compra (custo). Neste caso, a margem seria 66,7% (4€/6€).

VALOR DE UM CLIENTE

A estimativa do valor de um cliente constitui um dado relevante em diversas análises de marketing, principalmente no âmbito do marketing directo.

Vamos admitir que uma empresa investe 5000 euros para captar 1000 clientes que comprem, em média, 15 euros por ano de produtos a essa empresa, a qual obtém um lucro de 30% das vendas antes das despesas de investimento na captação de clientes.

Admitindo que 40% dos clientes abandonam a empresa em cada ano (taxa de retenção: 60%) os resultados nos primeiros cinco anos são os seguintes:

ANO	1	2	3	4	5
N.º clientes (Taxa de retenção – 60%)	1000	600	360	216	129
Vendas	15000	9000	5400	3240	1935
Lucro (a)	4500	2700	1620	972	580
Desp. Investimento (b) Captação	5000				
(a) – (b)	(500)	2700	1620	972	580
Taxa de desconto – 15%	1	1,150	1,322	1,521	1,748
Valor Actual	(500)	2348	1225	639	331
Valor Actual Acumulado	(500)	1848	3073	3712	4043

Valor Actual/Cliente = 4043/1000 = 4,043 euros

(*) A taxa de desconto reflecte a taxa de juro do mercado acrescida do risco associado à actividade da empresa. É normal utilizar taxas de desconto 2 a 3 vezes mais elevadas que a taxa de juro praticadas no mercado.

De referir que no exemplo anterior não se justifica investimento de captação superior a 9 euros por cliente.

Admita-se agora que a empresa vai investir em marketing 1 euro/cliente de modo a aumentar a fidelização (taxa de retenção sobe para 70%) e de modo a obter-se uma taxa de recomendações de novos clientes de 5% e aumentar o volume de vendas médio por cliente em 5% em cada ano.

ANO	1	2	3	4	5
Taxa de retenção	70%	70%	70%	70%	70%
Taxa de recomendação	5%	5%	5%	5%	5%
Nº clientes	1000	750	562	422	316
Compras/cliente	15	15,75	16,45	17,36	18,23
Vendas	15000	11812	9295	7326	5760
Lucro (a)	4500	3543	2788	2197	1728
Desp. Investimento Captação (b)	5000				
Desp. Marketing (c)	1000	750	562	422	316
(a) – (b) – (c)	**(1500)**	**2793**	**2226**	**1775**	**1412**
Taxa de desconto (15%)	1	1,150	1,322	1,521	1,748
Valor Actual	(1500)	2428	1683	1167	807
Valor Actual Acumulado	(1500)	928	2611	3778	4585

Valor Actual/Cliente = 4585/1000 = 4,585 euros

Verifica-se assim que houve um ligeiro aumento do valor actual/cliente podendo justificar-se o investimento em marketing proposto face aos resultados obtidos.

Problemas

1. Indique actividades de marketing de empresas que comercializam os seguintes bens:

    a) Detergentes

    b) Automóveis

    c) Serviços de consultadoria

2. Caracterize o mercado e as trocas realizadas pelas seguintes organizações:

   a) Companhia de teatro

   b) Partido político

   c) Associação de Defesa dos Consumidores

   d) www.agências de viagens.com

3. Comente as seguintes afirmações:

   a) A única maneira de aprender marketing é ir para a rua vender qualquer coisa.

   b) Um bom produto vende-se sempre.

   c) Uma organização com fins não lucrativos, como um museu ou um hospital, não precisa de marketing.

4. Que tipo de organizações beneficiam menos com a orientação de marketing? Exemplifique.

5. Caracterize as forças externas mais significativas que podem afectar a relação das seguintes empresas com os mercados que servem:

   a) Companhia de Caminhos de Ferro

   b) Produtos de carne de frango

   c) Cadeia de livrarias

6. O preço de venda ao público do dentífrico *Dentrix* é de 0,3€/unidade. A margem no retalho é de 33% do preço de venda, enquanto os armazenistas têm uma margem de 12% do seu preço de venda.
   O *Dentrix* é vendido pela empresa produtora exclusivamente a armazenistas que, por sua vez, o distribuem aos retalhistas.
   O mercado de dentífricos é de 20 milhões de unidades/ano e a quota de mercado do *Dentrix* é de 24% em quantidade.

   Os custos fixos de produção são de 270 000 euros/ano e os custos variáveis de produção são de 0,027€/unidade.
   A verba de publicidade para o *Dentrix* é de 150 000 euros e outras despesas comerciais de estrutura são de 10 000 euros.
   Os vendedores são pagos inteiramente à comissão de 10% das suas vendas.
   Os custos de distribuição são de 0,006€/unidade.

a) Qual é a margem de contribuição do *Dentrix* para a empresa?
b) Determine o ponto de equilíbrio. Qual a quota de mercado correspondente ao ponto de equilíbrio?
c) Espera-se que no ano seguinte o mercado de dentífricos cresça 10% em quantidade. O orçamento para publicidade do *Dentrix* será elevado para 300 000 euros.

Admitindo que as restantes condições se mantêm:

c.1) Quantas unidades de Dentrix é necessário vender para atingir o ponto de equilíbrio?
c.2) Ouantas unidades é necessário vender para se obter o mesmo lucro? Qual é a quota de mercado correspondente?
c.3) Qual seria a quota de mercado necessária para se obter um lucro de 300 000 euros?

7. Uma empresa vendeu 300 000 euros correspondentes a 1,5 milhões de unidades, tendo atingido uma quota de mercado de 30% e obtido uma margem de contribuição de 120 000 euros.
   Para o ano seguinte a empresa prevê que:

   – o custo variável unitário se mantenha
   – o mercado cresça 10% em quantidade
   – o preço médio de venda aumente 5%
   – o orçamento publipromocional aumente cerca de 20 000 euros, mantendo-se os outros custos fixos.

   Qual deve ser a quota de mercado a atingir para que se mantenham os resultados obtidos no ano anterior?

8. Um indivíduo contribuiu com 10 000€ para uma organização de caridade:

   – Que necessidades satisfaz o doador?
   – Que actividades de marketing pode desenvolver essa organização para facilitar as contribuições?

9. Identifique os atributos que podem ter valor para os clientes com a aquisição e utilização ou consumo dos seguintes bens:

   a) Mota
   b) Gravata
   c) Viagem aérea

10. Uma família, no seu passeio de fim-de-semana, comprou batatas a um agricultor que as vendia junto à estrada. Uma outra família comprou batatas idênticas num supermercado do seu bairro. Esta segunda família pagou mais caro as batatas. O diferente valor pago pelas duas famílias reflecte o que cada família obtém?

11. Comente a seguinte afirmação de um gestor de um hotel:

    «Durante os últimos 2 anos só tivemos 3 reclamações, o que significa que a grande maioria dos nossos clientes está satisfeita com os nossos serviços.»

12. Uma empresa mede regularmente o nível de satisfação junto dos seus clientes finais obtendo sempre resultados (muito) positivos.

    Quer isto dizer que está tudo bem?

13. Uma empresa de materiais de construção procurou medir a satisfação dos clientes finais. Para tal utilizou um inquérito baseado em seis atributos relevantes para os clientes:

ATRIBUTOS	IMPORTÂNCIA PARA OS CLIENTES
Assistência Técnico-Comercial	30%
Preços	25%
Promoções Oferecidas	10%
Qualidade dos Produtos	15%
Prazos de Entrega	10%
Imagem de Marca	10%

    A avaliação dos desempenhos da empresa e dos seus três principais concorrentes relativamente a estes atributos foi feito com base numa escala de 1 a 5 (1 - muito mau, 2 - mau, 3 - médio, 4 - bom, 5 - muito bom). Os resultados médios obtidos foram:

ATRIBUTOS	EMPRESA	CONC. A	CONC. B	CONC. C
Assistência Técnico-Comercial	4,30	4,91	4,21	3,25
Preços	3,50	3,15	3,45	3,78
Promoções Oferecidas	3,34	3,25	4,10	4,15
Qualidade dos Produtos	3,07	3,20	4,30	3,10
Prazos de Entrega	4,20	4,82	4,75	3,87
Imagem de Marca	4,60	3,05	2,75	2,90

    Analise a situação da empresa relativamente à satisfação dos seus clientes.

14. Uma empresa que comercializa material diverso para escritório utiliza uma rede de vendedores para captar clientes novos. Em média cada vendedor realiza quatro visitas para conseguir captar um cliente que permanece em média quatro anos como cliente da empresa.

O custo médio dos vendedores por visita é de 6,25€. A encomenda média de cada cliente é 200 euros/ano e o lucro da empresa é de 15% das suas vendas.

a) Calcule o valor médio de um cliente desta empresa.

b) A empresa pretende investir num programa de satisfação e fidelização de modo a aumentar a permanência média de cada cliente para 6 anos, as encomendas por cliente em 10%, e que se obtivesse uma taxa de recomendação de 5%.

c) Qual o valor máximo que poderia ser investido anualmente de modo a manter a rentabilidade da empresa?

15. Comente as seguintes afirmações:

a) "No ano passado perdi 100 clientes para os meus concorrentes mas conquistei 100 novos clientes, pelo que mantive a situação da empresa".

b) "Faço tudo o que é necessário para não perder um cliente".

c) "Os clientes mais valiosos são aqueles que compram mais".

2

Análise do mercado

- *Análise das forças externas ao mercado*
- *Análise qualitativa do mercado*
- *Análise qualitativa do mercado*
- *Sistemas de informação de marketing*
- *Análise de marketing com base de dados*
- *Estudos de mercado*
- *Análise da concorrência*
- *Problemas*

Análise das forças externas ao mercado

Os aspectos qualitativos e quantitativos de um mercado são influenciados por forças externas. Como referido no capítulo anterior estas forças podem ter a sua origem no contexto geral onde o mercado está incluído, e no sector de actividade que procura satisfazer as necessidades desse mercado.

▶ Contexto geral
As forças externas do contexto geral podem classificar-se em demográficas, económicas, sociais, culturais, tecnológicas e políticas.

Forças demográficas – a evolução da população é um factor determinante com impacte em qualquer mercado. O nível de crescimento da população e a sua composição são indicadores relevantes. O nível de crescimento da população varia nas diversas regiões do mundo sendo mais elevado nas regiões menos desenvolvidas economicamente, pelo que nem sempre crescimentos elevados de população correspondem a crescimentos da dimensão de mercados. A composição da população é também relevante nomeadamente em termos de composição etária (exemplo: envelhecimento relativo da população nos países mais desenvolvidos), composição racial e étnica (Exemplo: aumento da percentagem de população de origem africana nos países europeus), composição dos agregados familiares (exemplo: a importância crescente de agregados familiares não tradicionais, tais como solitários, solteiros ou divorciados, vida em conjunto de pessoas do mesmo sexo ou de sexos diferentes, ...).

Forças económicas – indicadores económicos tais como o crescimento do Produto Nacional Bruto, as taxas de câmbio, os níveis de poupança e endividamento influenciam qualitativa e quantitativamente um mercado.

Assim, por exemplo, a diminuição das taxas de crescimento da economia provoca problemas na actividade de uma empresa num mercado nesse contexto e aumenta a concorrência interna; taxas de câmbio favoráveis à exportação de bens para mercados cujas moedas são relativamente mais fortes, e baixas taxas de juro contribuem para favorecer investimentos e expansões.

Forças sociais e culturais – os indivíduos nascem e desenvolvem-se num sistema de valores que tendem a manter-se ao longo das suas vidas. Esses valores traduzem-se na forma como se encaram a si próprios ou aos outros e como vêem a sociedade onde estão inseridos e as suas organizações.

Em alguns casos os indivíduos buscam preferencialmente prazer e divertimento, noutros são mais conservadores e cautelosos na maneira como gastam o seu dinheiro, variando os seus estilo de vida consoante os seus valores. Diferentes estilos de vida conduzem à procura preferencial de diferentes produtos e serviços.

Forças tecnológicas – a tecnologia tem sido uma força de mudança com um ritmo acelerado. Através de inovações tecnológicas são desenvolvidos produtos novos substitutos dos existentes ou de produtos radicalmente novos. São exemplos deste facto os desenvolvimentos das ciências genéticas e bioquímicas no desenvolvimento de novos medicamentos, as inovações nas telecomunicações, os novos materiais plásticos e substitutos de metais, etc....

A evolução tecnológica e científica pode conduzir a ofertas de bens com superior qualidade e preços mais baixos do que os existentes, o que obriga da parte dos gestores a antecipação dos seus efeitos. Para além dos efeitos na introdução de produtos novos as mudanças tecnológicas podem também ter um impacte significativo noutras áreas do marketing. Nomeadamente as evoluções no domínio das tecnologias de informação e comunicação têm proporcionando novos meios eficazes e económicos de identificar e conhecer os clientes assim como comunicar com eles, apresentando produtos, efectuando vendas, prestando serviço após-venda e avaliando a sua satisfação.

Ramos especializados de marketing como o Database marketing, o Telemarketing ou o e.marketing são novas áreas resultantes dessas evoluções tecnológicas.

Forças políticas – as autoridades políticas a nível do governo central ou local afectam por vezes significativamente os mercados através da legislação. A regulamentação ou a sua ausência podem representar ameaças ou oportunidades para uma empresa. As leis da concorrência, as regulamentações que incidem sobre certos sectores de actividade, as normas sobre poluição e higiene e a legislação de protecção dos consumidores são elementos importantes que afectam os mercados.

De salientar também que os órgãos de poder central e local são também em si mercados que representam oportunidades de negócio para produtos existentes ou novos.

Análise qualitativa do mercado

O conhecimento do mercado desempenha um papel crucial na actividade de marketing, em particular, e na gestão empresarial, em geral. O sucesso de estratégias de marketing e empresariais depende do ajustamento dos produtos e serviços às características e necessidades do mercado. É assim necessário conhecer qualitativa e quantitativamente o mercado, de modo a conceber e realizar os programas de acção de marketing. Esse conhecimento deve ser o ponto de partida para as decisões internas na empresa nas diferentes áreas funcionais, e principalmente na de marketing.

Os aspectos qualitativos da análise de um mercado incluem o comportamento dos clientes, a caracterização do processo de decisão da compra, a identificação das necessidades dos clientes e a segmentação do mercado, que permitem identificar os mercados mais apropriados à comercialização de determinados produtos ou serviços e a forma mais eficiente de realizar essa comercialização (locais de venda, formas de comunicar com os clientes, níveis de preços a praticar, etc...).

Os aspectos quantitativos incluem a dimensão do mercado e dos seus segmentos, as suas taxas de crescimento, quotas de mercado das empresas que actuam nesse mercado, etc..., que permitem avaliar a situação concorrencial da empresa, avaliar o impacte económico das decisões e realizar as previsões de vendas.

Poder-se-á ainda incluir na análise do mercado a caracterização da concorrência, procurando definir as parcelas do mercado que são privilegiadas pela concorrência e a sua situação relativa.

O sistema de informação de marketing e em particular, os estudos de mercado são os instrumentos que permitem reunir a informação necessária para as análises qualitativa e quantitativa dos mercados.

COMPORTAMENTO E NECESSIDADES DOS CLIENTES

O comportamento humano é demasiado complexo colocando limites àquilo que o gestor de marketing pode saber e dominar. Pode-se procurar ajudas nas ciências do comportamento: a psicologia (individual e social), a sociologia e a antropologia. Nestas ciências, o gestor de marketing pode encontrar conhecimentos e instrumentos que permitam compreender melhor o comportamento dos clientes. A observação, a experimentação, o pensamento e a intuição constituem modos privilegiados a que o gestor recorre para compreender e caracterizar o comportamento dos clientes.

O conhecimento do comportamento dos clientes é fundamentalmente dirigido para a caracterização do processo de decisão de compra de um bem.

Os principais intervenientes no processo de decisão de compra são:

INTERVENIENTES NO PROCESSO DE DECISÃO DE COMPRA
• Utilizador • Influenciador • Decisor • Comprador

Estas formas de intervenção no processo de decisão podem ser desempenhadas por um ou mais indivíduos. É importante reconhecer quem é que desempenha cada um destes papéis, e como, e quando o faz. Numa família, estas quatro funções são desempenhadas por diferentes membros. Por exemplo, na aquisição de um automóvel a decisão é tomada conjuntamente pelo marido e esposa, mas é o marido que realiza a compra. Os filhos e esposa influenciam bastante o marido na decisão, e todos (acima de certa idade) podem ser utilizadores.

Um indivíduo solteiro, desligado da sua família, pode exercer todas estas actividades na aquisição de um automóvel.

Também é de interesse para a análise do processo de decisão de compra a distinção entre dois tipos de compra:

TIPOS DE COMPRA	IMPULSO	A compra não é planeada, resulta de uma decisão momentânea baseada na observação do produto, resultante da sua novidade, apresentação ou condições de venda especiais.
	PLANEADA	A compra resulta do exame cuidadoso das necessidades e das alternativas disponíveis, antes de ser tomada a decisão de compra.

É importante reconhecer se um produto, para um determinado mercado, envolve um processo de compra de impulso ou planeada. No caso de, para esse mercado, ele ser um produto de impulso é de esperar que o gestor tenha especial preocupação com a sua apresentação, embalagem e local de exposição nos pontos de venda onde está disponível para os clientes. Se o produto de impulso não estiver visível e exposto em locais de tráfego intenso corre o risco de não ser adquirido.

A informação, o acompanhamento dos intervenientes no processo de decisão de compra, a diminuição do risco associado à decisão de compra, são importantes no caso de compra planeada.

Para além de procurar identificar o processo de decisão de compra de um bem, o papel que cada interveniente desempenha e o tipo de compra que é realizado, o gestor de marketing precisa descobrir a razão por que os clientes compram determinados bens, por que os clientes preferem determinadas marcas de produtos. Se o conseguir, então pode conceber esses produtos ou serviços e apresentá-los de um modo convincente para os clientes.

A identificação das necessidades dos clientes é a base para conhecer e compreender os seus comportamentos. São as necessidades dos clientes que determinam consciente, ou inconscientemente, o seu comportamento num sentido determinado.

Normalmente as necessidades são classificadas em fisiológicas ou primárias, e psicológicas ou secundárias. Exemplificam-se algumas dessas necessidades:

NECESSIDADES FISIOLÓGICAS (Primárias)	Ar, água, alimentar, sexo, defecação, lactação, etc.
NECESSIDADES PSICOLÓGICAS (Secundárias)	Adquirir, conservar, ordenar e reter objectos
	Superioridade, sucesso, reconhecimento, exibição
	Aversão ao falhanço e humilhação, imunidade à crítica Resistência à culpa, retaliação
	Domínio dos outros, deferência para com os outros, autonomia, originalidade
	Sadismo, masoquismo
	Filiação, rejeição, paternalismo, proteccionismo, divertimento

De acordo com a teoria de Maslow existe uma hierarquia entre estas necessidades. As necessidades que estão situadas a um nível mais baixo na hierarquia (fisiológicas) devem ser satisfeitas antes de o indivíduo voltar a sua atenção para as necessidades colocadas a um nível superior:

Necessidades de realização pessoal
↑
Necessidades de respeito/estima (prestígio, sucesso, ...)
↑
Necessidades de amor (afeição, pertença, ...)
↑
Necessidades de segurança (protecção, abrigo, ...)
↑
Necessidades fisiológicas (alimentação, ar, ...)

Independentemente da sua realidade, em termos de separação clara dos diferentes tipos de necessidades e da hipótese de todos os indivíduos sentirem todos os tipos de necessidade de nível superior, este conceito de hierarquia das necessidades é útil para o gestor de marketing.

As diferentes necessidades de um indivíduo estão geralmente em conflito, e quando ele tenta satisfazer uma delas não tem a certeza se a escolha foi a mais correcta. Nesse sentido o indivíduo estabelece prioridades. São estas prioridades que o gestor de marketing procura influenciar. O processo de tomada de decisão, ou o processo de autoconvencimento de que a decisão foi bem tomada, pode causar um desequilíbrio psicológico. Para se compreender este desequilíbrio é útil o conceito de **dissonância cognitiva.** Este conceito consiste no facto de um indivíduo desenvolver certas noções acerca de si, do seu comportamento e do contexto onde evolui. Quando aquelas noções estão em conflito entre si, gera-se um desequilíbrio psicológico. No sentido de procurar o equilíbrio o indivíduo procura resolver o conflito gerado. O conceito de dissonância cognitiva é útil para os gestores de marketing na medida em que, principalmente através da comunicação com o cliente, procura diminuir o seu efeito, assegurando que fez as escolhas mais correctas e toma as decisões mais apropriadas.

Os clientes consumidores sentem a necessidade de racionalizar as suas decisões de compra de modo a evitarem um sentimento de culpa por terem tomado tais decisões. Pode ser difícil admitir que a razão real da compra de um automóvel de luxo é o de transmitir um determinado *status* social. Procura-se geralmente encontrar outro tipo de razões: características técnicas, conforto, etc... É difícil para o cliente, e para o gestor que procura compreender a situação, explicar que necessidades estão realmente a ser satisfeitas. Mas é importante que tal seja feito. O gestor de marketing deve procurar identificar as necessidades reais que estão a ser satisfeitas. O gestor de marketing não cria as necessidades fisiológicas. Elas existem nos indivíduos. O gestor pode utilizar a sua existência recordando a necessidade da sua satisfação ou da escolha de uma das alternativas disponíveis. A situação é diferente no caso das necessidades psicológicas. Talvez com excepção das necessidades de amor e afeição as outras necessidades psicológicas são adquiridas no seio familiar e no meio cultural em que se vive. O marketing faz parte dessa cultura, mas não é a única, nem sempre a força mais poderosa. É difícil admitir que o marketing cria no indivíduo alguma das necessidades secundárias. No entanto, o marketing pode aumentar ou diminuir algumas necessidades secundárias, na medida em que é uma actividade que se desenvolve num meio cultural mais vasto, alterando-o e sendo alterado por ele. Se esta interacção produz efeitos positivos ou negativos tal depende de quem aplica o marketing, da forma como o fez, dos padrões éticos por que se guia. Os possíveis malefícios não devem ser atribuídos ao marketing, mas sim aos profissionais ou curiosos que utilizam as técnicas de marketing para fins eticamente reprováveis.

De qualquer modo, a questão de os efeitos do marketing serem bons ou maus pode de algum modo considerar-se irrelevante, pois ele é aceite pela cultura do meio onde actua.

O PROCESSO DE DECISÃO DE COMPRA

Pode considerar-se que a decisão de compra de um bem, por parte de um indivíduo, consiste na tentativa de resolver um problema com um grau de risco aceitável. Procura atingir objectivos tangíveis e intangíveis com aquisição de um produto, diminuindo quanto possível o risco envolvido.

É tarefa do gestor de marketing não só proporcionar que os objectivos do comprador sejam atingidos, ajudando-o a resolver o problema, mas também diminuir o grau de risco percebido pelo cliente na aquisição do bem.

Os modelos mais conhecidos que traduzem o processo de decisão de compra são:

MODELO AIDA

Atenção → Interesse → Desejo → Acção

MODELO PROCESSO DE ADOPÇÃO DE UM PRODUTO

Conhecimento → Interesse → Avaliação →
→ Experimentação → Adopção

Estas sequências de etapas, que compõem o processo de decisão de compra de um bem, são mais facilmente aceites no caso da compra de bens importantes aos quais estão associados riscos significativos (casa, carro, ...). No entanto, quando os bens envolvidos não representam um risco elevado na sua aquisição, podem não ser cumpridas tais sequências. Um indivíduo, por exemplo, pode tomar conhecimento de um produto depois de o ter experimentado, independentemente do interesse que tem por ele e de o ter avaliado.

O processo de decisão de compra dos clientes e os modelos que o podem representar dependem principalmente de dois factores:

◆ Envolvimento do cliente

◆ Complexidade da decisão

O envolvimento de um cliente é elevado nos produtos que satisfazem as suas necessidades sociais ou de afirmação pessoal e a cuja aquisição estão associados riscos psicológicos e sociais elevados e eventualmente também riscos financeiros altos (ex.: compra de casa ou de automóvel). O envolvimento é baixo quando os bens adquiridos não são muito importantes para o cliente (ex.: compra de bolachas ou leite).

A complexidade da decisão relaciona-se com a necessidade de recolha de informação para a tomada de decisão de compra. Certos produtos exigem uma pesquisa relativamente extensa e avaliação de alternativas enquanto noutros produtos a compra é praticamente rotineira, com uma reduzida ou mesmo inexistente procura de informação.

		Envolvimento do Cliente	
		Elevado	Baixo
Complexidade da decisão	Elevada	Complexa e Arriscada	Impulso e Variedade
	Baixa	Fidelidade	Inércia

PROCESSO DE DECISÃO DE COMPRA DOS INDIVÍDUOS

Mesmo quando dois clientes têm graus de envolvimento semelhantes com um produto, eles podem acabar por comprar marcas diferentes por razões diferentes. A informação que recolhem e o modo como a interpretam são influenciados por aspectos de ordem pessoal e social.

INFLUÊNCIAS PESSOAIS

Percepções e Atitudes
A percepção é o processo pelo qual um indivíduo selecciona, organiza e interpreta a informação.
A atitude é um sentimento positivo ou negativo de

	um indivíduo acerca de um bem, que condiciona o seu comportamento relativamente a esse bem e que é resultante da avaliação que faz dele.
Estilos de Vida	Pessoas com a mesma idade, rendimento e educação e até ocupação, podem viver de modos diferentes. Podem ter interesses, opiniões e actividades com características diferentes que resultam em comportamentos distintos. Isto é têm estilos de vida diferenciados.
Demográficos	Aspectos como a idade, sexo, nível de educação, local de residência, rendimento e outros.

INFLUÊNCIAS SOCIAIS

Cultura	Conjunto de valores, atitudes e costumes partilhados pelos membros de uma sociedade e transmitidos de geração para geração.
Classe Social	Os indivíduos têm tendência a associar-se com outros que são por eles considerados pares sociais, que têm o mesmo estatuto social baseado normalmente na profissão, educação e rendimento. Estes conjuntos designados por classes sociais criam barreiras no interior das quais existe uma certa homogeneidade em termos de atitudes e gostos.
Grupos de Referência e Líderes de Opinião	Os grupos de referência são grupos formais ou informais de indivíduos que servem de guia aos outros. A idade, o rendimento, o local de residência, o nível educacional, a religião, a filiação política, a profissão, os interesses, são factores que combinados conduzem à formação de um grupo de referência. A influência dos grupos de referência no comportamento dos clientes e no seu processo de decisão de compra é muito variável. É de esperar que a escolha do tipo e local para passar férias, a marca do automóvel e o estilo dos fatos que usa sejam influenciados pelos grupos de referência. No entanto, é de esperar que tal influência seja mínima na aquisição de uma embalagem de ervilhas. Quanto maior é a visibilidade social do produto ou marca, maior será a influência dos grupos de referência.

Os grupos de referência são geralmente da mesma classe social que os indivíduos que eles influenciam. Tradicionalmente, supunha-se que a influência se exercia de um modo descendente entre as diferentes classes sociais.

Os indivíduos que servem de modelo para os grupos socioeconómicos onde estão incluídos são designados por **líderes de opinião**. O gestor de marketing utiliza-os para atingir de um modo efectivo os grupos de indivíduos que reconhecem esses líderes. A sua identificação e o modo como se chega aos líderes de opinião são tarefas importantes para o gestor de marketing.

Família

A família é a mais forte e duradoura fonte de influência para muitos dos clientes. É o primeiro agente influenciador das atitudes individuais em qualquer mercado.

As diferentes fases do ciclo de vida correspondem a diferentes necessidades e comportamentos dos membros do agregado familiar.

PROCESSO DE DECISÃO DE COMPRA DAS ORGANIZAÇÕES

O processo de decisão de compra de um bem nas organizações (empresas, organismos do Estado, hospitais, ...) é caracterizado pela participação de um certo número de indivíduos. Tal resulta do facto de serem precisos diferentes tipos de especialistas para realizar a compra de um bem industrial ou organizacional. A direcção geral da organização, os responsáveis pela produção, os engenheiros projectistas e de construção, os responsáveis pelos abastecimentos, ..., todos têm uma palavra a dizer no processo de decisão de compra de um bem organizacional.

O comportamento da organização compradora varia com o grau de familiaridade que existe com o bem a comprar. Se o comprador quer adquirir um computador pela primeira vez, é natural que esteja mais dependente da reputação do vendedor (instituição e pessoas). No entanto, se o comprador procura substituir o computador que tem por outro, é de esperar, com a experiência acumulada, que avalie com mais cuidado as características técnicas e de funcionamento do computador a adquirir, bem como o seu preço.

A compra de bens por parte das organizações tende a ser mais objectiva e racional que a compra de bens por parte de indivíduos. No entanto, à medida que os produtos e serviços se tornam cada vez mais semelhantes em termos objectivos, a decisão por parte da organização compradora torna-se mais subjectiva e emocional. O receio de cometer erros, de tomar uma decisão infeliz, torna-se um dos principais critérios de decisão.

O PROCESSO DE DECISÃO DE COMPRA E A SATISFAÇÃO DOS CLIENTES

O conhecimento dos processos de decisão de compra dos clientes e da avaliação dos produtos ou serviços que lhe são oferecidos é de grande utilidade para a identificação dos atributos que servirão de base aos programas de avaliação da satisfação dos clientes.

De uma forma geral, podem ser tipificados 3 grandes grupos de atributos:

1. **Relacionados com o Produto**
   Qualidade percebida
   Benefícios oferecidos
   Características próprias
   Design
   Durabilidade e reutilizações potenciais
   etc.

2. **Relacionados com o Serviço e Produtos Complementares**
   Garantias oferecidas
   Prazos de entregas
   Resolução de problemas
   etc.

3. **Relacionados com o Acto de Compra**
   Cortesia/Simpatia
   Meios de Comunicação
   Conveniência/Facilidade de aquisição
   Imagem da Empresa/Marca
   Competência do pessoal
   etc.

Esta divisão dos atributos por grupos é simplesmente indicadora, podendo ser alterada consoante os objectivos e necessidades de cada caso.

Todo o processo de identificação dos atributos da satisfação tem como objectivo a selecção daqueles que obedecem a dois critérios principais:

– têm que ser importantes para os clientes

– a empresa deverá poder actuar sobre eles

O processo de identificação dos atributos pressupõe uma recolha de informação que se desenrola normalmente de acordo com as etapas indicadas na figura seguinte.

As fases iniciais (Preliminar Interna, Externa) permitem, além de uma primeira identificação de um conjunto de atributos mensuráveis, a clarificação dos seguintes aspectos:

- Definição dos objectivos atingíveis pela empresa. Trata-se de avaliar em que medida a empresa tem capacidade para actuar sobre cada um dos atributos identificados, e qual a melhor forma de o fazer.
- Seleccionar um conjunto de atributos e «traduzi-los» na linguagem dos clientes de cada um dos segmentos relevantes.

Pesquisa Preliminar Interna
- Entrevistas internas (principalmente a pessoal em contacto com os clientes)
- Análise de reclamações
- Recolha de informação interna

Pesquisa Preliminar Externa
- Pesquisa administrativa de dados secundários
- Entrevistas preparatórias aos clientes principais

Estudos Qualitativos
Caracterização dos clientes e identificação dos atributos

- Entrevistas em Profundidade
- Reuniões de Grupo

Estudos Quantitativos

- Confirmação dos resultados das fases preliminar e qualitativa
- Ponderação dos atributos

Análise de Resultados

- Análise e Avaliação Interna
- Análise e Avaliação Externa

A SEGMENTAÇÃO DE MERCADOS

Os mercados não são homogéneos. É possível identificar grupos de consumidores e clientes com características comuns, por exemplo: homens ou mulheres, velhos ou novos, com maior ou menor rendimento, etc...

Define-se por segmentação o processo de identificar e dividir o mercado em parcelas homogéneas segundo determinados critérios úteis para a comercialização de bens nesse mercado.

A segmentação de um mercado deve conduzir a segmentos (A, B, C, D) inteiramente homogéneos segundo os critérios escolhidos (idade, rendimento, localização, estilo de vida, ...), heterogéneos entre si segundo esses critérios, e operacionais.

Os segmentos do mercado identificados consideram-se operacionais, e, portanto, úteis para o gestor de marketing, quando são identificáveis, quando têm uma dimensão significativa que justifica acções para si dirigidos, e quando é possível actuar neles através das políticas e acções de marketing ao dispor do gestor.

SEGMENTAÇÃO DE MERCADOS DE BENS DE CONSUMO

Os critérios de segmentação mais utilizados nos bens de consumo são:

a) Critérios demográficos

Geográficos
A localização dos clientes pode desempenhar um papel importante na colocação do esforço de marketing (principalmente a força de vendas e distribuição) no terreno.
Em Portugal é normal segmentar geograficamente o mercado do seguinte modo:

> Grande Lisboa
> Grande Porto
> Litoral Oeste
> Litoral Sul (Algarve)
> Interior Norte
> Interior Sul

Idade
Sexo
Rendimento
Classe social

Os critérios utilizados para a definição da classe social a que se pertence (nível educacional, profissão do chefe de família, tipo de casa, zona onde se vive, rendimento familiar, ...) não são uniformes.
De qualquer modo constituem uma base útil de segmentação.
As classes sociais dividem-se em:

      A — Alta
      B — Média alta
      C1 — Média
      C2 — Média baixa
      D — Baixa

Fase do ciclo familiar
A evolução do agregado familiar proporciona uma base útil de segmentação, pois a cada fase corresponde um conjunto de necessidades diferentes (habitação, aplicações financeiras, ...).

      Fase 1 - Indivíduos solteiros (ou divorciados) que não vivem em casa dos pais
      Fase 2 - Indivíduos casados sem filhos
      Fase 3 - Indivíduos casados com filhos
      Fase 4 - Indivíduo solitário (viúvo) idoso, reformado

b) Critérios psicográficos

Quando as diferenças demográficas não existem ou já são exploradas por todos os intervenientes no mercado os critérios psicográficos assumem uma relevância especial.
Segundo estes critérios, os clientes são classificados numa dimensão psicológica e não demográfica.
Uma das dimensões utilizada é o estilo de vida dos clientes, que se traduz nas suas actividades e opiniões.
Alguns exemplos de estilos de vida:

Conservadores/convencionais	— de acordo e satisfeito com o *status quo*, conformando-se com ele.
Ambiciosos/*status*	— necessidade de subir na sociedade, com grande preocupação pe*lo status* que desempenham.
Líderes/dinâmicos	— fazem acontecer as coisas no sistema onde se incluem.
Experimentadores/inovadores	— pretendem experimentar o máximo que a vida tem para dar.

Ecológicos/sociais — elevado sentimento de responsabilidade social.

A cada estilo de vida corresponde um padrão de comportamento dos indivíduos, que se reflecte nas suas opções e decisões de compra de produtos e serviços. Os indivíduos privilegiarão os bens e as marcas que melhor se encaixam no seu estilo de vida.

c) Critérios baseados nos benefícios

Diferentes grupos de clientes podem dar importância diferente aos benefícios que retiram do consumo ou utilização de um produto ou serviço. Na compra de uma pasta dentífrica, por exemplo, pode privilegiar-se a brancura dos dentes, o combate à cárie, os efeitos para fumadores, a intensidade e frequência de utilização, o preço, etc...
Cada um dos benefícios oferecidos apela de modo diferente a vários conjuntos de clientes, que poderão deste modo ser agrupados em segmentos de mercado que procuram fundamentalmente um daqueles benefícios.

SEGMENTAÇÃO DE BENS ORGANIZACIONAIS

Os critérios mais utilizados na segmentação de bens destinados a ser adquiridos por organizações são:

a) Aplicação/utilização (Segmentação horizontal)

Um produto com determinadas características técnicas ou com pequenas modificações nessas características pode ser utilizado por diferentes organizações com necessidades e requisitos distintos.
Por exemplo, a soda cáustica pode ser consumida por empresas produtoras de pasta de papel, empresas produtoras de sabão, refinarias de petróleo, etc...
O fabricante de soda cáustica pode considerar útil segmentar o mercado por tipo de aplicação do seu produto, separando, por exemplo, os clientes produtores de pasta de papel dos produtores de sabão, pois cada um deles pode colocar ao fabricante de soda cáustica requisitos diferentes (características técnicas do produto, volumes utilizados, importância do produto para o cliente, assistência técnica, ...), que obrigam a um tratamento diferenciado para ser bem sucedido.
O conhecimento de actividade da organização cliente pode ser um factor importante de sucesso na comercialização dos produtos. A segmentação por aplicação é um factor essencial para se adquirir e tirar proveito desse conhecimento.

b) Etapa da transformação (Segmentação vertical)

É útil para um fornecedor de um bem organizacional identificar em que etapa do processo de transformação esse bem intervém.
Não é indiferente, na mesma indústria, comercializar matérias-primas, produtos semiacabados ou produtos finais.

Embora na mesma indústria, os intervenientes em cada fase de transformação actuam em mercados distintos com características que podem ser mais ou menos favoráveis para o fornecedor de produtos ou serviços organizacionais. O contexto concorrencial pode variar dramaticamente ao longo da cadeia vertical de transformação.

Pode ser uma decisão do fornecedor a escolha da fase de transformação onde pretende actuar com os seus produtos, acrescentando mais ou menos valor ao seu conteúdo.

Se não for possível essa escolha é pelo menos útil a identificação dos diferentes segmentos verticais que têm implicações importantes no mercado onde actua o fornecedor, quer a montante quer a jusante.

c) Tipo de organização cliente

Volume de compras

É útil distinguir no mercado os grandes e os pequenos consumidores, segmentando esse mercado de acordo com o volume de bens adquiridos durante um certo período de tempo.

Como é fácil de compreender as exigências que ambos colocam ao fornecedor são diferentes, pelo que este tem de estar preparado para as satisfazer de modo diferenciado.

O poder negocial, a rapidez de entrega, as condições de armazenagem, a importância do preço e do serviço pós-venda são características que podem variar entre os grandes e pequenos clientes e às quais o gestor de marketing do fornecedor tem de estar atento.

Tipo de organização

O tipo de organização a que se procura vender um bem é relevante para o gestor de marketing.

A dimensão da empresa pode ser um factor importante na medida em que pode estar associada a um grau de complexidade maior (maior número de pessoas, diferentes e mais variados requisitos, maior poder de negociação, ...) do processo de decisão de compra. Geralmente, a abordagem por parte da entidade vendedora deve ser diferente consoante se trate de um cliente grande ou pequeno, independentemente do volume de compras que efectua. A dimensão constitui assim uma base útil para segmentação do mercado. Outro aspecto a ter em conta é o estilo e tradição do cliente. Se ela é inovadora, com um estilo de gestão aberto às novidades do mercado, constitui um alvo mais fácil para uma empresa que pretende introduzir produtos novos. Se a organização cliente tem uma reputação e prestígio elevado na actividade que desenvolve, na indústria onde está incluída pode desempenhar um papel de «líder de opinião» em relação às outras organizações (empresas) que também actuam nesse mercado. Aquelas empresas líderes de opinião podem desempenhar um papel crucial na adopção pelo mercado de um produto novo.

A segmentação do mercado baseado na propriedade e estatuto de organização é também muito utilizada. O processo de decisão de compra, a sensibilidade aos diversos benefícios oferecidos para além do preço, a sensibilidade ao preço, o grau de risco aceitável, etc..., variam significativamente entre organizações estatais (repartições públicas, forças armadas, universidades...), empresas públicas e empresas privadas.

SEGMENTAÇÃO DE MERCADOS E A SATISFAÇÃO DOS CLIENTES

Diferentes segmentos de mercado podem valorizar de modo distinto os atributos de um produto. Podem até considerar diferentes atributos quando avaliam esse produto.

Deste modo é de esperar que o mesmo produto proporcione diferentes níveis de satisfação nos vários segmentos de mercado.

É útil nesta situação comparar os níveis de satisfação com as quotas de mercado em cada um dos segmentos.

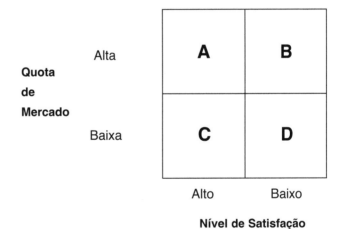

A. Segmentos de mercado em que a empresa tem quota elevada e os clientes a eles pertencentes apresentam um nível de satisfação elevado.
B. Segmentos de mercado em que a quota de mercado é elevada mas o nível de satisfação é baixo.
C. Segmentos de mercado com baixa quota mas em que os clientes estão muito satisfeitos.
D. Segmentos de mercado com quotas e níveis de satisfação baixos.

Para os segmentos de mercado no quadrante A:
– Os mercados e atributos dos produtos e serviços estão ajustados.
– As vantagens competitivas são eficazes e correspondem às expectativas dos clientes.
– Os objectivos principais são manter ou reforçar as posições alcançadas.

Para os segmentos de mercado do quadrante B:
- Há a necessidade de melhorar o nível de satisfação, pelo que é importante identificar os atributos onde a empresa é mais penalizada. Investimentos nesta área são necessários.
- Por outro lado, a empresa tem uma quota significativa neste mercado, o que pressupõe mantê-la.
- Os objectivos da satisfação dos clientes nestes segmentos de mercado são prioritários.

Para os segmentos de mercado do quadrante C:
- O principal objectivo é aumentar a quota de mercado, já que os clientes deste segmento estão muito satisfeitos com a oferta da empresa.
- A empresa terá que ter em consideração outros elementos do *marketing-mix*. Investimentos em comunicação (publicidade, promoções e força de vendas), distribuição (pode acontecer que o consumidor final esteja satisfeito mas o cliente directo, canal de distribuição, não esteja) e, eventualmente, preço.

Para os segmentos de mercado do quadrante D:
- Com quota de mercado baixa e satisfação também baixa haverá alguma coisa a fazer? É possível corrigir os aspectos do produto ou serviço oferecido? Existem recursos suficientes para tal?
- Se as respostas às perguntas anteriores forem negativas, o mais aconselhável será abandonar estes segmentos de mercado e concentrar esforços nos outros onde a situação é mais favorável.

Para além desta análise, é também útil em termos dos objectivos distinguir a avaliação da satisfação por tipo de cliente, nomeadamente quanto à sua importância (volume de compras, rendibilidade, etc.).

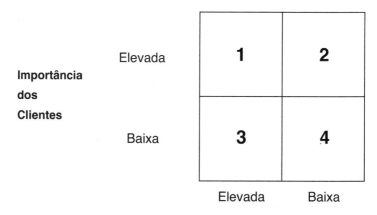

A situação ideal é ter os clientes mais importantes muito satisfeitos, o que corresponde na matriz à posição 1.

A posição 2 na matriz é a mais preocupante, pois corresponde a baixa satisfação dos clientes importantes. O risco de perder estes clientes é grande e, se tal acontecer, o impacte negativo na actividade da empresa é elevado.

A posição 3 coloca uma questão: valerá a pena conseguir uma satisfação elevada em clientes pouco importantes? A rendibilidade das vendas a estes clientes justifica o investimento num nível de satisfação muito elevado?

Clientes pouco importantes e pouco satisfeitos (posição 4) podem não constituir um grande problema a menos que a insatisfação seja transmitida a outros clientes mais importantes.

As vantagens competitivas nas quais a empresa se deve basear e os recursos a investir nesse sentido estão relacionados com os atributos cuja melhoria e reforço são prioridades. Os atributos que os clientes mais valorizam e nos quais a empresa apresenta debilidades devem ser prioridades para investimentos na sua melhoria.

	Satisfação dos Clientes	
Importância dos atributos para os Clientes	**Elevada**	**Baixa**
Elevada	Âncoras	Urgências
Baixa	Luxos	Alertas

No quadrante Âncoras a empresa apresenta um bom desempenho em atributos que são relevantes para os clientes. São bases nas quais assenta a satisfação dos clientes e portanto a sua fidelização, pelo que os investimentos devem continuar a ser feitos de modo a empresa não perder a posição privilegiada que tem nestes atributos.

As Urgências, como o próprio nome indica, constituem as prioridades de melhoria. Correspondem a atributos de produtos ou serviços muito importantes para os clientes e onde a empresa não os satisfaz suficientemente. É normalmente com base nesta situação que os clientes abandonam a empresa e passam a aceitar as ofertas da concorrência.

O quadrante dos Luxos pode corresponder a esforços exagerados em satisfazer clientes com base em atributos que estes pouco valorizam. A hipótese de redução de investimentos nestas áreas é de considerar.

Os Alertas correspondem a atributos em que a empresa apresenta um desempenho fraco em termos de satisfação. Apesar destes atributos serem pouco importantes para os clientes não devem ser desprezados, pois, com a evolução dos mercados, podem tornar-se significativos ou factores diferenciadores no futuro. Assim, investimentos selectivos em alguns destes atributos podem justificar-se.

Análise quantitativa do mercado

Com a análise quantitativa de um mercado ou segmento de um mercado procura-se fundamentalmente:

— Medir a dimensão num mercado
— Estimar o potencial de vendas de uma empresa nesse mercado
— Prever o volume de vendas de uma empresa nesse mercado
— Medir as quotas de mercado das empresas que actuam no mercado

A DIMENSÃO DO MERCADO

Quando se pretende medir a procura de um produto num mercado há que definir correctamente o produto.

Pretende-se medir a procura de computadores em Portugal durante este ano ou de computadores pessoais na região da Grande Lisboa na próxima época de Natal?

Pretende-se conhecer o volume de encomendas de automóveis durante o ano, ou as vendas reais de veículos comerciais no mesmo período?

A definição do mercado ou de um segmento de mercado torna-se necessário para se definir a dimensão do mercado. É necessário explicitar os seguintes elementos quando se afirma que a dimensão de um mercado é de X unidades ou de Y milhares de euros:

O PRODUTO OU SERVIÇO

A clara definição do produto ou serviço é importante, sendo essencial caracterizar tecnicamente o bem cuja procura é medida.

Quando se diz que o mercado de sumos é de M milhões de litros/ano há que definir previamente o que é considerado sumo (% de fruta, ...).

Importa também definir se estamos a falar de todos os tipos de sumos ou só de alguns. É também necessário saber se esse valor M inclui sumos consumidos no local de venda (restaurantes, pastelarias, ...) ou só se refere a sumos adquiridos para consumo doméstico, em embalagens de vidro, retornável ou não, ou em outro tipo de embalagens.

Para uma empresa poder avaliar quantitativamente a sua posiçao concorrencial num mercado é importante saber com que dimensões do mercado é que está a comparar as suas vendas, por isso é necessário identificar correctamente o produto ou serviço a que se refere o valor da dimensão de um mercado.

ÁREA GEOGRÁFICA

Como é lógico, o mercado cuja dimensão se quer determinar tem de ser definido em termos geográficos. A dimensão do mercado traduz a procura dos clientes finais incluídos numa determinada área geográfica.
A procura de agentes intermediários que colocam os produtos para consumo ou utilização finais fora dessa área geográfica não deve ser incluída.
A dimensão do mercado do vinho do Porto em Portugal é com certeza inferior ao volume de vendas no mercado nacional, já que uma elevada percenta-em destas vendas se destinam à sua posterior exportação.

PERÍODO DE TEMPO

Ao dizer-se que o mercado nacional de automóveis ligeiros novos é de cerca de 200 0000, precisamos de indicar o período de tempo a que se refere, neste caso um ano (1990). O período de um ano é geralmente o meio utilizado embora não seja único. O facto de se referir o ano ao indicar a dimensão de um mercado permite ao gestor de marketing relacionar esse valor com o contexto que se verificava nesse ano.

CLIENTES

Os produtos consumidos ou utilizados num determinado mercado podem sê-lo por diversos tipos de clientes. É necessário saber quais os grupos de clientes que estão incluídos no valor indicado na dimensão de um mercado. Principalmente, quando a dimensão do mercado é expressa em valor, e não em quantidade e o produto antes de chegar ao consumidor final passa por agentes intermediários é necessário explicitar a que nível é que a dimensão em valor é medida.
Como o preço de venda dos fabricantes e agentes intermediários são diferentes, as mesmas quantidades têm valores diferentes consoante o nível a que é medida.
O valor de um mercado a nível dos fabricantes é diferente do valor a nível dos grossistas ou retalhistas.

CONTEXTO

A dimensão de um mercado num determinado período reflecte os efeitos demográficos, económicas, políticos, sociais, ... que se verificam nesse período e nesse mercado.
O consumo de N unidades de um bem num determinado ano é um indicador com significado diferente consoante esse ano tenha sido um ano de crescimento acentuado na economia ou, pelo contrário, de recessão.

Este conjunto de factores do contexto são em grande medida incontroláveis pelos gestores e afectam a procura dos bens nos mercados.

ESFORÇO DE MARKETING

As empresas que actuam num determinado mercado desenvolvem esforços de marketing destinados a atingir os seus objectivos. Estes incluem a introdução de produtos novos, novas utilizações para produtos existentes e desenvolvimento de mercados novos.

É assim de esperar que a dimensão de um mercado dependa do esforço de marketing realizado pelas empresas que nele actuam. A dimensão de um mercado crescerá com o aumento do esforço de marketing das empresas e com a sua efectividade.

Como se compreende do que já foi referido, a dimensão de um mercado não é uma grandeza independente em relação à qual as empresas e outras instituições intervenientes nada podem fazer.

De facto, para um produto ou serviço bem definido, numa determinada área geográfica e num período de tempo estabelecido, o mercado desse produto ou serviço depende do contexto económico mais geral em que se inclui, e do esforço de marketing desenvolvido pelas empresas.

A dimensão de um mercado é, portanto, uma variável que depende do esforço de marketing que as empresas que nele actuam estão dispostas a fazer.

Se o fizerem e bem, a dimensão do mercado é uma. Se não o fizerem, ou se o fizerem mal, a dimensão é com certeza menor.

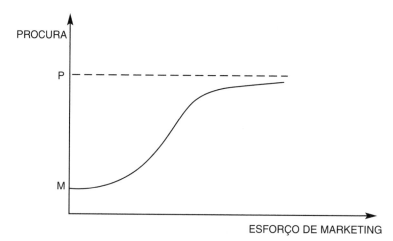

A dimensão de um mercado não é portanto uma fatalidade para o gestor de marketing. É, pelo contrário, uma variável na qual pode actuar do modo mais aconselhável para os seus produtos e para a sua empresa.

Num determinado contexto económico caracterizado por níveis bem definidos de crescimento de economia, taxa de inflação e desemprego, etc..., a procura gerada num mercado depende daquilo que as empresas e os seus gestores fizerem.

Se as empresas ou outras instituições que actuam no mercado não realizam qualquer esforço, a procura será mínima (M). A procura cresce com o aumento do esforço de marketing. No entanto, por mais elevado que esse esforço seja, a procura não aumenta além de um certo limite (P), condicionado por diversas razões (físicas, produtos substitutos, satisfação de necessidades, etc...). Esse limite (P) representa o potencial do mercado.

A PREVISÃO DE VENDAS

O volume de vendas de uma empresa num mercado, definidos os produtos ou serviços, os contornos desse mercado e o período de tempo a que se referem essas vendas, depende fundamentalmente de:
— Potencial do mercado considerando o contexto macroeconómico nesse período.
— Volume de vendas total nesse mercado (dimensão do mercado) correspondente à procura nela gerada pelo esforço de marketing acumulado e desenvolvido pelos intervenientes no mercado.
— Esforço de marketing que a empresa em questão pretende desenvolver nesse período, em relação aos concorrentes, tendo em conta a situação de partida correspondente ao esforço acumulado por ela realizado nesse mercado.

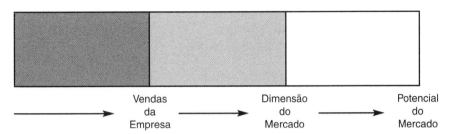

As empresas realizam a sua previsão de vendas tendo em conta os dados históricos correspondentes às vendas dos mesmos produtos ou serviços realizados no passado. Esses dados históricos são projectados para o futuro considerando o contexto económico e o contexto concorrencial mais prováveis e o esforço de marketing que a empresa está disposta a realizar no período de tempo a que se refere a previsão de vendas.

Normalmente essa projecção é realizada com base no conhecimento, bom senso e experiência dos gestores. Pode no entanto ser complementada com técnicas mais sofisticadas, principalmente estatísticas. São utilizados, consoante a situação, técnicas de séries cronológicas, regressão e modelos mais ou menos sofisticados cuja utilidade prática se tem revelado de reduzido interesse.

No caso de introdução de produtos novos no mercado, ou quando não existem dados históricos que possam suportar previsões de vendas, esta tarefa torna-se mais complexa e falível. Neste caso as empresas recorrem a:
— Estudos de mercado (inquéritos a amostras de clientes potenciais, testes de mercado, ...);
— Força de vendas da empresa que, baseados no conhecimento do mercado e da sua experiência com outros produtos, podem realizar previsões de vendas com algum rigor;
— Consultores especialistas nesses novos produtos com experiências da sua introdução em mercados semelhantes.

AS QUOTAS DE MERCADO

O panorama concorrencial num mercado é caracterizado quantitativamente pelas quotas de mercado detidas pelas empresas ou organizações que actuam nesse mercado.

As quotas de mercado podem ser medidas em quantidade (n.º de unidades) ou em valor.

A quota de mercado da empresa A é:

$$Q_A = \frac{V_A}{V}$$

Q_A=Quota de mercado de A
V_A=Volume de vendas de A
V=Volume total de vendas

O volume total de vendas V num mercado bem definido e num determinado período de tempo corresponde à dimensão desse mercado. É importante que o mercado esteja definido do mesmo modo ao considerar o volume de vendas da empresa V_A e o volume total de vendas V, para que a quota resultante tenha um significado útil. Se a empresa A actua só em alguns segmentos do mercado, para além da quota de A no mercado global, é importante medir a quota de A nos segmentos onde A actua.

$$Q_{AS} = \frac{V_A}{V_S}$$

Quota de A nos segmentos de mercado onde actua.

Se os volumes de vendas são medidos em quantidade as quotas resultantes são quotas de mercado em quantidade. Caso os volumes de vendas sejam medidos em valor, os valores resultantes correspondem a quotas em valor. É útil medir as quotas de mercado em quantidade e valor, pois nem sempre coincidem como resultado de diferentes estratégias seguidas pela empresa.

Se Q_A (quantidade) > Q_A (valor) pode significar que a empresa A pratica preços mais baixos que a concorrência e dirige o seu esforço para os segmentos de mercado de maior dimensão e mais sensíveis ao preço.

Se Q_A (quantidade) < Q_A (valor) então a empresa A pode estar a concentrar a sua actividade nos segmentos de mercado de maior valor unitário, praticando preços mais elevados que a concorrência.

A quota de mercado, sendo um indicador de ordem quantitativa representativo da situação concorrencial de uma empresa, produto ou marca no mercado, constitui normalmente um objectivo a atingir pelas empresas num determinado período e num determinado contexto. Assim, associado a um objectivo de vendas em valor ou quantidade, devem sempre estar associadas as quotas de mercado (ou de segmentos de mercado) correspondentes, para uma mais correcta apreciação da situação concorrencial da empresa no mercado e da viabilidade de obtenção do objectivo de vendas.

Sistema de informação de marketing

Um sistema de informação de marketing consiste no conjunto de meios e procedimentos que permitem recolher, tratar e distribuir informação relevante para as decisões dos gestores de marketing.

Os estudos de mercado constituem o componente mais importante de um sistema de informação de marketing, pelo que merecerão uma atenção mais detalhada neste capítulo.

A informação pode classificar-se em:
- interna   -   existente no interior da organização
- externa   -   existente no exterior da organização

A informação externa pode ser original e recolhida para satisfazer uma necessidade específica, designando-se por primária, ou pode já existir tendo sido recolhida e tratada para outros fins designando-se então por informação secundária.

Um sistema de informações marketing inclui assim:

- informação interna
  +
- informação externa
  - primária
  - secundária
  +
- tratamento de informação para apoio à decisão

A informação interna consiste tradicionalmente no conjunto de registos internos principalmente associadas ao ciclo encomendas → entregas → cobranças e às actividades dos elementos das redes de vendas das empresas normalmente traduzidas em relatórios de visitas a clientes associados ao ciclo de prospecção de clientes → visitas a clientes → qualificação de clientes → venda → após-venda.

A informação externa primária é normalmente recolhida através de estudos de mercado especialmente concebidos para o efeito enquanto que a informação externa secundária pode ser recolhida e tratada de um modo informal através de consulta de publicações especializadas, jornais, livros, contactos com clientes, distribuidores concorrentes e outros públicos, ou de um modo formal designando elementos especializados para captar e tratar esse tipo de informação e institucionalizando procedimentos para tal envolvendo também vendedores e distribuidores da empresa.

Com o desenvolvimento de meios informáticos potentes e economicamente acessíveis tem-se revelado especialmente útil e indispensável a criação de bases de dados sobre clientes actuais e potenciais construídos para serem utilizados por gestores de marketing de modo a fidelizar clientes, aumentar as vendas a clientes actuais e captar clientes novos.

A possibilidade técnica a custos acessíveis de contactar directamente cada um dos clientes veio tornar as bases de dados bem concebidas como um activo de elevado valor para as empresas, tendo levado ao aparecimento do Database Marketing, ramo especializado do marketing que inclui o planeamento e a execução de acções de marketing a partir de bases de dados concebidas para o efeito.

O tratamento de informação para apoio às decisões inclui as técnicas (análises estatísticas e desenvolvimento de modelos) e ferramentas (software e hardware) que permitem organizar e interpretar as informações (internas e externas) recolhidas de modo a auxiliar a tomada de decisões relativas a acções de marketing.

Associadas ao tratamento de bases de dados atrás referidas têm-se desenvolvido recentemente técnicas de tratamento de informação para apoio à decisão designadas por "datamining" com ênfase especial nos objectivos de aumentar a fidelização de clientes e antecipar situações de má cobrança. Um ramo especial desta área consiste no tratamento de textos, nomeadamente reclamações dos clientes com vista à evitar abandonos de clientes e melhorara a qualidade da oferta das empresas. Esta ramo especializado é conhecido por "Textmining".

ANÁLISE DE MARKETING COM BASE DE DADOS

Bases de Dados

Uma base de dados para utilização em marketing consiste num conjunto organizado de dados informativos sobre clientes actuais ou potenciais que permitam com eles comunicar de um modo eficaz. Esses dados informativos devem ser organizados de modo a poderem ser utilizados facilmente por computadores e devem conter informação que permita contactar directamente com o cliente pessoalmente ou pelo correio, telefone ou internet, e que possibilitem o desenvolvimento de acções de marketing adequadas. Os tipos de informação a incluir nas bases de dados podem classificar-se nos seguintes grupos:

- dados dos clientes (individuais ou organizacionais)
- dados das transacções
- dados das acções de marketing

Dados dos clientes individuais
- primeiro nome, apelido e título
- nome do cônjuge
- morada
- idade e sexo
- estado civil
- número e nomes dos filhos
- número de telefone e endereço de internet
- tipo de residência
- classe social
- respostas a questionários
- dados especiais (importância do cliente, frequência de reclamações, interesse em promoções, ...)

Dados de clientes organizacionais
- identificação da empresa ou da organização
- moradas da sede e de outros locais onde actuam
- números de telefone, fax e endereço electrónico da empresa bem como dos principais elementos da gestão
- nomes dos compradores e influenciadores
- número de conta
- processo de compra
- ligações a outras empresas ou organizações
- dimensão em volume de vendas e resultados
- crescimento
- actividade da empresa (código)
- respostas a questionários

Dados das transacções
- quantidades compradas (e devolvidas)
- preços a que se efectuam as compras
- produtos comprados
- datas em que se efectuaram as transacções
- identificação de quem comprou
- acções de marketing que induziram à compra (promoções, por exemplo)

Dados das acções de marketing
- Informação sobre as actividades promocionais incluindo as datas de execução, tipo de promoção, alvos a atingir, meios utilizados e resultados obtidos.

As bases de dados devem ser actualizadas regularmente e devem ser armazenadas num suporte informático que permita um acesso rápido e segmentado por tipos de clientes.

Análise da Bases de Dados

Para além das características dos clientes que devem ser incluídas numa base de dados como as referidas anteriormente, é útil para a acção de marketing analisar os clientes incluídos nas bases de dados segundo três critérios:
- Data da última compra
- Frequência da compra
- Valor das compras

Estes três critérios permitem identificar quais são os clientes que compram mais recorrentemente, os que compram mais vezes num determinado período de tempo e os que gastam mais quando compram.

Um cliente que comprou recentemente está normalmente mais disponível para realizar mais compras do que outro cuja última compra se realizou há muito mais tempo. Na atmosfera de entusiasmo associada à primeira compra (desde que o produto satisfaça ou ultrapasse as expectativas criadas) a probabilidade de efectuar uma compra a curto prazo é mais elevada.

A frequência da compra associada ao carácter recente do cliente é um critério útil para a actividade do marketing. Os compradores mais frequentes são os que estão mais disponíveis a responder favoravelmente a qualquer incentivo a nova compra.

O terceiro critério – valor das compras – permite identificar os clientes que comprem mais em quantidade ou valor. De um modo geral aqueles que mais compraram em valor desde que se tornaram clientes, são os que melhor respondem às acções de marketing.

Utilizando estes três critérios classificam-se e ordenam-se os clientes de uma empresa. De um modo relativamente grosseiro pode-se dividir a base de dados em três níveis para cada um dos critérios:

◆ Data da última compra	1 (mais antiga)	2 (média)	3 (mais recente)

◆ Frequência da compra	1 (baixa)	2 (média)	3 (elevada)

◆ Valor das compras	1 (baixo)	2 (médio)	3 (elevado)

Assim um cliente 333 pertence ao grupo de clientes que compraram mais recentemente, que compram mais frequentemente e que compram mais em valor. Um cliente 123 é um cliente que não compra há muito tempo mas compra com frequência média e compra muito quando compra.

Se ordenarmos os clientes começando pelos 333, depois os 332, 331, 323, 322, 321, ... até ao 111 obtêm-se grupos de clientes (27 grupos) cuja receptividade a acções de marketing e consequente rentabilidade deverá ser decrescente embora possam aparecer descontinuidades o que implica a sua medição nomeadamente através do valor dos clientes de todos os grupos.

Assim se por exemplo no grupo 312 existirem 200 clientes e um cliente em média comprou no último mês mas só compra 2 vezes por ano, com um valor médio de cada compra 75€, e que a taxa de retenção deste grupo 312 é de 70% e a taxa de recomendação 3%, o valor médio de um cliente deste grupo é (admitindo uma margem de lucro de 30%):

ANO	1	2	3	4	5
N.º clientes	200	146	106	77	56
Vendas (euros)	30000	21900	15900	11550	8400
Margem Lucro (euros)	9000	6570	4770	3465	2520
Margem Lucro Actualizada (taxa de desconto 15%)	9000	5715	3610	2280	1440
Valor Acumulado	9000	14715	18325	20605	22045

O valor médio actual de um cliente do grupo 312 é de cerca de 110 euros (22045/200). Este valor é um indicador útil para avaliar economicamente as acções e dirigir os clientes deste grupo.

Os diferentes grupos de clientes podem assim ser ordenados pelo valor médio dos clientes de cada grupo.

A divisão da base de dados em três níveis para cada um dos critérios é relativamente grosseira devendo para se obter uma análise mais fina dividi-la em 4 ou 5 níveis obtendo-se assim 64 ou 125 grupos de clientes.

Estudos de mercado

As análises qualitativa e quantitativa do mercado incluem o conhecimento de diversos aspectos, desde o comportamento dos consumidores até ao dimensionamento do mercado. Tal conhecimento nem sempre é possível obter só com a experiência ou a intuição dos gestores. O desenvolvimento e aplicação de técnicas por parte das empresas, ou outras organizações, nem sempre se revela suficiente para a caracterização dos mercados onde actuam, e para a avaliação do impacte nesses mercados dos programas e acções de marketing que desejam realizar. Em muitas situações, as análises realizadas pelos gestores, para os auxiliar na tomada de decisões, carecem da objectividade necessária já que nessas situações os próprios gestores são parte interessada nos resultados dessas análises.

Por estas razões, e no sentido de encontrar as respostas mais correctas às perguntas inerentes ao processo de análise de um mercado e de conhecer com o maior rigor possível os efeitos de determinadas acções incluídas no esforço de marketing recorre-se a um conjunto de técnicas designadas por «estudos de mercado».

> Os **estudos de mercado** destinam-se a obter informações úteis para a gestão de marketing das organizações e para os seus gestores.

Os estudos de mercado realizam-se quando há necessidade de tomar uma decisão. Quando a informação resultante desses estudos for útil para a tomada de decisão.

Questões como, por exemplo...
— Qual a cor preferida pelos consumidores para a embalagem do novo produto?
— Como é que os clientes avaliam a qualidade do novo produto ou serviço?
— Qual o impacte de uma determinada campanha de publicidade?
— Qual deve ser o preço de venda ao público de um determinado bem?
— Qual é a dimensão do mercado para um produto ou serviço?
— Quem intervém no processo de decisão da compra de um bem?

... procuram respostas que podem ser úteis para os gestores. Essas respostas podem ser encontradas com maior ou menor dificuldade e rigor através de estudos de mercado, auxiliando significativamente os gestores nas decisões a tomar. Nos exemplos anteriores as decisões poderiam ser:
— A cor da embalagem;
— A definição e controle da qualidade;
— A escolha da campanha publicitária mais adequada;
— A definição do preço;
— O volume de produção e vendas;
— A identificação de quem decide ou influencia a compra.

A informação obtida através dos estudos de mercado é útil quando há necessidade de tomar uma decisão e ela vem auxiliar os gestores, aumentando o seu conhecimento da situação em análise.

Os estudos de mercado são também úteis quando o valor de informação obtida é superior ao custo em obter essa informação. O problema reside em estimar o valor de informação. O seguinte exemplo pode ilustrar a estimativa desse valor:

Os gestores de uma empresa estão indecisos quanto à escolha da campanha publipromocional mais adequada para a introdução no mercado de um novo produto. Têm três alternativas: as campanhas **C1** (investimento menor), **C2** (investimento intermédio) e **C3** (investimento maior).

Os gestores não sabem qual o impacte das campanhas, em termos de quota de mercado conquistada. Estimam de acordo com a sua experiência que com a campanha **C1** existem 50% de probabilidades de se conseguir 5% do mercado, 30% de probabilidades em atingir 10% do mercado e 20% de probabilidades em conseguir 15% de quota. Com a campanha **C2** estimam as seguintes probabilidades para as mesmas quotas de mercado: 30% para 5% de quota, 50% para 10% de quota e 20% para 15%.

Com a campanha **C3** a estimativa é: 20% para 5% de quota, 30% para 10% e 50% para 15% de quota.

A empresa espera obter os seguintes resultados em euros para cada uma das três quotas de mercado:

Campanha \ Quota obtida	5%	10%	15%
C1	10 000	20 000	30 000
C2	- 5 000	40 000	50 000
C3	- 10 000	30 000	80 000

Se os gestores escolherem a campanha **C1**, esta é a melhor decisão se a quota atingida é 5%. Mas se a quota conseguida for 10% então a campanha **C1** conduz a resultado inferior em 20 000 euros em relação à campanha **C2** e 10 000 euros em relação à campanha **C3**.

Para cada uma das quotas de mercado atingidas as perdas de oportunidade em relação à melhor campanha são:

Campanha \ Quota obtida	5%	10%	15%
C1	0	20 000	50 000
C2	5 000	0	30 000
C3	20 000	10 000	0

De acordo com a avaliação dos gestores, no caso de opção pela campanha **C1**, a empresa deixa de ganhar:
$$0{,}5 \times 0 + 0{,}3 \times 20\,000 + 0{,}2 \times 50\,000 = 16\,000$$
No caso de se optar pela campanha **C2**:
$$0{,}3 \times 5000 + 0{,}5 \times 0 + 0{,}2 \times 30\,000 = 7500$$
Se a campanha **C3** for a opção:
$$0{,}2 \times 20\,000 + 0{,}3 \times 10\,000 + 0{,}5 \times 0 = 7000$$

A campanha **C3** é aquela que conduz uma menor perda potencial, pelo que é a que deve ser escolhida. No caso de existir um conhecimento prévio perfeito dos resultados que se iriam obter, então não haveria uma perda potencial. Assim, o valor de 7000 euros seria o limite máximo do valor da informação que os gestores podem obter. Como a informação obtida pelos estudos de mercado não é perfeita, o seu valor pode ser significativamente inferior.

APLICAÇÕES DOS ESTUDOS DE MERCADO

Os estudos de mercado destinam-se a obter informação útil e com valor aceitável relativamente a:
a) Mercados: dimensão, crescimento, identificação de segmentos de mercado, caracterização da concorrência, ...
b) Consumidores: identificação, comportamento, papel no processo de decisão de compra, ...
c) Esforço de marketing: impacte de campanhas publipromocionais, concepção de produtos novos, definição do nível de preço, ...

O conhecimento destas características pode estar relacionado entre si. Informação sobre o comportamento dos consumidores pode por exemplo ser crucial para se avaliar a aceitação pelo mercado de um produto novo.

Exemplificam-se seguidamente algumas das aplicações dos estudos de mercado relacionando-as com o tipo de informação obtida.

INFORMAÇÃO	APLICAÇÃO
Quem compra	• Concepção do produto (embalagem) • Escolha dos pontos de venda • Selecção dos meios de comunicação • Definição dos alvos para os vendedores
O que se compra	• Concepção do produto face à concorrência • Definição das mensagens na comunicação • Definição do preço de venda
Onde se compra	• Estimativa dos custos de distribuição • Escolha da localização dos canais • Definição do serviço pós-venda • Organização das redes de venda
Quando se compra	• Definição do nível de *stocks* • Planificação de promoções • Planificação da publicidade • Planificação do esforço dos vendedores
Porque se compra	• Concepção do produto (atributos) • Definição do preço • Apresentação dos vendedores • Definição das mensagens de comunicação
Como se compra	• Definição do tamanho das embalagens • Definição das condições de venda • Repartição de investimentos publipromocionais
Quanto se compra	• Previsão de vendas • Definição dos níveis de *stocks* • Definição do preço • Avaliação económica

Na prática, as principais aplicações por parte das empresas na realização de estudos de mercado são:

— Determinação do potencial do mercado
— Definição das quotas de mercado
— Determinação das características do mercado
   (Quem, onde, como, porquê, o que se compra)
— Análise das vendas
— Concepção de produtos novos (sua aceitação)
— Caracterização da concorrência
— Planeamento a curto ou longo prazo

O PROCESSO DE REALIZAÇÃO DE ESTUDOS DE MERCADO

Podem essencialmente distinguir-se três etapas na realização de um estudo de mercado:

1. Definição e formulação do problema
2. Escolha da metodologia para obter a informação
3. Análise e interpretação da informação

A **definição** do problema constitui a fase fundamental para a utilidade do estudo de mercado. Uma definição correcta do que se pretende fazer é também importante para minimizar o custo do estudo de mercado.

Antes de se realizar um estudo de mercado para obter resposta a determinadas questões é útil que os gestores coloquem a si próprios as seguintes questões:
— Que acções serão desenvolvidas após se ter a informação?
— Que decisões serão tomadas se os resultados do estudo forem diferentes dos esperados?

Em muitos casos, a decisão dos gestores é a mesma, apesar dos resultados do estudo serem diferentes do esperado. Nestes casos, os estudos de mercado revelam-se inúteis, pois a questão que lhes deu origem não constitui realmente um problema para os gestores cuja decisão é independente da informação obtida.

Formulando aquelas questões eliminam-se muitos dos aspectos desconhecidos no processo de tomada de decisão dos gestores, devido à irrelevância desses aspectos relativamente às decisões a tomar e às acções a desenvolver posteriormente.

Com a eliminação de problemas irrelevantes, a gestão concentra-se nos problemas cuja solução é necessário encontrar, clarificando o objectivo do estudo de mercado e reduzindo o seu custo.

A **metodologia** utilizada na realização de um estudo de mercado depende dos objectivos do estudo (tipo de informação desejada), do rigor com que se deseja conhecer a informação e do montante que se deseja gastar no estudo.

Os gestores podem, de um modo geral, recorrer a dois tipos de informação: primária e secundária.

A informação primária resulta de uma investigação original do mercado especialmente concebida para o fim específico de obter com o rigor desejado um conjunto de respostas para as questões colocadas.

A informação secundária é obtida através da análise e exame de dados históricos publicados, de algum modo relacionados com o problema em questão, e que podem ser úteis.

Como é natural, a informação primária é mais rica, pois é obtida por processos especialmente utilizados para esse fim. O valor da informação secundária é menor, pois baseia-se em dados históricos que não correspondem geralmente à situação concreta que está em causa. É assim de esperar que uma metodologia baseada em fontes de informação primária seja mais cara.

As principais fontes de informação secundária são:

Registos internos de vendas

A análise dos registos internos de vendas das empresas podem proporcionar um conjunto de informações úteis para os gestores. Para tal, esses registos devem estar convenientemente classificados por critérios, tais como: produtos, embalagens, vendedores, territórios de vendas, tipos de clientes, tipos de canais de distribuição, dimensão das encomendas...

A comparação das vendas, segundo estes critérios ao longo do tempo, pode fornecer pistas para a interpretação das tendências do mercado e da posição concorrencial da empresa. Para uma análise mais correcta é também necessário comparar esses valores internos com os que se verificam no exterior, no mercado onde a empresa actua.

Informação publicada

Existe uma grande variedade de informação publicada. Desde aquela que é publicada pelos organismos oficiais governamentais (principalmente relativa a dados estatísticos demográficos), até à que é publicada por associações empresariais, ou, de um modo mais geral, por revistas ou jornais especializados ou não.

A utilização deste tipo de informação secundária deve ser feita com especiais cuidados de modo a não induzir o analista em erro. Devem ser identificados nestes casos os seguintes elementos: os autores da investigação que deu origem à informação, a razão que levou a realizar tal investigação, a data em que foi realizada e a metodologia utilizada. O conhecimento destes elementos é importante para a avaliação de qualidade da informação publicada e para a sua interpretação, quer quantitativa quer qualitativa.

A informação primária pode ser obtida de diversos modos:

Observação simples

A observação pode ser simples, limitando-se o analista a constatar os acontecimentos e a interpretá-los. A observação pode ser directa ou com o auxílio de câmaras escondidas de televisão ou vídeo.

Exemplos desta metodologia incluem o estudo da reacção dos consumidores à localização dos produtos no ponto de venda, ou a identificação do trajecto dos clientes no interior de um supermercado.

Observação preparada

Neste caso o observado, sem se aperceber de tal, é solicitado a reagir a um determinado estímulo. As suas reacções são então observadas e analisadas. Um exemplo deste tipo de observação consiste em utilizar compradores profissionais no sentido de se avaliar como os vendedores realmente tratam os clientes.

Estas duas metodologias, as observações simples e preparada, têm a vantagem de eliminarem as possíveis influências e erros cometidos por quem observa e por quem é observado, e que poderiam condicionar a validade dos resultados.

No entanto, tais observações são difíceis de interpretar, já que não fornecem pistas para a compreensão do comportamento dos consumidores e os seus resultados são geralmente de ordem qualitativa.

Questionários

Os questionários são as técnicas mais utilizadas. Existem diversos tipos de questionários:

TIPO	VANTAGENS	DESVANTAGENS	EXEMPLO
Questões directas			
• Resposta fechada	• Utilizável pelo correio ou telefone • Fácil de responder • Fácil de codificar	• Parte do princípio de que se conhecem as respostas mais importantes	• Qual a marca de detergente que usa?
• Resposta dicotómica	• Prepara para outras questões • Fácil de codificar	• Força uma escolha • Não fornece mais informação	• É casado?
• Respostas múltiplas	• A resposta não é tão forçada	• Podem não representar alternativas claras • Podem existir diferentes interpretações das alternativas	• Se comprasse um carro hoje, qual das seguintes marcas comprava?

TIPO	VANTAGENS	DESVANTAGENS	EXEMPLO
• Respostas pontuadas	• Reflectem uma graduação nas respostas	• A pontuação atribuída pode não reflectir a graduação das respostas • Os inquiridos podem ter uma sensibilidade diferente de pontuação	• Como classifica a qualidade do serviço da companhia aérea? Muito bom — 1 Bom — 2 Médio — 3 Mau — 4 Muito mau — 5 Não sei — 6
• Classificação	• Permite uma resposta rápida	• Só permite uma classificação relativa • Pode confundir o inquirido • Não indica a distância entre as preferências	• Quais dos seguintes produtos é melhor?
Questões abertas	• Fornecem informação vasta e profunda	• Limita-se a entrevistas pessoais • Difíceis de codificar • Difíceis de interpretar	• O que gosta no seu automóvel?
Questões indirectas	• Permite obter respostas aceitáveis	• O rigor é secundário	• Complete a seguinte frase: «Acho que as pessoas devem ter seguro de vida porque....... »

O tipo de questionário deve adaptar-se à situação concreta que se pretende resolver face às suas vantagens ou desvantagens relativas, Uma vez seleccionado o tipo de questionário, o problema reside na sua construção. Diferentes construções para um questionário conduzem a resultados diferentes.

A ordem das perguntas, a forma como é definido o objecto do inquérito, a utilização de perguntas em cascata, a apresentação de alternativas como resposta a perguntas formuladas, a monotonia do questionário, são alguns dos muitos factores que podem influenciar os resultados obtidos e a sua interpretação.

Entrevistas

Nesta metodologia há que procurar evitar a influência nos resultados por parte do entrevistador. Essa influência pode verificar-se na inexistência de respostas ou em erros nas respostas. A inexistência de respostas acontece quando não é dada ao entrevistado a oportunidade de responder. Esta situação sucede com frequência quando o entrevistador não segue o plano de amostragem para a selecção dos entrevistados, introduzindo critérios próprios para essa selecção. Também se verifica a inexistência de respostas quando o entrevistador não encontra os entrevistados seleccionados, ou quando os entrevistados potenciais se recusam a participar na entrevista.

Os erros nas respostas podem resultar do assunto da entrevista (o entrevistado pode escolher as respostas que mais o valorizam aos olhos do entrevistador), das condições físicas em que se realiza a entrevista, da maneira como são construídas as questões, da maneira como o entrevistador faz as perguntas, etc...

Questionários pelo correio, pelo telefone ou pela internet

Estes métodos têm a vantagem de serem relativamente mais baratos. Além disso, permitem alcançar indivíduos em locais mais afastados e podem proporcionar respostas com maior veracidade devido à ausência do entrevistador.

No entanto, também apresentam algumas desvantagens.

No caso destes questionários, os inquiridos podem ler todo o questionário antes de começar a responder e não se proporcionam a questões abertas. Também não se pode ter a certeza se quem responde é o indivíduo que desejamos.

Entrevistas individuais profundas, ou em grupo

Esta metodologia inclui a realização de entrevistas com bastante profundidade, nas quais o entrevistador encoraja o entrevistado a falar livremente sobre determinados temas. O entrevistador procura orientar a entrevista sem no entanto forçar o seu andamento ou o comportamento do entrevistado. São entrevistas demoradas que podem atingir três horas.

Deste modo, procura-se conhecer as motivações e atitudes reais e não simplesmente obter as respostas mais óbvias.

Quando esta metodologia é aplicada a grupos de indivíduos, no máximo 10-12, o entrevistador é fundamentalmente um moderador da discussão que se gera no grupo sobre o tema proposto. É um modo muito estimulante de gerar ideias. As opiniões e ideias discutidas são gravadas e posteriormente analisadas. É uma metodologia muito rica na obtenção de informações de ordem qualitativa sobre a qualidade, impacte e imagem de produtos, marcas, indivíduos, organizações e materiais publicitários.

Painéis de consumidores

Um painel de consumidores consiste num conjunto de algumas centenas de famílias que, mediante uma determinada compensação, registam as compras que realizam e por vezes a razão da compra. O tratamento desta informação permite recolher dados de grande utilidade para os gestores: estimativas de vendas ao público, quotas de mercado das diferentes marcas, tendências do mercado, lealdade por parte dos consumidores, influência das actividades promocionais, etc...

Auditorias no retalho

Empresas especializadas realizam auditorias numa mostra significativa de retalhistas, registando as suas compras de determinados produtos e marcas e a variação de *stocks,* durante períodos bem definidos (geralmente dois meses). Para além das informações que esta metodologia proporciona, em termos de vendas dos produtos e marcas ao público, também permite o conhecimento das variações da quantidade armazenada nos canais de distribuição, nomeadamente a nível dos retalhistas.

Experimentação

O objectivo da experimentação é determinar o efeito de uma ou mais variáveis independentes, numa ou mais variáveis dependentes. No marketing, exemplos de variáveis independentes são o preço ou a publicidade, enquanto o volume de vendas e os lucros são variáveis dependentes.

Normalmente a experimentação é controlada, mantendo constantes certas condições e variando outras, medindo o efeito destas variações. Por exemplo: medição da variação das vendas de um produto mantendo o seu preço e aumentando os investimentos publicitários.

As dificuldades e problemas que existem na realização de experimentação levam os gestores de marketing a ter algum cepticismo quanto à validade e utilidade dos resultados da experimentação:

— Os retalhistas dificilmente cooperam;
— É difícil conseguir pontos de venda em número e qualidade ajustados à experimentação;
— O período de tempo necessário é geralmente superior a três meses, obrigando a um controle prolongado e rigoroso de experimentação;
— A experimentação pode ser afectada significativamente por interferências de concorrência ou de outros agentes, sendo extremamente difícil isolar o seu efeito nas variáveis que se pretende medir.

A última fase do processo de realização de estudos de mercado consiste na **interpretação** da informação obtida e tratada. Tendo em conta a definição do problema a resolver e a metodologia utilizada para a sua resolução, os gestores devem interpretar os resultados, avaliando o grau de confiança que têm e devem identificar possíveis erros que tenham sido cometidos nas fases anteriores e qual o seu impacte nos resultados.

BRIEFING PARA REALIZAÇÃO DE ESTUDOS DE MERCADO

Normalmente, as empresas não têm a capacidade interna de realização de estudos de mercado principalmente quando estes requerem meios técnicos e humanos de grande dimensão. Nestes casos, há o recurso a empresas especializadas na concepção e realização de estudos de mercado.

No sentido de especificar o mais correctamente possível o estudo de mercado pretendido, as empresas devem apresentar às firmas especializadas em estudos de mercado um *briefing*, que sintetiza o trabalho que se pretende realizar. O *briefing* constitui não só a base para a realização do estudo de mercado, mas também a definição das responsabilidades das partes envolvidas: a empresa cliente e a empresa que realizará o estudo de mercado.

Um *briefing* típico deve incluir as seguintes rubricas:

a) **Objectivo do estudo de mercado**

A empresa que necessita do estudo de mercado deve especificar o mais rigorosa e objectivamente os objectivos a atingir.

Devem ser indicados quais os problemas ou questões cujas respostas são necessárias, e o fim a que se destinam as informações obtidas.

Uma definição correcta dos objectivos não só facilita a concepção dos estudos de mercado como conduz à obtenção de informação realmente útil para a gestão.

b) **Caracterização do mercado**

A empresa deve definir os contornos do mercado que vai ser coberto pelo estudo. O mercado deve ser caracterizado em termos demográficos e eventualmente pode ser representado segundo critérios considerados relevantes para uma posterior interpretação dos resultados, em cada um dos segmentos.

Os critérios demográficos mais utilizados são o geográfico, o sexo, a idade, o rendimento e a educação.

Para além destes critérios podem ainda incluir-se outros como utilizadores ou não utilizadores, conhecedores ou não do produto ou serviço, etc...

Um dos elementos úteis para a realização do estudo é a dimensão do mercado e dos seus segmentos.

c) **Concorrência e produtos substitutos**

A caracterização de concorrência e dos produtos substitutos pode ser útil para a concepção do estudo, principalmente no que diz respeito à sua implantação no mercado em estudo.

d) **Calendário**

As datas desejáveis de início e conclusão do estudo devem ser indicados.

e) **Orçamento**

A empresa deve indicar, por fim, a verba que orçamentou para o estudo de acordo com as suas possibilidades e tendo em conta o valor que a informação a obter tem para si.

Com base nestes elementos, as empresas especializadas na realização de estudos de mercado estão em condições de definir:

— a exequibilidade do estudo tendo em conta as restrições apresentadas pela empresa e eventual proposta de alteração do *briefing;*

— os meios a empregar face à metodologia seleccionada, ao calendário e orçamentos apresentados;
— a metodologia a utilizar para conseguir os objectivos definidos com o maior rigor.

Análise da concorrência

Sob o ponto de vista empresarial a situação ideal consiste em desenvolver um negócio num mercado onde não existem concorrentes.

Tal situação é improvável e rara nas designadas economias de mercado, e em contextos económicas cada vez mais abertos e expostos ao exterior.

É deste modo essencial para as empresas analisar a concorrência de modo a definirem de uma forma mais efectiva as suas estratégias de marketing.

A análise da concorrência tem como objectivos a caracterização do **perfil dos concorrentes,** a fim de procurar antecipar o seu comportamento futuro e a sua reacção a modificações introduzidos no mercado, e a **escolha possível dos concorrentes** que a empresa deve evitar encontrar nos mercados onde pretende actuar e, daqueles cuja concorrência pode ser explorada de modo positivo.

Se sob o ponto de vista social e até político a existência de concorrência pode ser desejável, sob o ponto de vista empresarial deve ser evitada e idealmente anulada. No entanto, como a concorrência é um dado na maioria dos mercados, as empresas em geral, e os gestores em particular, não têm outro remédio senão ter em conta a sua existência e gerir de modo a minimizar os seus efeitos negativos, e tirar partido dos aspectos positivos que ela pode proporcionar.

DEFINIÇÃO DA CONCORRÊNCIA

A identificação da concorrência relevante de uma empresa, produto ou marca pode ser realizada através da caracterização do seguinte triângulo que traduz a relação entre o produto e o mercado e ajuda a definir o negócio:

O QUÊ?	Que necessidades são satisfeitas pelo produto?
PARA QUEM?	Que mercados alvo têm essas necessidades satisfeitas pelo produto?
COMO?	Que tecnologia e meios são utilizados para satisfazer essas necessidades desses mercados alvo?

A cada negócio corresponde um triângulo específico como mais adiante se verá no marketing estratégico.

Uma marca de leite com chocolate para crianças caracteriza de um modo simplista o triângulo do seguinte modo:

O QUÊ?	Alimentação; prazer
PARA QUEM?	Crianças com idades entre os 6 e os 10 anos
COMO?	Leite com chocolate em pequenas embalagens de cartão.

Um concorrente directo dessa marca é outra marca que tenha um triângulo idêntico, isto é, outra marca de leite com chocolate com embalagens pequenas de cartão. Mas concorrentes indirectos podem existir vários.

Uma marca de iogurtes com sabores (incluindo chocolate) para crianças é também um concorrente, e uma marca de sumos de frutas também o pode ser. Neste caso só se alterou o vértice do triângulo COMO.

E um produto de sumos de frutas especialmente dirigido para adolescentes e adultos em embalagens familiares? Neste caso alteram-se os vértices PARA QUEM e COMO, mas não deixa de ser potencial concorrente.

Embora uma empresa se deva preocupar principalmente com os concorrentes directos não deve ignorar aqueles cujo triângulo de negócio se aproxime do seu com a variação de 1, 2 ou dos 3 vértices, pois com maior ou menor facilidade pode imitá-los e tornar-se um concorrente directo.

O PERFIL DA CONCORRÊNCIA

A primeira dificuldade na análise da concorrência consiste em identificar quem são os concorrentes. Se é óbvio que as empresas que comercializam no mesmo mercado produtos semelhantes são concorrentes, já não é tão linear que empresas que comercializam produtos diferentes sejam concorrentes. Mas podem ser!

Basicamente duas empresas são concorrentes num mercado, se comercializam bens que satisfazem as mesmas necessidades dos clientes. As empresas de transporte aéreo concorrem com as ferroviárias em certos mercados, os iogurtes concorrem em muitas situações com os sumos de frutas naturais, a locação mobiliária com os empréstimos a médio prazo em variados casos, etc...

Devem também ser incluídos na análise da concorrência os concorrentes potenciais que podem entrar no mercado, e não só os concorrentes actuais que já operam nesse mercado.

O perfil da concorrência é caracterizado por quatro componentes fundamentais: objectivos, estratégia, pressupostos e capacidades da concorrência.

OBJECTIVOS

O conhecimento dos objectivos que os concorrentes pretendem atingir permite avaliar o grau de satisfação com a situação em que se encontram, e o modo como vão reagir a mudanças no mercado ou a ataques de outras empresas. Também permite avaliar o empenho que cada concorrente coloca nas acções que desenvolve. Se essas acções são dirigidos no sentido de atingir objectivos fundamentais é de esperar um grande empenho na obtenção de resultados favoráveis.

Os objectivos a identificar na concorrência ultrapassam os objectivos de ordem financeira. Os desejos de liderança tecnológica, de mercado ou de qualidade, são também factores a ter em conta.

OBJECTIVOS FINANCEIROS

Os concorrentes privilegiam objectivos financeiros a curto ou médio prazo? Como é que a concorrência escolhe entre a rentabilidade e o crescimento das vendas?

Qual é o critério seguido pela concorrência em termos de distribuição de dividendos?

VALORES DEFENDIDOS

Quais são os valores defendidos pela concorrência que podem condicionar o seu comportamento?
Dão um valor especial à liderança do mercado?
Valorizam a liderança tecnológica?
Assumem-se como líderes em termos de qualidade?
Privilegiam a actividade em determinadas regiões geográficas?

ESTRUTURA ORGANIZACIONAL

Qual é o tipo de estrutura da concorrência? Funcional, com ou sem gestores de produto ou mercado?
Quais são as áreas funcionais mais importantes na estrutura organizacional dos concorrentes?
Que tipo de sistemas de controle e incentivos existem na concorrência?
Que objectivos específicos esses incentivos procuram atingir?

TIPO DE GESTORES

No topo da organização dos concorrentes que tipo de gestores existem? Qual é a sua formação e experiência?

ESTRATÉGIA

A identificação e caracterização das estratégias seguidas pelos concorrentes é importante na sua análise. A constatação de ausência de uma estratégia é igualmente importante.

Ao identificar-se a estratégia de um concorrente deve realçar-se a forma distintiva por ele escolhida para concorrer no mercado, assim como as políticas funcionais de produção, marketing, financeira, pessoal, investigação e de abastecimentos que contribuem para essa estratégia.

Deve referir-se que nem sempre a estratégia dos concorrentes é explícita. Mas mesmo implícita, a estratégia da concorrência ou a sua ausência deve ser identificada.

PRESSUPOSTOS

A identificação dos pressupostos que os concorrentes fazem acerca de si próprios e da indústria onde actuam constituem mais uma base para se antecipar o seu comportamento no mercado.

É irrelevante se os pressupostos em que se baseia a concorrência são ou não correctos. O que é importante é o facto de os concorrentes orientarem a sua actividade com base nesses pressupostos. Se por exemplo um concorrente parte do pressuposto que conseguiu desenvolver uma lealdade elevada nos clientes, o que não corresponde à verdade, então esse concorrente é vulnerável a um ataque de um concorrente com base numa redução de preços. É útil conhecer os pressupostos em que se baseia a concorrência. Tais pressupostos podem referir-se a:

Posição relativa no mercado

Alguns concorrentes consideram-se os mais eficientes, com custos mais baixos. Outros julgam-se os de qualidade mais elevada. Ainda outros acham que são os mais evoluídos tecnologicamente

Evolução da procura e do negócio

Os concorrentes fazem por vezes afirmações sobre a sua opinião quanto ao futuro negócio em que estão envolvidos. O crescimento da procura e as tendências do mercado são características em relação às quais a concorrência estabelece um conjunto de pressupostos, que condicionam as suas acções e reacções no mercado.

Convicções emocionais

A concorrência pode estar emocionalmente identificado com determinadas práticas (localização, canais de distribuição, concepção de produtos, ...), que por razões históricas ou convicção forte dos seus gestores, são mantidas e influenciam as suas decisões.

CAPACIDADES

A análise da concorrência inclui necessariamente a identificação dos pontos fortes e fracos dos diversos concorrentes que actuam no mercado.

Essa identificação deve percorrer todas as áreas funcionais das empresas concorrentes: produção, investigação, marketing, pessoal e organização. Em que áreas é mais forte o concorrente? E mais fraco?

Para além das capacidades funcionais há também que avaliar a potencialidade de crescimento de cada concorrente. Essa potencialidade pode ser apreciada através da taxa sustentável de crescimento:

$$t = \frac{vendas}{activo} \times \frac{lucro}{vendas} \times \frac{activo}{cap.\ próprios} \times (1-i) \times (1-d)$$

t - taxa sustentável de crescimento
i - taxa de imposto sobre lucros
d - taxa de distribuição de dividendos

O cálculo da taxa sustentável de crescimento de uma empresa representa em cada instante a possibilidade de crescimento mantendo as políticas funcionais praticadas nesse instante. Para a empresa crescer a uma taxa superior à calculada, tem de alterar essas políticas, o que indica as possíveis acções que permitem atingir o crescimento desejado.

A definição do perfil da concorrência permite realizar os cenários mais prováveis de cada concorrente, quer em termos de acções ofensivas que podem desencadear, quer de acções defensivas que realizarão.

O desenvolvimento de acções ofensivas depende do grau de satisfação que cada concorrente tem relativamente aos objectivos que define, à estratégia que concebeu e aos pressupostos em que se baseia. As acções ofensivas fundamentam-se naturalmente nas suas maiores capacidades. As acções defensivas destinam-se a proteger os seus pontos mais fracos, ou podem ser retaliação a concorrentes que ponham em causa os seus objectivos e estratégia.

OS BENEFÍCIOS DA CONCORRÊNCIA

Na impossibilidade de se evitar a existência da concorrência na generalidade dos mercados, as empresas têm pelo menos a possibilidade de escolher os segmentos de mercado onde actuam os concorrentes menos desfavoráveis, e tirar partido dos benefícios que alguns concorrentes proporcionam. Considerando sob o ponto de vista empresarial a concorrência como um mal necessário, procura-se deste modo minimizar as suas consequências negativas.

Os benefícios que a concorrência pode trazer para o mercado são:

Absorve as flutuações da procura no mercado

Em mercados sazonais ou sujeitos a ciclos mais ou menos frequentes de oscilação da procura, a existência de concorrentes proporciona um melhor dimensionamento e taxa de ocupação das unidades instaladas. Garante também uma maior estabilidade no mercado na medida em que assegura o seu abastecimento e satisfaz a procura nos períodos de consumo elevado.

Favorece a diferenciação

Muitas empresas baseiam a sua actividade de marketing na oferta de bens diferentes com atributos especiais que os clientes valorizam, estando dispostos a pagar mais pela sua aquisição. Dificilmente uma empresa pode diferenciar-se se não tiver com que comparar a sua oferta.

A existência de concorrentes proporciona padrões em relação aos quais essa comparação pode ser feita. Sem concorrentes, os clientes não têm uma base de comparação dos produtos oferecidos. Concorrentes cujos produtos são apreciados menos favoravelmente pelos clientes, são benéficos para uma empresa com a capacidade de oferecer no mesmo mercado produtos de melhor qualidade.

Abastece os segmentos de mercado menos atraentes

Todas as empresas identificam no seu mercado determinados segmentos que por diversas razões são menos atraentes (localização, dimensão, nível de exigência, sensibilidade ao preço, dificuldade de cobrança...). Não é fácil evitar a comercialização para os clientes menos desejáveis. A existência de concorrência para satisfazer a procura de clientes menos atraentes existentes no mercado ajuda a resolver esse problema.

Certos clientes menos atraentes para uma empresa podem ser desejáveis para empresas concorrentes. Consegue-se deste modo uma maior estabilidade na satisfação da procura total, ao mesmo tempo que permite a cada empresa ajustar com maior precisão a sua oferta a cada tipo de clientes que considera mais desejável.

Estabelece limites máximos de preços

A existência no mercado de concorrentes menos eficientes, com custos de produção e comercialização mais elevados, pode proporcionar a prática de preços mais elevados no mercado.

Para as empresas mais eficientes, com custos mais baixos, pode ser benéfica a existência de concorrentes cuja maior ineficiência implica a necessidade de praticar preços mais elevados.

Proporciona fontes de abastecimento alternativas

A segurança de abastecimento constitui em muitas situações uma condição essencial para uma decisão favorável de compra por parte dos clientes, principalmente no caso de bens organizacionais. Um dos aspectos que contribui para essa segurança é a existência de fontes alternativas capazes de fornecer os clientes. A concorrência proporciona essas alternativas e minimiza junto dos clientes a probabilidade de rupturas no abastecimento,

A existência de alternativas de fornecimento, mesmo oferecidas pela concorrência, favorece o crescimento do mercado, podendo ser crucial na fase de introdução dos produtos no mercado.

Ajuda a desenvolver mercados

A existência da concorrência na fase inicial de introdução de produtos nos mercados ajuda a um desenvolvimento mais rápido e económico desses mercados. A partilha de despesas associadas à introdução dos produtos entre os diversos concorrentes contribui para a redução dos encargos que cada empresa tem de suportar e acelera o crescimento.

A redução do risco percebido pelos clientes e a maior confiança que depositam numa actividade exercida por várias empresas concorrentes favorecem também o desenvolvimento do mercado.

Dificulta a entrada de concorrentes novos no mercado

Os concorrentes ocupam um espaço próprio em determinados segmentos do mercado e bloqueiam o acesso a canais de distribuição, dificultando a entrada de outros concorrentes potencialmente mais perigosos e indesejáveis.

É assim benéfica a existência de concorrentes que tapem o acesso fácil a empresas indesejáveis.

A CONCORRÊNCIA DESEJÁVEL

Da análise do perfil dos concorrentes actuais e potenciais, e da verificação dos benefícios que podem decorrer da concorrência, resulta a identificação de concorrentes mais ou menos desejáveis.

Um concorrente desejável é menos hostilizado e, de uma forma indirecta, até pode ser ajudado. As principais características de um concorrente desejável são:

- não atribui grande importância ao negócio no qual é concorrente, pois constitui um dos vários negócios em que a empresa está envolvida, não lhe sendo atribuída uma prioridade elevada;
- tem objectivos de rentabilidade semelhantes, comportando-se no mercado segundo um padrão previsível e conhecido;
- está satisfeito com os resultados obtidos e com a posição concorrencial atingida no mercado;
- tem uma elevada aversão ao risco, não tomando decisões bruscas e inesperadas, por vezes irracionais;
- tem fundamentalmente uma óptica de gestão de curto prazo.

Problemas

1. Caracterize o processo de decisão de compra de mobiliário de escritório nas seguintes organizações:

    a) Pequeno escritório de advogados
    b) Secretaria Geral de um Ministério Governamental
    c) Grande empresa de Telecomunicações com instalações em todos os distritos do país

2. Comente as seguintes afirmações:

    a) "A compra de pastilhas elásticas é de baixo envolvimento do consumidor"
    b) "As compras através da internet são mais adequadas para produtos em que a compra não é complexa e onde há baixo envolvimento do cliente"
    c) "O nível de envolvimento de um comprador de um livro varia consoante o livro é para oferta ou para si próprio"

3. Um fabricante de produtos para bebés decidiu lançar no mercado um produto novo: um puré de frutas chamado *Bebefruto:*
    O lançamento foi apoiado por uma campanha publicitária forte. O fabricante pretende agora saber qual o resultado da campanha:

    - Quantas pessoas ouviram falar do *Bebefruto?*
    - Quantas pessoas foram atingidas pela publicidade?
    - Quantas donas de casa compraram pelo menos uma embalagem de *Bebefruto?*
    - Quantas donas de casa se tornaram clientes regulares do produto?

    Prepare um questionário dirigido a donas de casa com filhos de idade inferior a três anos, capaz de responder àquelas questões.

4. Uma empresa pretende distribuir o seu orçamento publipromocional de acordo com um índice que traduza o poder de compra de cada uma das quatro regiões onde actua.
    Os elementos recolhidos sobre essas regiões relativos ao número de lares, rendimento e idade da dona de casa são:

Região	N.º de lares	Rendimento do lar superior a 10 000€	Idade da dona de casa entre 25 e 40 anos
A	1370	450	1200
B	210	50	210
C	220	70	200
D	170	35	150

    Os gestores da empresa consideram que o rendimento é mais importante, pelo que deve ter um peso duplo dos restantes. Como deve a empresa distribuir o seu orçamento?

5. Que razões levam as seguintes empresas a segmentar o mercado de acordo com os tipos de local de compra:

   a) Produtor de sumos
   b) Fabricante de telemóveis
   c) Companhia de Seguros (ramo automóvel)

6. Indique critérios úteis para segmentar os mercados dos seguintes bens:
   a) relógios   b) rações para animais   c) pneus   d) Banco comercial
   e) detergentes para lavar roupa.

7. Indique as necessidades que podem ser satisfeitas através da aquisição, consumo ou utilização dos seguintes bens:
   a) cerveja   b) automóvel   c) restaurante   d) berbequim.

8. Em que situações a segmentação do mercado tem um valor reduzido para os gestores de marketing?

9. Uma empresa de transportes públicos da região da Grande Lisboa deseja conhecer a opinião dos utilizadores relativamente à qualidade do serviço oferecido.

   Elabore o *briefing* correspondente para apresentação a uma empresa de estudos de mercado.

10. Uma empresa comercializa actualmente o seu produto numa embalagem de vidro, não recuperável, ao preço de 150€ por unidade.
    Pretende introduzir no mercado uma nova embalagem recuperável a um preço de 120€ por unidade.
    Com o objectivo de avaliar o impacte desta decisão os gestores decidiram fazer um teste de mercado em 12 lojas onde comercializam o produto.

    Proponha uma metodologia para realizar o teste.

11. O responsável de marketing de uma empresa que fabrica componentes electrónicos para a indústria de electrodomésticos pretende ganhar o concurso de fornecimento desses componentes para um grande fabricante de electrodomésticos.

    Que papéis podem desempenhar os seguintes colaboradores do fabricante de electrodomésticos no proceso de escolha do fornecedor?

    - Directores de Investigação
    - Engenheiros de Produto
    - Engenheiros de Produção
    - Directores de Compras

    O que se altera no caso da recompra dos componentes?

12. Quando é que a segmentação de um mercado é desnecessária ou desaconselhável?

13. O gestor de marketing de uma cadeia de restaurantes pretende introduzir um novo prato no menu.

    Que tipos de estudos de mercado pode realizar para o ajudar na decisão?

14. Como é que um concessionário de automóveis pode reduzir a dissonância cognitiva dos clientes que lhe compram automóveis?

15. Que informações considera relevantes incluir numa base de dados a constituir por:

    a) Restaurante de luxo
    b) Cadeia de lojas de vestuário masculino
    c) Editora de livros de gestão "on-line"

16. Uma empresa vendeu o ano passado 800.000 unidades de um produto a um preço médio de 4 euros/unidade num mercado que consome anualmente 4 milhões de unidades equivalentes a 10 milhões de euros.
    Calcule as quotas de mercado da empresa e interprete os valores obtidos.

17. O director de marketing da Central, empresa de produtos alimentares comercializados com a marca *Central,* está a preparar as previsões de vendas mensais para o próximo ano, 2002. Para tal, dispõe dos dados históricos relativos às vendas da Central entre 2000 e 2001 (Tabela 1).
    Dispõe também de dados da empresa de estudos de mercado Nielsen, que em períodos bimensais recolhe junto de uma amostra significativa de retalhistas onde se comercializa o produto *Central* e/ou produtos concorrentes. Os dados Nielsen referem-se ao período 1999-2001 e incluem:

    - Vendas dos retalhistas no universo coberto pela Nielsen da categoria de produtos onde se inclui a Central e os seus concorrentes (Tabela 2).
    - Quota de mercado da Central no universo Nielsen (Tabela 3).
    - Volume de *stocks* no retalho da marca *Central* (Tabela 4).

    A empresa Central distribui os seus produtos exclusivamente através de grossistas e retalhistas. Uma parte significativa dos retalhistas está incluído no universo coberto pela Nielsen.

    Realize com os dados disponíveis uma previsão de vendas mensais da Central em 2002.

Tabela 1
Vendas da Central
(toneladas)

	2000	2001
Jan.	365,3	387,1
Fev.	336,9	352,4
Mar.	402,3	426,4
Abr.	475,3	416,5
Mai.	459,3	662,9
Jun.	446,8	675,3
Jul.	535,9	591,2
Ago.	477,2	321,0
Set.	479,8	322,7
Out.	339,7	369,4
Nov.	393,5	347,2
Dez.	300,1	224,8
Total	5012,1	5096,9

Tabela 2
Vendas da categoria-dados Nielsen
(toneladas)

	1999	2000	2001
Dez.-Jan.	400,1	533,9	572,4
Fev.-Mar.	454,0	508,7	507,1
Abr.-Mai.	582,0	546,9	603,2
Jun.-Jul.	763,8	762,2	809,6
Ago.-Set.	874,1	959,6	1003,6
Out.-Nov.	681,2	764,9	749,2

Tabela 3
Quota de mercado da Central
(dados Nielsen)

	2000	2001
Dez.-Jan.	83,3	71,2
Fev.-Mar.	83,8	77,1
Abr.-Mai.	80,3	75,4
Jun.-Jul.	76,8	70,8
Ago.-Set.	73,8	67,7
Out.-Nov.	69,0	65,8

Tabela 4
Stocks da Central no retalho
(dados Nielsen em ton.)

	1999	2000	2001
Dez.-Jan.	698,0	975,0	812,5
Fev.-Mar.	897,5	1023,6	706,3
Abr.-Mai.	1057,4	1003,4	786,6
Jun.-Jul.	1106,4	935,4	865,4
Ago.-Set.	959,3	865,0	825,4
Out.-Nov.	1054,6	822,9	784,2

18. Apesar da evolução das vendas de DRINK o Director Comercial da Empresa de Bens Alimentares - E.B.A., fabricante e comercializadora de DRINK, estava preocupado quanto ao seu futuro:

ANO	VENDAS DE DRINK (Milhares de caixas de 24 garrafas cada)	VENDAS DA EBA RELATIVAS AO PRODUTO DRINK (Milhares de euros)
1997	309	1335
1998	309	1280
1999	398	1625
2000	505	2180
2001	631	2630

DRINK é uma bebida não alcoólica, sem gás, fabricada à base de sumo de laranja e aditivos de valor nutritivo, dirigido principalmente para as crianças em idade escolar.O mercado das bebidas do tipo DRINK tinha crescido nos últimos 5 anos a uma taxa de cerca de 30% por ano, tendo sido fortemente dinamizado por cerca de 10 marcas de produtos concorrentes, com a DRINK a atingir em 2001 uma quota de mercado de 8%.

EVOLUÇÃO DA POPULAÇÃO
(MILHARES)

IDADE	1996	2001	2006 (Estimativa)
0 - 4	533	501	573
5 - 9	529	534	501
10 - 14	448	532	537
15 - 19	385	452	535
20 - 24	201	390	456
25 - 29	211	207	394
30 - 34	245	217	211
Mais de 35	1148	1367	1493
TOTAL	3700	4200	4700

A) Analise o mercado de DRINK
B) Que razões aponta para preocupação do Director Comercial relativamente ao futuro de DRINK?

19 Um banco analisou os níveis de satisfação dos seus clientes tendo obtido os seguintes resultados:

	NÍVEL DE SATISFAÇÃO
Particulares (jovens)	78%
Particulares (adultos)	84%
Comerciantes	86%
PME	89%
Grandes Empresas	72%

As quotas de mercado do banco (expressas em número de contas) nestes segmentos são:

	QUOTAS
Particulares (jovens)	22%
Particulares (adultos)	29%
Comerciantes	16%
PME	14%
Grandes Empresas	20%

Interprete os resultados obtidos.

20. Identifique os concorrentes de:

a) Companhia aérea
b) Empresa de comunicações móveis
c) Cadeia de supermercados

3

O marketing estratégico e o marketing operacional

- *O marketing estratégico*
- *Acções competitivas*
- *A diversificação*
- *A internacionalização*
- *O marketing operacional*
- *Problemas*

O marketing estratégico

As decisões que têm de ser tomadas pelos gestores de marketing, em particular, e pelos gestores, em geral, distinguem-se pelo conteúdo, importância, efeitos e sua duração.

Existe um conjunto de decisões cuja importância é significativa, pois:

— condicionam a actividade da organização a longo prazo;
— têm efeitos duradoiros;
— não são facilmente alteráveis;
— definem o tipo e dimensão dos recursos materiais e humanos necessários à organização.

Essas decisões, que definem o modo como uma empresa vai competir no mercado, podem ser designadas por decisões estratégicas. Os elementos de uma estratégia de marketing são:

ELEMENTOS DA ESTRATÉGIA DE MARKETING
• Âmbito • Objectivos • Vantagens competitivas • Alocação de recursos • Sinergias

As principais decisões em cada um dos elementos de uma estratégia de marketing são:

Âmbito	Definição dos Mercados Alvo Desenvolvimento de Produtos Conceitos dos Produtos Extensão e Profundidade da Linha de Produtos Estrutura de Marcas
Objectivos	Volume de Vendas Crescimento Quotas de Mercado Rendibilidade Satisfação dos Clientes
Vantagens Competitivas	Posicionamento dos produtos nos mercados de acordo com a superioridade de atributos relativamente à concorrência.
Alocação de Recursos	Investimentos relativos aos diferentes componentes dos programas de marketing e às funções de marketing.
Sinergias	Partilha dos recursos de marketing entre os diferentes produtos e mercados.

O **marketing estratégico** é a área que se preocupa com a formulação e realização das decisões estratégicas de marketing.

O processo de formulação da estratégica de marketing deve conduzir às escolhas mais adequadas relativas às decisões referidas.

As fases prévias para a formulação da estratégia de marketing incluem um **diagnóstico interno** com a finalidade de identificar os pontos mais fortes e fracos da empresa, e um **diagnóstico externo** que permita detectar as oportunidades e ameaças do contexto que envolve a empresa.

O diagnóstico interno percorre todas as áreas funcionais da empresa, procurando identificar, face à concorrência, as áreas em que a empresa é mais forte ou fraca. Para além da área de marketing, o diagnóstico deve incluir as áreas de produção, pessoal e financeira, procurando avaliar as implicações dos seus aspectos positivos ou negativos na situação concorrencial da empresa.

O diagnóstico externo procura identificar as oportunidades e ameaças que os concorrentes actuais e potenciais, os fornecedores e os clientes, a fase de desenvolvimento em que se encontra o mercado, etc..., colocam à actuação da empresa nesse mercado.

Estes dois diagnósticos contribuem significativamente para as fases seguintes do processo de formulação da estratégia de marketing. Eles fornecem elementos importantes para a segmentação dos mercados indicando os critérios mais apropriados, e principalmente auxiliam na análise dos segmentos identificados. A análise dos segmentos do mercado ultrapassa a relativamente simples determinação da dimensão e taxa de crescimento de cada um deles. Uma análise mais profunda é indispensável, envolvendo a análise da concorrência nos diferentes segmentos, a influência dos fornecedores e clientes em cada segmento e a maior ou menor defesa que neles exista, em relação a ataques de novos concorrentes ou produtos substitutos. Cada um dos segmentos identificados apresenta um conjunto de oportunidades e ameaças que se ajustam de um modo diferente às capacidades da empresa detectadas no diagnóstico interno. Compete ao gestor de marketing seleccionar os segmentos que melhores perspectivas apresentem para a sua empresa.

ÂMBITO DE ACTIVIDADE

A definição do âmbito de actividade envolve dois tipos principais de decisões estratégicas: a selecção dos mercados onde a empresa vai actuar e a concepção dos produtos e serviços ajustados a esses mercados.

A selecção dos mercados começa pela segmentação do mercado global e análise dos segmentos resultantes conforme atrás indicado, procedendo-se depois à avaliação da atractividade desses segmentos para a empresa.

Um mercado ou segmento de mercado pode ser atraente para uma empresa e não o ser para uma outra, dependendo dos critérios e forma de avaliação que cada empresa faz desse mercado. Uma empresa pode, por exemplo, privilegiar a dimensão do mercado enquanto outra pode dar mais importância à sua rendibilidade.

Deste modo a atractividade de um mercado não tem um valor absoluto mas sim relativo face ao ponto de vista de quem o avalia.

A atractividade de um mercado depende de diversos factores que se podem agrupar em factores de mercado, sectoriais, concorrenciais e político-legais.

A ATRACTIVIDADE DE UM MERCADO

Factores do Mercado
- Dimensão
- Crescimento
- Fase do Ciclo de Vida
- Estabilidade
- Sensibilidade ao Preço
- Poder Negocial dos Clientes
- Sazonalidade

Factores Sectoriais
- Barreiras à Entrada
- Barreiras à Saída
- Poder Negocial dos Clientes
- Poder Negocial dos Fornecedores
- Nível Tecnológico
- Nível de Investimentos
- Nível de Margens
- Exposição aos Ciclos Económicos

Factores Concorrenciais	Nível Concorrencial
	Qualidade dos Concorrentes
	Ameaça de Substitutos
Factores Político-Legais	Nível de Regulamentação
	Nível de Receptividade (incentivos)

No que diz respeito aos factores de mercado pode considerar-se que de um modo geral um mercado será tanto mais atraente quanto maiores forem a sua dimensão e taxas de crescimento a que normalmente correspondem as fases de crescimento e maturidade do seu ciclo de vida. No entanto, podem existir empresas que face aos seus recursos ou objectivos de rendibilidade prefiram justificadamente mercados de menor dimensão e com crescimentos menos acentuados.

A estabilidade é de um modo geral preferencial à instabilidade dos mercados, no entanto esta última pode representar oportunidades para certas empresas.

A existência de um grande número de clientes pouco sensíveis ao preço torna o mercado atraente pois pode proporcionar níveis de rendibilidade acima da média, mas para uma empresa que tenha uma vantagem competitiva em termos de custos mais baixos seria preferível uma sensibilidade ao preço acentuada.

Os factores sectoriais dizem respeito às características do sector de actividade onde está incluído o mercado em análise. Um sector de actividade pode ser caracterizado pela maior ou menor facilidade que as empresas têm em entrar e sair dele: quanto maior a dificuldade em entrar e a facilidade em sair, mais atraente o sector e os mercados nele incluídos.

A atractividade de um mercado aumenta com a diminuição do poder negocial dos clientes e com a sazonalidade, se contribuir para o equilíbrio da actividade da empresa.

O aumento do poder negocial dos fornecedores de um determinado sector diminui a sua atractividade.

Os níveis tecnológico e de investimentos requeridos para se ser competitivo podem ou não tornar atraentes os mercados de um sector consoante as características das empresas que o analisam.

De um modo geral é de atribuir maior atractividade a sectores onde as margens obtidas sejam maiores e que estejam relativamente protegidas da influência dos ciclos económicos.

A atractividade de um mercado é tanto maior quanto menor o nível concorrencial nele existente e quanto menores forem as capacidades dos concorrentes e ameaças dos produtos substitutos.

Por fim, a regulamentação existente num mercado condiciona a actividade das empresas assim como os maiores e menores incentivos oferecidos pelas autoridades na atracção de empresas para determinados sectores.

Para além da atractividade e consequente selecção dos mercados onde as empresas escolhem actuar, a definição do âmbito engloba ainda a caracterização do produto ou linha de produtos a oferecer nesses mercados, assim como a política de desenvolvimento.

Um dos aspectos básicos é a definição do conceito do produto e da sua relação com os mercados a que se destina. Importa aqui recordar o triângulo apresentado na página 71.

O Quê?   as necessidades que são satisfeitas pelo produto
Para Quem? os clientes a que se destina o produto
Como?   as tecnologias utilizadas para satisfazer as necessidades dos clientes

A definição do conceito de produto passa pela caracterização dos seus atributos mais relevantes que satisfazem as necessidades dos clientes alvo. Associadas a estas decisões estão também a definição da gama de produtos a oferecer e as marcas respectivas.

O âmbito de actividade de uma organização evolui ao longo do tempo. A gama de produtos e mercados pode alargar-se de diferentes maneiras:

		ACTUAIS	NOVOS
PRODUTOS	ACTUAIS	Penetração	Desenvolvimento de mercados
	NOVOS	Desenvolvimento de produtos	Diversificação
		MERCADOS	

Penetração	⇨	pode ser conseguida através do aumento da quota de mercado ou de uma maior utilização ou consumo do produto pelos clientes actuais
Desenvolvimento de Produtos	⇨	pode ser realizado através da adição de atributos novos a produtos existentes, através da extensão da linha de produtos existentes ou da criação de produtos inteiramente novos
Desenvolvimento de Mercados	⇨	a expansão para novos mercados geográficos (caso típico das multinacionais) ou para novos segmentos na mesma zona geográfica são as alternativas mais comuns
Diversificação	⇨	é o tipo de evolução mais arriscado pois exige o desenvolvimento de produtos novos dirigidos para mercados novos o que está associado a um desconhecimento maior

VANTAGENS COMPETITIVAS

O elemento de estratégia de marketing designado por vantagens competitivas inclui os atributos de uma empresa e dos seus produtos que os tornam únicos ou diferentes para os clientes, e que levam estes a preferi-los em detrimento de produtos concorrentes.

Porque é que um cliente prefere uma marca? Porque é que compra numa empresa e não noutra? As respostas a estas perguntas encontram-se nas vantagens competitivas da empresa ou da marca e que são o resultado da execução de actividades empresariais de um modo distinto das desenvolvidas pelos seus concorrentes.

Para que um atributo de um produto ou de um serviço, de uma marca ou de uma organização se torne uma vantagem competitiva é necessário que cumpra todas as seguintes condições:
  - é reconhecido e identificado pelos clientes
  - é distintivo face à concorrência
  - as distinções identificadas têm que ter valor para o cliente
  - é dificilmente imitável pela concorrência

Se os clientes não reconhecem o atributo de um produto, ou não o consideram diferente e com valor, não poderá constituir uma vantagem competitiva.

Mesmo que tal suceda só será uma vantagem competitiva se a empresa conseguir proteger durante algum tempo significativo essa diferença da imitação dos concorrentes por uma superior capacidade de investigação e desenvolvimento, gestão ou até por meios legais (patente), por exemplo.

Para cada produto ou serviço comercializado por uma organização existem fundamentalmente dois modos de competir no mercado:

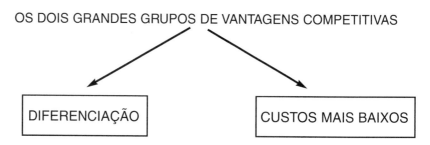

A opção por uma estratégia de diferenciação não implica menor preocupação pelos custos. O ideal é conseguir diferenciação com custos cada vez mais baixos. Técnicas que conduzem ao aumento da produtividade e da qualidade tais como a TQM («Total Quality Management»), «Reengineering», «Outsourcing», «Benchmarking», etc., podem contribuir para a redução dos custos. No entanto, não deve ser confundida a execução mais eficiente de actividades semelhantes que estas técnicas proporcionam e que mais tarde ou mais cedo são adoptadas pelos concorrentes, da execução de actividades diferentes que podem ser fontes de estratégias de marketing sustentáveis.

DIFERENCIAÇÃO

A diferenciação implica que os produtos ou serviços oferecidos apresentem atributos que o mercado reconhece como únicos ou diferentes relativamente aos oferecidos pela concorrência.

O carácter único dos atributos só conduz a uma diferenciação quando a esses atributos os clientes atribuem valor. Se tal não acontece não existe diferenciação. Existe uma oferta única a que o mercado não atribui valor, não servindo portanto como base sólida para a realização de trocas com vantagens mútuas.

Ao escolher a diferenciação o gestor deve identificar em que medida os factores diferenciadores que oferece contribuem para a criação de valor para os clientes. Quanto maior o valor criado para os clientes, maior o preço que estes estão dispostos a pagar pelos produtos e serviços cujos atributos, únicos diferenciadores, contribuem para a criação desse valor.

Os factores diferenciadores criam valor para o cliente de duas maneiras possíveis: (1) baixando o custo total para o cliente, (2) aumentando a efectividade da actividade do cliente.

Os principais **factores diferenciadores** utilizados pelas organizações na comercialização dos seus produtos ou serviços ultrapassam as características desses bens e do pessoal envolvido na sua produção e comercialização:

Produto
Atributos, *design*, duração, fiabilidade, manutenção, ...

Serviço
Prazos de entrega, instalação, treino, assistência técnica, ...

Pessoal
Competência, experiência, confiança, credibilidade, ...

Ligações
Internas (entre departamentos ou áreas funcionais).
Externas (com clientes ou fornecedores).

Inovação
Ser primeiro no mercado pode criar uma imagem única e duradoira no tempo.

Localização
Uma localização próxima e conveniente para os clientes pode ser um factor diferenciador relevante.

Relação com outros negócios
O facto de a empresa possuir outros negócios e poder partilhar algumas actividades entre eles pode constituir uma base de diferenciação importante como acontece, por exemplo, na banca e nos seguros.

Dimensão
O facto de certas empresas atingirem uma escala de grande dimensão pode proporcionar a oferta de certos serviços, que outras de dimensão mais reduzida não conseguem.

CUSTOS MAIS BAIXOS

A outra grande estratégia de marketing e empresarial consiste em competir no mercado com base em custos reais mais baixos que a concorrência, com a possibilidade correspondente de se poderem praticar preços de venda mais baixos para produtos e serviços com atributos semelhantes ou superiores aos da concorrência.

As empresas podem conseguir custos reais mais baixos de diversas maneiras. As principais **fontes de redução dos custos** são:

Localização
A proximidade de fontes de abastecimento ou dos clientes, a localização em regiões em que alguns factores de produção (energia e pessoal, por exemplo) são mais baratos podem constituir razões importantes para a obtenção de custos mais baixos.

Inovação tecnológica
A capacidade que algumas empresas têm no desenvolvimento e aplicação de novas tecnologias, que conduzem a uma maior eficiência operacional, pode constituir uma fonte de redução de custos.

Economias de escala

A dimensão das operações desenvolvidas pelas empresas pode estar associada aos efeitos das economias de escala correspondentes. Uma unidade com uma capacidade de 1 milhão de ton./ano pode conduzir a custos unitários mais baixos que uma unidade que produza 50 000 ton./ano do mesmo produto, admitindo que ambas as unidades estão a trabalhar com a capacidade disponível ocupada.

Em certas indústrias este efeito de escala é particularmente significativo, conferindo às empresas com unidades de maior dimensão vantagens competitivas, em termos de custos.

Os efeitos da economia de escala não se verificam somente na área produtiva. Também na área comercial existem economias de escala apreciáveis, nomeadamente nos investimentos publicitários e promocionais, cujos custos por unidade vendida se reduzem com o aumento do volume da actividade sem redução na eficiência pretendida.

Os efeitos positivos provenientes do aumento da escala estão limitados por razões tecnológicas, organizativas e por aumentos dos custos noutras áreas funcionais como resposta ao aumento de escala numa determinada área. Assim, a partir de certa dimensão, não é de esperar efeitos significativos de redução de custos por aumento de escala.

Economias de experiência

Verifica-se em certas actividades, principalmente naquelas cujo valor acrescentado é elevado, que os seus custos unitários reais diminuem com a produção e venda acumuladas do produto. Esta diminuição tem um carácter exponencial:

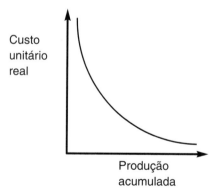

Embora este efeito de experiência se encontre muitas vezes associado aos efeitos de escala, ele consiste num fenómeno independente muito comum em diversas actividades (indústria electrónica, química, metalomecânica, etc...).

Independentemente da dimensão das suas unidades (responsável pela economia de escala) as empresas que têm um valor superior de produção acumulada e sistemas de gestão apropriados conseguem custos reais unitários mais baixos. Deduz-se daqui que as empresas que estão há mais tempo no mercado e conseguem maior quota de mercado obtêm custos reais unitários mais baixos que os concorrentes, já que implicitamente esta situação corresponde a uma produção acumulada mais elevada.

As empresas mais bem sucedidas são aquelas que conseguem praticar uma ou ambas as grandes estratégias nos mercados que escolhem com os produtos ou serviços por elas concebidas e desenvolvidas.

Deste modo, as decisões estratégicas de marketing devem ser tais que reforcem o tipo de grande estratégia a seguir. A escolha dos mercados-alvo deve ser feita de modo a seleccionar aqueles que mais valor atribuem aos factores diferenciadores ou mais sensíveis são a um preço mais baixo. A concepção dos produtos ou serviços a oferecer deve considerar os atributos exigíveis por uma estratégia de diferenciação para os mercados escolhidos, ou as características mais propícias para a redução de custos numa estratégia de custos mais baixos. A definição dos objectivos a atingir deve ser consistente com o reforço dos factores que conduzem à diferenciação ou a custos mais baixos.

As organizações que procuram ser tudo para todos, fazendo compromissos a todos os níveis no sentido de satisfazerem um leque mais alargado de clientes, correm o risco de serem ultrapassadas por outras organizações mais focadas em mercados mais restritos que valorizam determinados atributos e seguem estratégias de diferenciação ou de custos mais baixos. Mais tarde ou mais cedo aquelas organizações perdem importância no mercado.

Economias de âmbito

A evolução da tecnologia tem permitido o desenvolvimento de sistemas de produção flexíveis, capazes de responder rapidamente a alterações na procura. A utilização do mesmo processo de fabrico na produção de uma grande variedade de produtos conduz às designadas economias de âmbito que se traduzem em redução de custos e maior rapidez de resposta.

As empresas podem assim obter economias de escala e de âmbito produzindo grandes quantidades de produtos *standard* que podem ser agrupados de diferentes maneiras, originando uma grande variedade de produtos.

A QUALIDADE DAS VANTAGENS COMPETITIVAS

A existência de vantagens competitivas numa actividade empresarial pode ser muito variável quer em termos de quantidade quer em qualidade. Há sectores onde existem muitas oportunidades de diferenciação e outras em que tal não acontece. Também a qualidade das vantagens competitivas pode ser variável.

Uma vantagem competitiva é de elevada qualidade quando tem um grande valor para o cliente e é dificilmente imitável pelos concorrentes.

Por exemplo, o desenvolvimento de produtos novos na banca de retalho é de um modo geral uma vantagem competitiva de baixa qualidade (pois é facilmente imitável), enquanto na indústria farmacêutica é de elevada qualidade pois os produtos novos são protegidos por patentes.

O número de atributos que as empresas podem usar para se diferenciarem entre si e a qualidade desses atributos como possíveis vantagens competitivas varia com o sector de actividade onde essas empresas actuam.

Em alguns sectores existem muitos possíveis atributos diferenciadores, como por exemplo na banca de retalho onde a imagem do banco, o número de balcões, a rapidez de atendimento, a rapidez de resolução de problemas, a gama de produtos e serviços oferecidos, as taxas de juro e comissões, a facilidade de acesso e informação, a inovação, etc., ..., podem ser a base de vantagens competitivas; em outros sectores pelo contrário existem muito menos atributos como por exemplo na produção e comercialização de sal para cozinha onde se podem identificar o preço, a embalagem, o aspecto e a marca como elementos potencialmente diferenciadores. Nos casos em que existem poucos atributos diferenciadores o preço assume um factor primordial na decisão dos clientes.

Pode resumir-se a quantidade e qualidade de atributos diferenciadores na matriz das vantagens competitivas, onde se identificam quatro tipos de situações com implicações estratégicas relevantes:

MATRIZ DAS VANTAGENS COMPETITIVAS

Número de atributos		Qualidade dos atributos	
		Elevada	Baixa
Elevado		Especialização	Fragmentação
Baixo		Volume	Indeferenciação

A *especialização* corresponde à situação em que existem várias possibilidades de vantagens competitivas e muitas delas com elevada qualidade. Nesta situação, diferentes empresas podem especializar-se em determinados produtos e segmentos de mercado nos quais podem atingir posições relevantes. Aqui podem coexistir pequenas empresas tão ou mais rentáveis que empresas de maior dimensão.

Em sectores de actividade caracterizados pela *fragmentação* a existência de muitas vantagens competitivas possíveis não é acompanhada pela qualidade dessas vantagens. Diversas empresas podem tentar diferenciar-se mas acabam por não ganhar quotas de mercado significativas.

Nos sectores de *volume* existem muito poucas vantagens competitivas (normalmente o preço é a mais significativa) mas são de elevada qualidade. Nestas circunstâncias é de prever a existência de grandes empresas com quotas de mercado elevadas a que correspondem níveis de rendibilidade altos.

Na actividade onde existe *indiferenciação* pela ausência de um número significativo de vantagens competitivas e pela sua baixa qualidade só diferenças operacionais em termos da eficiência permitem obter níveis de desempenho superiores à média, caso contrário dificilmente se atinge uma rendibilidade aceitável.

OBJECTIVOS

Os objectivos de marketing são um elemento da estratégia de marketing.

A definição dos objectivos não deve ser realizada independentemente de modo a assegurar a coerência entre todos os elementos da estratégia de marketing.

Os principais objectivos a definir são:

- Quotas de mercado
- Rendibilidade (margem de contribuição)
- Volume de vendas e crescimento
- Satisfação dos clientes

As quotas de mercado devem ser medidas a nível do mercado global onde a empresa actua e em cada um dos segmentos de mercado relevantes.

A rendibilidade, expressa em termos de lucros antes de impostos, nem sempre é fácil de medir para cada um dos produtos e mercados, no entanto a margem de contribuição (vendas líquidas deduzidas dos custos variáveis), é normalmente um valor relativamente fácil de calcular e um bom indicador da rendibilidade.

O volume de vendas e taxa de crescimento podem e devem ser medidas para o mercado total e para cada um dos seus segmentos.

O nível de satisfação dos clientes é outro objectivo importante a definir para cada um dos segmentos do mercado final ou intermediário de acordo com os atributos valorizados pelos clientes e sua importância relativa, conforme descrito no Cap. 1.

SINERGIAS

A partilha de actividades entre negócios, marcas ou empresas diferentes pode conduzir ao reforço das vantagens competitivas de cada um deles, de tal modo que oferecem maior valor aos clientes através da redução de custos e aumento da diferenciação do que ofereceriam se estivessem isolados.

A partilha de actividades no marketing pode ser feita em diversas áreas, das quais se salientam:

TIPO DE PARTILHA	VANTAGENS POTENCIAIS
Marcas	▸ Menores custos publicitários ▸ Reforço de imagem
Publicidade	▸ Menores custos publicitários ▸ Maior poder de negociação na aquisição de espaço
Actividades promocionais	▸ Menores custos promocionais
Venda cruzada de produtos	▸ Menores custos de prospecção ▸ Menores custos de vendas
Departamento de Marketing	▸ Menores custos de estudos de mercado ▸ Menores custos de estrutura
Canais de distribuição	▸ Aumenta poder de negociação ▸ Aumenta diferenciação ▸ Menores custos de distribuição
Força de Vendas Serviços administrativos vendas	▸ Menores custos de vendas ▸ Melhores vendedores ▸ Facilita acesso a clientes ▸ Aumenta diferenciação ▸ Menores custos de processamento de encomendas
Serviço Após-Venda	▸ Menores custos na prestação dos serviços ▸ Maior eficiência com a concentração de clientes
Preços de produtos complementares	▸ Aumento de vendas dos produtos mais rentáveis
Packages de produtos e/ou serviços	▸ Menores custos (vendas, distribuição, serviço, ...) ▸ Aumenta diferenciação

ALOCAÇÃO DE RECURSOS

A formulação de uma estratégia de marketing envolve a decisão sobre o modo como devem ser repartidos os recursos existentes entre os diversos produtos e mercados constituintes do âmbito de actividade e entre as diversas actividades de marketing.

A alocação de recursos pelos produtos/mercados pode ser feita com o recurso a modelos dos quais os mais conhecidos são o BCG (Boston Consulting Group) e o GE (General Electric).

MODELO BCG

Para cada conjunto produto/mercado definido em termos dos clientes a que se dirige e das necessidades satisfeitas e tecnologias utilizadas, existente numa empresa e que tenha uma gestão independente dos restantes, são definidos dois indicadores:

- Taxa de crescimento real do mercado
- Quota de mercado relativa
  (Quota de mercado da empresa/Quota de mercado do líder ou, se a empresa for líder de mercado: Quota de mercado da Empresa/Quota de mercado do concorrente mais próximo).

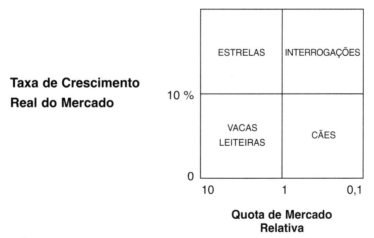

ESTRELAS

Produtos dirigidos a mercados com taxas anuais de crescimento superiores a 10% e em que a empresa é líder pois apresenta uma quota de mercado relativa superior a 1.

A empresa deve investir para manter a posição de liderança de modo a que, com o desaceleramento do crescimento do mercado, se venha a transformar numa vaca leiteira.

VACAS LEITEIRAS

Os mercados destes produtos apresentam crescimentos moderados ou baixos e a empresa tem neles uma posição de liderança. Nesta situação gera-se um volume considerável de fundos que deverão ser investidos em algumas das interrogações existentes. O investimento não deve ultrapassar o necessário para manter a posição de líder do mercado.

INTERROGAÇÕES

Embora os mercados destes produtos apresentem taxas de crescimento elevadas a empresa não é líder com uma quota de mercado relativa inferior a 1.

Estes produtos necessitam de elevados investimentos de modo a transformarem-se em tempo útil em Estrelas antes que o mercado abrande, pois caso contrário cairão na zona menos desejável dos Cães.

CÃES

Produtos em mercados de baixo crescimento e nos quais a empresa tem quotas relativas inferiores a 1. É a situação menos desejável na medida em que se podem transformar em sorvedouros de fundos com consequências negativas na rendibilidade.

O modelo BCG assenta fundamentalmente em dois pressupostos:

- A uma maior quota de mercado corresponde uma maior capacidade de gerar fundos

- A uma menor taxa de crescimento de mercado corresponde uma maior disponibilidade de fundos pela menor necessidade de investimento

Existem várias circunstâncias que impedem que se verifiquem estes pressupostos e que põem em causa as conclusões que se retiram do modelo BCG. As ausências de economias de experiência e de escala são as principais razões da falência do modelo pelo que a sua aplicação deve ser feita com cuidado. A simplicidade é o principal atributo do modelo, pois precisa unicamente de dois indicadores.

MODELO GE

De modo a ultrapassar as limitações referidas do modelo BCG foram desenvolvidos outros modelos mais complexos mas também mais ricos. O modelo GE (General Electric) baseia-se na definição de duas grandezas:

- *Atractividade de mercado*
- *Situação concorrencial da empresa.*

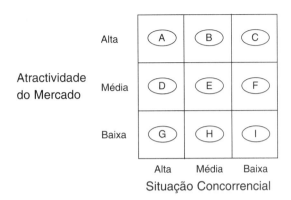

Definem-se assim nove células a que correspondem outras tantas recomendações em termos de alocação de recursos.

A atractividade do mercado é avaliada utilizando vários factores para além da taxa de crescimento, o único utilizado no modelo BCG (ex.: dimensão do mercado, nível concorrencial, poder dos fornecedores e dos clientes, existência de barreiras de entrada e saída, etc., ...).

A situação concorrencial é também fruto da ponderação de vários aspectos para além da quota de mercado relativa, o único utilizado pelo modelo BCG (ex.: qualidade dos produtos, imagem da marca, capacidade produtiva, acesso a matérias-primas, etc., ...).

Células A e B

Produtos em mercado muito atraentes e onde a empresa tem uma posição relativamente forte.

Aqui a empresa deve procurar manter a situação alcançada continuando a investir nesse sentido.

Se a situação concorrencial for média há que investir selectivamente nos pontos fortes existentes desafiando os líderes do mercado.

Células C e F

Nesta situação a posição relativa da empresa é débil mas o mercado é relativamente atraente. A solução é especializar-se nalguns pontos fortes existentes, caso contrário a alternativa de desinvestimento deve ser considerada.

Células D e G

A empresa deve concentrar-se nos segmentos mais atraentes do mercado procurando aumentar a rendibilidade, defendendo os seus pontos fortes.

Células E e H

Minimizar investimentos concentrando-os nos segmentos onde a rendibilidade é mais elevada.

Célula I

Desinvestir.

A alocação de recursos entre as diversas actividades de marketing deve ter como critério o reforço das vantagens competitivas com qualidade elevada de modo a aumentar a situação concorrencial da empresa nos mercados. Este critério deverá orientar, entre outros, os investimentos em:

– atributos dos produtos e serviços oferecidos
– capacidade instalada e número de pontos de venda
– quantidade e qualidade do pessoal
– canais de distribuição (n.º e tipo)
– actividades publipromocionais
– *outsourcing* de actividades de marketing ou realização própria

Acções competitivas

Definiram-se anteriormente o conceito de marketing estratégico e os elementos de uma estratégia de marketing. O processo dessas definições baseou-se fundamentalmente no mercado e nas suas características não se tendo excluído a análise concorrencial.

No entanto também devem ser definidas acções competitivas face aos concorrentes, nomeadamente no que diz respeito a situações de ataque ou defesa. Um conjunto de condicionalismos influenciam essas acções competitivas.

Os principais condicionalismos incluem a dimensão da empresa, a sua situação relativa em termos de quota de mercado, a maior ou menor fragmentação do mercado, o grau de globalização de actividade e a fase de vida em que se encontre o produto ou o serviço.

Consoante a empresa é ou não líder no mercado, actuando ou não em mercados fragmentados onde se podem ou não fazer sentir efeitos de escala ou experiência, assim a empresa limita mais ou menos o âmbito dos mercados a atingir concebendo os produtos ou serviços mais apropriados e definindo os objectivos que melhor se ajustem aos condicionalismos específicos existentes.

A questão da dimensão de uma empresa é normalmente abordada no sentido de se afirmar que uma empresa deve atingir uma dimensão elevada e uma quota de mercado que conduza a uma situação de líder do mercado, ou próximo dela. Esta visão, muito generalizada em certos meios, que consiste em relacionar a dimensão elevada com maior rentabilidade e sucesso nem sempre é válida.

Como se referiu anteriormente, só nas condições em que uma maior dimensão corresponde a custos unitários mais baixos (devido a economias de escala ou de experiência), ou a uma maior diferenciação, é que é competitivamente mais vantajosa.

Existem, no entanto, situações em que empresas de pequena e média dimensão são perfeitamente viáveis e concorrenciais a longo prazo, sendo até prejudicial por vezes aumentar a sua dimensão.

SITUAÇÃO CONCORRENCIAL DAS EMPRESAS

Especialmente nos sectores de actividade caracterizados na matriz das vantagens competitivas como especializadas e de volume onde coexistem empresas líderes de mercado com outras empresas de menor dimensão é relevante ter em conta esta situação relativa nas suas acções competitivas.

a) Empresas Líderes de Mercado

As empresas que atingiram uma posição de liderança em termos de quota de mercado devem dar prioridade à manutenção dessa quota e à sua posição relativa em termos de custos de produção e comercialização face à concorrência. Ao tornar-se grande, uma empresa pode cair na tentação de aumentar despesas menos essenciais para a sua actividade, ou até descansar à sombra dos êxitos conseguidos. Este comportamento deve ser evitado, continuando a expandir o mercado para novos clientes (noutras zonas geográficas, por ex.), ou com novas utilizações dos seus produtos, e controlando os custos de modo apertado.

Uma empresa líder de mercado é a que tem mais vantagem na expansão desse mercado. Uma empresa com 70% de um mercado captará em condições normais 70% da fatia resultante da expansão desse mercado.

Um líder de mercado deve responder rapidamente ao aparecimento de segmentos de mercado novos com potencial. É geralmente por esses segmentos que os concorrentes mais agressivos penetram no mercado e ameaçam os líderes.

É muitas vezes preferível responder com os produtos actuais nesses segmentos, mesmo que não estejam perfeitamente ajustados às suas características, do que esperar. Uma resposta rápida permite ganhar tempo para a preparação de um ataque consistente a esse segmento de mercado, ao mesmo tempo que torna a vida mais difícil ao concorrente.

Para que um líder de mercado seja capaz de detectar novos segmentos de mercado, identificar novas utilizações para os seus produtos e expandir o mercado é necessário que mantenha um estudo contínuo do mercado de modo a antecipar-se à concorrência ou a responder rapidamente aos seus ataques.

b) Empresas pequenas

Uma empresa pequena num mercado com uma quota diminuta é por vezes designada incorrectamente por empresa seguidora. Esta designação tem a ideia implícita que a empresa pequena deve seguir as pisadas das empresas grandes, o que de um modo geral não deve acontecer.

Uma empresa pequena deve evitar o confronto directo com as empresas grandes. Não deve desencadear uma guerra aberta a uma empresa grande, deve antes combatê-la utilizando a guerrilha. Ataques de surpresa em mercados esquecidos pelos grandes, antecipação no lançamento de produtos novos, grande flexibilidade e rapidez de reacção a alterações do mercado são algumas das técnicas utilizadas com sucesso pelos pequenos. Os meios poderosos e eficazes utilizados pelas empresas grandes no confronto directo anulam com facilidade as tentativas das empresas pequenas.

As empresas pequenas devem concentrar os seus esforços naquilo que as grandes não oferecem, ou nos clientes que não lhes interessam. Um cliente que uma empresa grande despreza pode ser interessante para uma empresa pequena por diversas razões: localização, volume de encomendas, especificações e variedades encomendadas, assistência técnica, prazos de entrega...

As empresas pequenas estão especialmente bem colocadas para a comercialização de produtos de prestígio com um carácter de exclusividade. Uma empresa grande tem, pela própria dimensão, maior dificuldade em transmitir uma imagem de exclusividade.

A exploração de canais de distribuição novos e o desenvolvimento de segmentos de mercado não identificados pela concorrência constituem vias apropriadas para as empresas pequenas. Normalmente as empresas grandes têm maior dificuldade em introduzir produtos radicalmente novos no mercado. Podem tê-los descoberto ou desenvolvido primeiro que os outros, mas hesitam na sua introdução com receio fundado de canibalizar as vendas dos seus produtos actuais e principalmente de confundir o mercado que dominam. Este comportamento pode favorecer as empresas pequenas que têm pouco a perder e muito a ganhar com a sua antecipação.

Fundamentalmente as empresas pequenas não devem copiar as estratégias das grandes. Se o fizerem são arrastadas para campos concorrenciais onde têm poucas probabilidades de ganhar.

CARACTERÍSTICAS DOS MERCADOS

a) Mercados Novos

A introdução de produtos ou serviços que são novos para um determinado mercado pode ser feita essencialmente segundo dois tipos de estratégias de marketing: a penetração e a desnatação.

A penetração consiste na apresentação de um produto relativamente *standard* dirigido à totalidade do mercado de modo a atingir rapidamente um volume e quota de mercado significativos. Esta estratégia é especialmente aconselhável quando a dimensão potencial do mercado é elevada, as necessidades dos clientes são homogéneas e o processo de decisão de compra é relativamente simples e rápido. A estratégia de penetração é adequada no caso de produtos difíceis de imitar (ex.: protegidos por patentes) e que exigem processos de produção com investimentos elevados, e em actividades nas quais se prevêm significativas economias de escala ou de experiência.

A desnatação é uma estratégia de marketing dirigida aos segmentos de mercado para os quais o produto tem maior valor de modo a ganhar quota nesses segmentos e obter um nível elevado de rendibilidade.

Como seria de esperar, a desnatação é de considerar quando o mercado não é homogéneo, existindo segmentos significativos cujos clientes estão dispostos a pagar um preço elevado pelo produto, e quando a dimensão potencial do mercado é reduzida e o processo de adopção do produto é lento.

Em ambas as estratégias o principal objectivo das empresas em mercados novos é desenvolver a procura primária constituída por clientes potenciais que nunca compraram, consumiram ou utilizaram os produtos, podendo as empresas assumirem-se como primeiras pioneiras ou como pioneiras seguidoras.

As primeiras pioneiras pelo seu vanguardismo podem usufruir de vantagens como a obtenção mais rápida de economias de escala e de experiência, a definição das regras competitivas e a ocupação de canais de distribuição antes da chegada dos concorrentes.

Os pioneiros seguidores que entram imediatamente a seguir aos primeiros pioneiros podem capitalizar nos erros destes últimos e melhorar a sua oferta no mercado.

b) Mercados em crescimento

Ultrapassada a fase de novidade de um produto num mercado, e admitindo o seu sucesso, inicia-se uma fase de crescimento por vezes acelerado, na qual as empresas concorrentes desenvolvem entre si acções estratégicas de ataque e defesa com o objectivo de conquistarem uma boa posição no mercado que as coloque numa situação privilegiada quando o crescimento do mercado abrandar.

Estratégias de defesa

- Defesa de Posição
    o defensor fortifica a posição alcançada;

- Defesa com Ataque por Antecipação
    o defensor desenvolve primeiro um ataque seguido de defesa da posição;

- Defesa com Ataque e Resposta
    o defensor contra-ataca respondendo a ataques da concorrência;

- Defesa Flanqueada
    o defensor ataca novos segmentos de mercado como defesa da posição actual;

- Defesa Móvel
    o defensor expande a sua actividade para novos mercados que municiarão a defesa da posição actual;

- Retirada
    o defensor abandona os mercados onde a situação é frágil.

Estratégias de ataque

▶ Ataque Frontal
    atacar a concorrência nos seus mercados principais e nos produtos mais importantes;

▶ Ataque Flanqueado
    atacar a concorrência nos segmentos de mercado cujas necessidades não estão a ser satisfeitas;

▶ Ataque em Cerco
    atacar a concorrência simultaneamente em várias frentes;

▶ Ataque em *By Pass*
    atacar a concorrência desenvolvendo produtos novos ou segmentos de mercado novos, evitando o confronto directo;

▶ Ataque de Guerrilha
    atacar a concorrência de modo intermitente com investidas pontuais em diversas áreas.

A escolha da estratégia de defesa ou ataque depende das características do mercado, da posição concorrencial relativa das empresas em termos de recursos humanos e materiais e dos objectivos a atingir.

c) Mercado em Maturidade

Na fase de maturidade o crescimento do mercado é reduzido ou praticamente nulo. O crescimento de uma empresa só se pode fazer à custa dos concorrentes atraindo os clientes destes.

A conquista ou a manutenção da quota de mercado obriga o desenvolvimento das acções de ataque ou defesa descritas anteriormente para os mercados em crescimento.

As empresas líderes de mercados em maturidade são as que mais podem ganhar no desenvolvimento de estratégias que estimulem o crescimento adicional do mercado. Este estímulo pode ser conseguido através de estratégias de penetração, intensificação e expansão:

Penetração	aumentar o consumo do produto atraindo os potenciais clientes ainda não consumidores;
Intensificação	aumentar a quantidade consumida por cada cliente através do desenvolvimento de novas utilizações do produto;

Expansão   aumentar o número de clientes potenciais desenvolvendo outros mercados geográficos.

d) Mercados em Declínio

Abandono	sair do mercado;
Manutenção	manter a quota de mercado mesmo sacrificando as margens;
Rendibilização	maximizar a rendibilidade a longo prazo investindo para que os concorrentes abandonem o mercado;
Último Sobrevivente	maximizar a rendibilidade a longo prazo investindo para que os concorrentes abandonem o mercado;
Nicho	concentrar a actividade nos segmentos de mercado com algum crescimento e rendibilidade atraente.

A diversificação

Muitas empresas consideram a diversificação como uma estratégia. A entrada em negócios novos ou diferentes dos existentes é normalmente vista como uma maneira de fortalecer a situação global da empresa e dispersar o risco do negócio por várias actividades. A diversificação em si não é uma estratégia. Pode ser um meio de reforçar as estratégias de cada um dos negócios existentes ou futuros. A dispersão do risco pode ser feita pelos empresários, investidores e gestores de outros modos, sem ser necessário entrar noutros negócios diferentes.

A história das diversificações que muitas empresas fizeram nos últimos anos está mais recheada de insucessos do que sucessos. Uma grande maioria das diversificações realizadas foram abandonadas ou vendidas. As diversificações baseadas unicamente em critérios financeiros só por acaso acabam por ser bem sucedidas no longo prazo.

As diversificações que conduzem à redução de custos unitários ou que aumentam a diferenciação dos negócios existentes são as que têm maior probabilidade de sucesso. A diversificação correcta é aquela que se baseia na partilha de actividades entre negócios, ou entre empresas diferentes, que conduzem a vantagens concorrenciais em termos de redução dos custos e/ou aumento da diferenciação. São estas vantagens que constituem razões convincentes e duradoiras para a existência de grupos de negócios ou de empresas.

Ao considerar-se uma diversificação deve-se procurar uma resposta consistente à seguinte pergunta:

Porque é que um grupo empresarial com negócios ou empresas distintas é mais competitivo em cada negócio que empresas que desenvolvem independentemente cada um dos negócios, no mesmo mercado?
Nem sempre a resposta a esta pergunta é clara e convincente.

As partilhas de actividades entre os diversos negócios constituem razões sólidas para a diversificação sempre que conduzam à redução dos custos unitários ou ao aumento da diferenciação.

Para se conseguir os resultados da partilha destas actividades é necessário um esforço de coordenação e de centralização de certas actividades, o que envolve custos e uma diminuição da delegação de poderes e responsabilidades dos gestores dos diferentes negócios.

A internacionalização

A comercialização de produtos ou serviços fora do país base da empresa levanta dois tipos de questões:
Porque é que uma empresa deve comercializar os seus produtos noutros países?
No caso de o fazer, como deve fazê-lo?

Não é sempre necessário para o sucesso das empresas que estas internacionalizem os seus negócios. Se nas indústrias globais é indiscutível e absolutamente necessária a internacionalização, pois só desse modo é possível obter dimensões em termos de escala e experiência e um nível de diferenciação indispensáveis para se ser competitivo, já noutro tipo de indústrias a internacionalização pode ser dispensável.

Dificilmente a internacionalização contribui para um reforço estratégico em sectores fragmentados mas será importante em sectores de volume ou especializados conforme definidos atrás na matriz das vantagens competitivas.

Devem distinguir-se dois níveis de análise: o nível macroeconómico e o nível empresarial. Se a nível macroeconómico os governantes procuram incentivar a exportação e a internacionalização dos negócios, já a nível empresarial deve-se ponderar as vantagens e inconvenientes dessa internacionalização e em que medida ela reforça ou prejudica as estratégias dos negócios da empresa. Os interesses podem ser conflituosos.

A nível internacional a concorrência pode fazer-se de dois modos distintos:

Concorrência multidoméstica

Neste caso a posição concorrencial de uma empresa num país, não afecta a posição concorrencial dessa empresa noutro país.

Muitos negócios e indústrias são multidomésticos (serviços financeiros, retalho, distribuição, certos produtos alimentares...) e todos os países podem ter essas indústrias e ser competitivos. Muitas dessas actividades podem ser propriedade de indivíduos ou organizações locais sem qualquer vantagem ou desvantagem relativa concorrencial. A concorrência verifica-se a nível local e não internacional. Nenhum país tem à partida vantagens sobre outro país.

A internacionalização

Uma empresa pode nestas circunstâncias desenvolver actividades noutro país, mas necessita de ter consciência de que deve concorrer nesse país de um modo isolado, segundo as regras e concorrência existentes nesse mercado, como se de uma nova empresa independente se tratasse. Existe uma relação estreita entre as indústrias fragmentadas e a concorrência multidoméstica.

Concorrência global

Neste caso pode realmente falar-se em internacionalização dos negócios, na medida em que a situação concorrencial de uma empresa num mercado de um país afecta a situação dessa empresa noutro país. Empresas de países diferentes competem entre si afectando a situação económica de cada um dos países.

As principais decisões das empresas neste caso são:

- Definição dos critérios de distribuição das diferentes actividades pelos diversos países
- Maneira como coordenam essas actividades

Nem todos os países são bases adequadas para cada uma das actividades (produção, investigação, montagem, comercialização...).

Cada país apresenta factores de produção (mão-de-obra especializada ou não, clima, situação geográfica, infra-estruturas...) que podem atrair certas actividades de empresas que concorrem globalmente, procurando maximizar a sua posição concorrencial. Outros aspectos que fazem com que um país seja mais ou menos atraente são: a dimensão e características da procura interna, o grau de rivalidade entre as empresas e a existência de indústrias complementares, fornecedoras ou clientes. O papel dos Governos e da legislação não deve ser ignorada.

Definida a motivação lógica que conduz à internacionalização, há que estabelecer o modo como o devem fazer.

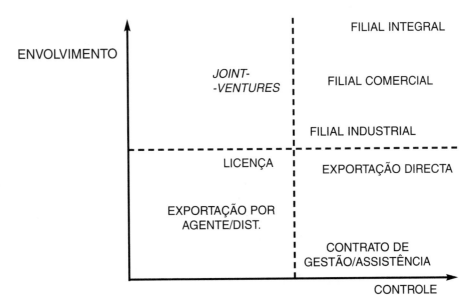

As empresas podem escolher diversos modos para o fazer. Podem escolher começar por alternativas que reduzem o risco, diminuindo o seu envolvimento mas reduzindo a sua possibilidade de controlar as actividades no exterior (exportação por agentes/distribuidores, concessão de licenças), e devem atingir graus máximos de envolvimento e controle (filial no estrangeiro com actividade produtiva e comercial).

A escolha da melhor alternativa depende das características do negócio, dos recursos da empresa, do seu grau de aversão ao risco e das opções realizadas pelos concorrentes directos.

Outra questão que as empresas devem ponderar consiste nas modificações que devem introduzir nas suas políticas de marketing em cada um dos mercados internacionais.

Em que medida devem alterar o produto para cada mercado? Devem modificar a publicidade, adaptando-a a cada um deles? Quais os canais de distribuição mais apropriados em cada país?

Apesar da abertura dos mercados e de uma certa uniformização aparente, a necessidade de segmentação é cada vez maior com a consequente adaptação dos produtos, mensagens publicitárias, política de distribuição e posicionamento a cada um dos mercados internacionais.

O marketing operacional

Tomadas as decisões estratégicas de marketing, os gestores elaboram e executam as políticas operacionais que asseguram a realização da estratégia seleccionada.

O conjunto das políticas operacionais que permitem a concretização na prática da estratégia definida e a ligação entre a empresa e os mercados seleccionados é designado por *marketing-mix*.

O marketing-mix constitui a ferramenta operacional do gestor de marketing, sendo através dele que se procura atingir os mercados escolhidos com os produtos e serviços genericamente concebidos, de modo a atingir os objectivos pretendidos pela organização.

O MARKETING-MIX

Política de produto

- Conceito de produto
- Produto aumentado
- Linhas de produtos
- Embalagem
- Marca
- Ciclo de vida dos produtos
- Desenvolvimento de produtos novos
- Serviços

Política de comunicação

- Publicidade
- Promoções
- Relações públicas
- Força de vendas

Política de distribuição

- Tipos de canais de distribuição
- Funções dos canais de distribuição
- Gestão dos canais de distribuição

Política de preço

- Valor para o cliente
- O custo do produto
- Definição de preço
- Condições comerciais

Nos serviços, atendendo às suas características específicas, é útil considerar para além destes elementos os seguintes, devido à sua importância:

Pessoal em Contacto
- Formação e Treino
- Aspecto e Comportamento
- Incentivos

Suporte Físico
- Instalações, Veículos, ...
- Outros elementos Tangíveis

Organização Interna
> ● Sistemas de Informação
> ● Sistemas de Comunicação

O conjunto de políticas que constitui o *marketing-mix* está normalmente expresso no plano de marketing das empresas, o qual é geralmente realizado com uma periodicidade anual.

O *marketing-mix* constitui a referência básica do gestor de marketing na gestão das suas actividades no dia-a-dia.

Independentemente da eficiência de cada uma das políticas que compõem o *marketing-mix* é crucial que ele seja consistente internamente, isto é, as diferentes políticas que o compõem devem reforçar-se entre si e não se contrariarem, e consistente com a estratégia de marketing da empresa, de modo a atingir eficazmente os mercados e os objectivos pretendidos.

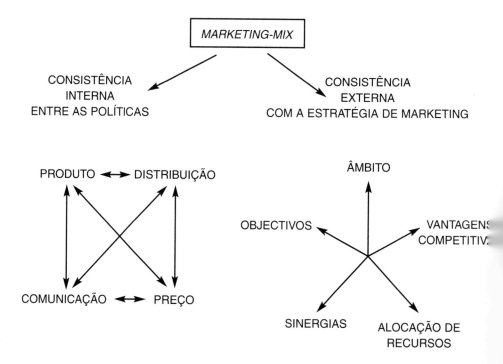

A execução das políticas de marketing-mix e a implementação correspondente da estratégia de marketing é realizada através do respectivo planeamento e de uma organização de marketing que serão analisadas no cap. 8.

POSICIONAMENTO

A escolha das decisões estratégicas de marketing e a definição do *marketing-mix* mais apropriado a um produto ou serviço permitem uma identificação clara das opções da empresa e um reconhecimento por parte do mercado da oferta realizada.

Para que tal aconteça é necessário que a nível estratégico e operacional as decisões de marketing sejam as mais ajustadas e precisas face à concorrência.

Se tal se verificar, o mercado identifica o produto ou serviço oferecido de um modo distintivo, separando-o dos outros produtos ou serviços apresentados por organizações concorrentes. Essa distinção pode basear-se em factores diferenciadores (atributos do produto ou serviço, inovação, etc. ...) ou em factores económicos.

O **posicionamento de um produto** (ou serviço) consiste no processo que conduz à sua identificação clara e reconhecida pelo mercado, baseada em critérios objectivos e/ou subjectivos, que o tornam distinto dos produtos ou serviços alternativos concorrentes.

O conceito de posicionamento é extensivo às instituições e às marcas. As empresas mais bem sucedidas neste esforço de posicionamento conseguem, através principalmente de um esforço de comunicação, criar uma impressão na mente dos clientes, os quais associam de imediato determinadas categorias de bens e atributos correspondentes a marcas de produtos bem definidos.

O posicionamento de um bem assenta: (1) numa segmentação do mercado baseada nos critérios que permitem distinguir esses bens dos concorrentes; (2) na ocupação de um segmento específico; (3) na elaboração e execução do *marketing-mix* adequado.

Um posicionamento só será efectivo se for baseado em critérios relevantes sob o ponto de vista dos clientes.

Problemas

1. O gerente da gráfica Moderna desejava aumentar as vendas da sua empresa em pelo menos 500 000 euros no próximo ano.
   Para tal, precisava de captar novos clientes, o que implicava um reforço do número de vendedores que dispunha. A produção não era um problema, pois a gráfica Moderna tinha investido no ano anterior na compra de equipamento moderno, o qual estava actualmente subaproveitado.
   A gráfica Moderna tinha-se notabilizado no mercado pela qualidade dos seus produtos e pelo cumprimento rigoroso dos prazos de entrega e especificações dos clientes. Os seus preços também eram geralmente superiores aos praticados pela concorrência.
   A concorrência era intensa, existindo mais de dez concorrentes directos no mercado coberto pela gráfica Moderna.

O mercado era constituído por clientes muito diversos. Incluía agências de publicidade (produção de materiais publicitários e promocionais), universidades (produção de textos, artigos, livros, impressos...), organismos públicos do Estado (produção de impressos, boletins, fichas...), bancos e companhias de seguros (produção de relatórios de actividade e contas), fabricantes diversos (produção de rótulos cartas...), etc...

A gráfica Moderna só tinha conseguido seis clientes novos nos últimos três anos. Nesse período, perdeu quatro clientes que passaram a realizar as suas encomendas por concurso, uma política cada vez mais usual no mercado.

O gerente da gráfica Moderna sabia que os vendedores estavam pouco motivados para procurarem clientes novos. A sua remuneração estava acima da média, com base nas comissões que os clientes actuais proporcionavam, pelo que não perdiam tempo com a procura de clientes novos. Por outro lado, certos vendedores não se sentiam à vontade nos contactos com alguns tipos de clientes, concentrando a sua actividade naqueles com que se identificavam melhor. Os vendedores tinham grande liberdade de acção, procurando os clientes que mais lhes agradavam e com os quais podiam estabelecer relações pessoais e profissionais fortes. O gerente da gráfica Moderna considerava este aspecto muito importante, pois achava que a venda de trabalhos gráficos é uma tarefa muito personalizada.

Outro motivo de preocupação era o valor relativamente elevado dos custos da empresa. Possuía sempre capacidade excedentária que permitia a execução de encomendas inesperadas e urgentes e pessoal qualificado que acompanhava a execução das encomendas com cuidado e em contacto permanente com o cliente, de modo a assegurar a qualidade do trabalho e do serviço oferecido.

a) Identifique os problemas da gráfica Moderna.
b) Quais são as decisões estratégicas e operacionais que o gerente tem de tomar.
c) Proponha uma metodologia para resolver os problemas da gráfica Moderna.

2. A ELAC é uma empresa de produtos lácteos que produz e comercializa no mercado nacional leites e iogurtes com a marca ELAC.

Enquanto nos leites a marca ELAC é líder destacada com uma quota de 65% que tem vindo a crescer lentamente, nos iogurtes a marca ELAC não atinge os 10% do mercado e a sua quota tem vindo a baixar.

Preocupados com a situação dos iogurtes, os gestores da ELAC ponderam que acções devem ser dinamizadas com o objectivo de aumentar as vendas dos iogurtes:

- Dificilmente podem baixar mais os preços dos iogurtes, que actualmente têm um preço 10% mais baixo que a média do mercado; de referir que nos leites a marca ELAC tem um preço 15% superior à média do mercado.
- A venda dos iogurtes é realizada pela mesma rede de vendas dos leites junto das Grandes Cadeias de Supermercados e do Retalho Tradicional alimentar;

- A distribuição é feita directamente para as Grandes Cadeias de Supermercados e junto dos pontos de venda retalhistas tradicionais através de uma frota própria;
- Testes realizados junto de consumidores finais não revelaram problemas com a qualidade dos leites e iogurtes;
- O orçamento investido em comunicação nos iogurtes é inferior ao realizado pela concorrência, mas a gestão da empresa tem dúvidas quanto à melhor forma de aplicar um investimento superior:
    - Aumentar o investimento publicitário?
    - Aumentar o esforço promocional nos pontos de venda?

a) Quais são os problemas estratégicos e operacionais de marketing que se colocam aos gestores da ELAC?
b) Proponha uma metodologia para resolver esses problemas.

3. Distinga resumidamente os *marketing-mix* correspondentes a comercialização dos seguintes bens:

   a) Cerveja engarrafada, com marca e cerveja em barril para venda a copo.
   b) Restaurante de luxo e restaurante de uma cadeia de *fast food*.

4. A produção e comercialização dos produtos das empresas concorrentes ABC e XYZ estão sujeitas a efeitos de economias de experiência significativos. Esses efeitos traduzem-se numa redução de 20% do custo real total do produto cada vez que a produção acumulada duplica.
   A empresa XYZ é líder de mercado com quota actual de 40%. A empresa ABC, que iniciou a sua actividade ao mesmo tempo que XYZ, tem actualmente uma quota de 25%, e é a segunda empresa do mercado.
   O mercado actual é de 1 000 000 de unidades, prevendo-se que continue a crescer à taxa anual de 15% nos próximos cinco anos.

   a) A empresa XYZ vende actualmente o produto a um preço igual ao seu custo. Qual será a situação daqui a cinco anos, se se mantiverem as quotas de mercado actuais?
   b) Que alternativas dispõe a empresa ABC?

5. Duas empresas, A e B, concorrem directamente num negócio onde os efeitos de experiência são significativos:

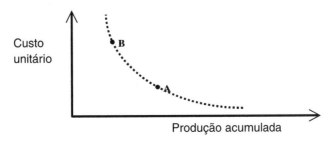

Admitindo que ambas as empresas têm ao seu dispôr recursos materiais e humanos semelhantes e que o mercado se encontra numa fase adiantada de crescimento:

   a) Que tipos de estratégias de defesa deve a empresa A desenvolver? Justifique.
   b) Que alternativas estratégicas tem a empresa B? Justifique.

6. Indique modos de diferenciação para os seguintes bens:

   a) Pão
   b) Transporte aéreo de passageiros
   c) Embalagens metálicas.

7. A Água da Floresta é uma das 20 marcas de água sem gás engarrafada existentes no mercado. No ano passado a marca Floresta atigiu uma quota de 2,5%. A Água do Lago é a marca concorrente líder de mercado com cerca de 35% de quota, e tem vindo a perder quota desde há anos, quando atingiu 42%. Metade das vendas de água engarrafada no mercado nacional são realizadas em garrafões de 5L. As garrafas de 1,5L e 0,33L repartem entre si o restante. O mercado tem crescido em quantidade a uma taxa anual média de 5% e cerca de 75% das vendas são feitas no retalho alimentar (hipermercados, supermercados, mercearias,...) e os restantes 25% no retalho de consumo imediato (cafés, restaurantes, pastelarias). A água é distribuída normalmente por agentes independentes que também distribuem outras bebidas.
A Água da Floresta é o único produto da empresa que a comercializa, enquanto a empresa que detém a marca da Água do Lago também produz e comercializa cervejas, sumos e outros refrigerantes. Ambas as empresas têm acesso a nascentes de água com caudais muito superiores às vendas.

   a) Que razões podem explicar a existência de tantas marcas de água no mercado?
   b) Que vantagens de marketing pode retirar a marca Água do Lago, pertencendo a uma empresa que comercializa outras bebidas?
   c) Que alternativas pode a Água da Floresta considerar relativamente à sua estratégia de marketing? E a Água do Lago?

8 Os produtos financeiros são fácil e rapidamente imitáveis.

   a) Que consequências tem este facto na elaboração de estratégia de marketing de um banco de retalho?
   b) Em que circunstâncias deve um banco de retalho investir e antecipar-se na introdução de produtos novos no mercado?

9. Um fabricante de embalagens de vidro avalia a possibilidade de produzir garrafas para embalar refrigerantes ou produzir embalagens para a indústria de perfumes. Algumas das características relevantes destes mercados são:

	REFRIGERANTES	PERFUMES
N.º de embalagens / ano	2 000 000	300 000
N.º de modelos de embalagens	6	60
Peso do custo da embalagem nos custos totais	35%	5%
Importância do design da embalagem	Reduzida	Elevada

O acesso privilegiado do fabricante a matérias-primas e o custo mais baixo da energia que utiliza permite a este fabricante obter facilmente embalagens de vidro a um custo mais baixo que os concorrentes.

Qual o mercado que o fabricante deve escolher? Justifique.

10. As empresas X e Y são concorrentes directos num determinado mercado. O negócio em que as empresas X e Y concorrem foi classificado nas matrizes BCG e multicritério do seguinte modo:

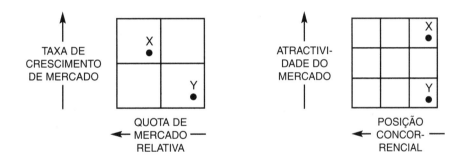

a) Que razões podem levar a que as empresas X e Y avaliem o mesmo mercado de modos distintos na matriz multicritério?
b) Como interpreta as diferentes posições do negócio para a empresa X nas duas matrizes?
c) Que razões estratégicas podem impedir que a empresa Y abandone o negócio, face à sua posição desfavorável?

11. A empresa QUIMAX desenvolveu um novo produto químico, Domite, com especial interesse para ser utilizado como matéria-prima nas indústrias cerâmica e de tintas.
A QUIMAX era a única empresa que comercializava esse produto, cujo transporte era dispendioso, o que limitava a sua expansão geográfica.
O mercado potencial para o Domite era cerca de 100 000 ton./ano, e o seu principal atributo relativamente aos produtos substitutos era a significativa redução de custos que a sua utilização proporcionava e a possibilidade de aumentar a capacidade.
As características mais importantes das indústrias potencialmente consumidoras do Domite são:

	INDÚSTRIA CERÂMICA	INDÚSTRIA DE TINTAS
MERCADO POTENCIAL	• 65 000 ton./ano	• 35 000 ton./ano
IMPACTE DE UTILIZAÇÃO	• Redução de 20% nos custos de produção • Aumento da capacidade em 3 %	• Redução de 5% nos custos de produção
CONCENTRAÇÃO	• 2 grandes produtores (50% da produção) • 20 pequenos produtores	• 4 produtores (55% da produção) • 10 pequenos produtores
OUTRAS CARACTERÍSTICAS DA INDÚSTRIA	• Significativos efeitos de escala e experiência • Preço e prazo de entrega são os atributos mais importantes na aquisição de matérias-primas	• Qualidade dos produtos e Assistência Técnica desempenham papel importante na aquisição de matérias-primas.

Com base nestas informações qual a estratégia de marketing que recomenda para a introdução do Domite no mercado?

12. Da análise do comportamento dos clientes e do seu processo de decisão de compra de um serviço identificaram-se as seguintes possíveis vantagens competitivas, a sua importância relativa e a respectiva dificuldade de imitação:

	IMPORTÂNCIA	DIFICULDADE IMITAÇÃO
Rapidez no atendimento	10%	Média
Rapidez na resolução de problemas	35%	Elevada
Competência técnica do pessoal	15%	Elevada
Simpatia do pessoal	5%	Baixa
Imagem da empresa	25%	Muito elevada
Preço do serviço	10%	Muito baixa

a) Como situa este serviço na matriz das vantagens competitivas?

b) Que implicações têm estes dados na definição da estratégia de Marketing de uma empresa nesse serviço?

13. A empresa Gelex é líder de mercado de vegetais congelados com uma quota de 40% seguida da Frigi com 30% e das marcas dos distribuidores com uma quota de 20% A grande maioria das decisões de compra dos consumidores finais é baseada no preço, neste mercado em maturidade.

a) Enquanto que a Frigi comercializa exclusivamente vegetais congelados a Gelex é também uma das principais marcas de peixe congelado. Como é que este aspecto afecta a estratégia de marketing da Gelex?

b) A Gelex tem vindo a perder quota para as marcas dos distribuidores mais baratos. Como pode a Gelex responder a esta situação?

c) A Frigi resolveu inovar lançando um serviço de entregas ao domicílio de vegetais congelados com encomenda por telefone ou pela internet. Avalie estrategicamente este desenvolvimento.

14. Comente as seguintes afirmações:

a) O preço é sempre uma vantagem competitiva
b) A quota de mercado é um objectivo principal de uma estratégia de marketing

4

Política de produto

- *Definição de produto*
- *O produto aumentado*
- *Classificação de produtos*
- *A qualidade*
- *A embalagem*
- *A marca*
- *O ciclo de vida dos produtos*
- *Desenvolvimento de produtos novos*
- *Os serviços*
- *Os bens de organizações não lucrativas*
- *Problemas*

Definição de produto

Por uma questão de simplicidade utiliza-se neste capítulo a designação produto indistintamente aplicada a serviços e produtos tangíveis. No final do capítulo, abordam-se as especificidades dos serviços e dos bens de organizações não lucrativas.

O que é um produto?

Esta pergunta parece ter uma resposta óbvia, pois uma descrição das características técnicas do produto parece ser suficiente para o definir.

Nesta óptica seria simples definir um automóvel ou um relógio.

No entanto, na óptica do marketing, um produto é mais do que a sua descrição pura e simples.

> Um **produto** é o conjunto de atributos tangíveis e intangíveis apresentados por algo que satisfaz a necessidade dos clientes que o adquirem ou utilizam.

Um cliente não adquire unicamente um automóvel pela sua capacidade de transporte de um ponto A para um ponto B. Terá com certeza em conta a sua marca, a dimensão, a cor, a potência, o consumo, o prestígio ou *status* que lhe está associado, etc...

Também um relógio não é simplesmente um instrumento de medida do tempo. Como é conhecido, muitos relógios só aproximadamente dão a indicação dessa medida o que não impede que certos clientes os prefiram. A moda, os valores real e simbólico, a finalidade de utilização, são, entre outros, atributos que os clientes realmente adquirem ao comprarem um relógio para satisfazerem as suas necessidades.

Clientes diferentes em segmentos de mercado distintos valorizam de modo diferente os atributos apresentados por um bem. Assim, do ponto de vista dos clientes, o mesmo bem pode representar para cada grupo de clientes um produto distinto, na medida em que, para cada grupo, o conjunto de atributos procurado nesse bem pode diferir dos outros grupos de clientes. A definição do produto está, portanto, dependente do segmento de mercado a que ele se destina.

Este facto obriga o gestor de marketing a definir de um modo mais fino os produtos que comercializa, de modo a ajustar mais precisamente a sua oferta à procura dos atributos específicos de cada grupo de clientes.

Exemplo:

PRODUTO

Família	Categoria	Linha	Marca	Variedade
Bebidas	Bebidas não alcoólicas	Sumos	Drink	Laranja

As empresas têm opções diferentes quanto à variedade de produtos que comercializam.

Umas concentram-se num único produto tornando-se especialistas. Outras diversificam-se incluindo na sua oferta diferentes famílias, categorias, linhas e marcas de produtos. Estas opções têm a ver com as estratégias empresariais seguidas e com os desejos dos seus donos e gestores.

Ao avaliar-se a oferta de uma empresa deve identificar-se o número de linhas de produtos existentes (bebidas, chocolates, congelados, etc...) e em cada linha o número de variedades existentes (sabores, embalagens, cores, etc...). O número de linhas de produtos é designado por **extensão**, enquanto o número de variedades de cada linha é designado por **profundidade**.

A análise da extensão e profundidade das linhas de produtos é importante no sentido de avaliar o peso de cada linha nas vendas e a rentabilidade da empresa e a contribuição que cada variedade tem em cada linha de produtos, para o comportamento da empresa e das suas marcas no mercado.

Para além do objectivo de crescimento das vendas e dos resultados, as empresas podem ter outros objectivos ao introduzirem novas linhas de produtos e novas variedades. A antecipação na ocupação de determinados segmentos de mercado, a imitação da concorrência, a protecção das linhas de produtos existentes com a introdução de novos produtos, a complementaridade com os produtos existentes de modo a reforçar as suas vendas, são motivações comuns nos aumentos da extensão e profundidade das linhas de produtos.

O produto aumentado

Para além dos atributos procurados pelos clientes ao adquirirem um bem, existem normalmente associadas a essa aquisição necessidades complementares que também precisam de ser satisfeitas.

Ao comprar uma máquina de lavar, o cliente pode preocupar-se com as condições de pagamento, com o transporte da máquina para sua casa, com a sua instalação, com a assistência técnica durante a sua utilização, com as garantias oferecidas, etc...

Com o aumento da pressão concorrencial e a necessidade de diferenciar a sua oferta, as empresas adicionam ao seu produto-base produtos e serviços de modo a tornar mais atractiva a oferta global. Este conjunto designa-se o **produto aumentado.**

$$\text{PRODUTO BASE} + \text{PRODUTOS E SERVIÇOS ASSOCIADOS} = \text{PRODUTO AUMENTADO}$$

Classificação de produtos

Os produtos podem ser classificados utilizando diversos critérios. Os critérios mais utilizados e úteis para a gestão são aqueles que ajudam os gestores a relacionar os produtos com o comportamento dos consumidores, utilizadores e compradores.

É assim que os critérios baseados no tipo da entidade cliente, no maior ou menor esforço desenvolvido pelo cliente na sua compra e no grau de tangibilidade, são os mais ricos e utilizados pelos gestores.

CRITÉRIO	CLASSIFICAÇÃO	
Tipo da entidade Cliente	Indivíduos ou famílias Empresas ou outras organizações	- Bens de consumo - Bens industriais ou organizacionais
Esforço na compra	Reduzido Médio Elevado	- Bens de conveniência - Bens de escolha - Bens especiais
Grau de tangibilidade	Elevado Reduzido	- Produtos tangíveis duráveis e não duráveis - Serviços

Como qualquer classificação, as apresentadas anteriormente são de algum modo artificiais, sendo por vezes difícil distinguir claramente em que classe se enquadra um determinado bem. Têm, no entanto, a virtude de partirem dos clientes, das suas características e comportamento, fornecendo por isso dados úteis ao gestor de marketing.

Como se verificou na análise do mercado é distinto comercializar um produto para empresas ou para indivíduos, pelo que é útil distinguir os **bens de consumo** dos **bens organizacionais**. Frisa-se, no entanto, que um determinado produto, um automóvel, por exemplo, não pode ser classificado por um bem de consumo ou organizacional sem se especificar o segmento de mercado para que se destina. O mesmo automóvel pode ser um bem de consumo quando comercializado e comprado por uma família, mas será um bem organizacional se for adquirido por uma empresa. A aproximação da entidade vendedora será necessariamente diferente conforme o tipo da entidade cliente.

A classificação, tendo em conta o esforço de compra, tem interesse na medida em que os bens em relação aos quais os consumidores não estão dispostos a realizar um grande esforço na sua compra **(bens de conveniência)**, têm de ser comercializados de modo a diminuir o mais possível o esforço de compra por parte dos clientes. Tal obriga a que estejam disponíveis para aquisição o mais próximo possível dos clientes, e a que exista informação acessível e fácil relativamente a esses bens, que permita a sua aquisição de um modo rápido e fácil. Se tal não acontecer, o cliente optará por produtos similares concorrentes, que não o obrigam a despender demasiado esforço. Podem incluir-se neste tipo de bens, produtos como fósforos, esferográficas, etc... No outro extremo desta classificação temos os **bens especiais** em relação aos quais os clientes estão dispostos a realizar um esforço elevado para os obter: deslocam-se ao local onde podem ser adquiridos apesar do esforço e sacrifício que tal implique. Produtos como marcas especiais de vinhos de colheitas raras, automóveis de luxo, etc..., incluem-se nesta classe.

Como se depreende desta classificação, o facto de um produto poder ser classificado como de conveniência, de escolha ou especial depende do cliente que o deseja. O mesmo produto pode ser um bem de conveniência para um segmento do mercado e constituir um bem especial ou de escolha para outro segmento.

O grau de tangibilidade que um bem apresenta é importante para o gestor de marketing na elaboração do *marketing-mix*. É maior a dificuldade de apresentar aos clientes bens de elevada intangibilidade, como os serviços, os quais têm naturalmente maior dificuldade em apreciar, avaliar e tomar decisões com base em argumentos intangíveis.

A qualidade

É corrente associar-se a um produto ou serviço um determinado nível de qualidade, classificando-se os bens como possuindo uma maior ou menor qualidade. A **qualidade técnica** tem a ver com o respeito das normas impostas internamente nas empresas (composição dos produtos, rendimento, condições de venda...) e das normas estabelecidos externamente pelas autoridades (segurança, higiene, saúde...).

Está completamente fora de causa, na gestão com óptica de marketing, a comercialização de produtos ou serviços que não respeita tais normas ou que não atinjam os padrões estabelecidos pelas empresas que os comercializam. Tais actos são prejudiciais para as empresas, para os gestores que os praticam, e têm reflexos negativos na sociedade onde se inserem. Portanto, não devem ser praticados.

Considera-se assim que qualquer empresa que pretende estar e continuar no mercado produz e comercializa bens com boa qualidade técnica. Se tal não acontecer, os clientes mais tarde ou mais cedo os recusarão e a sociedade através das suas instituições a penalizarão, levando à sua extinção a prazo.

Admitindo então que os níveis mínimos de qualidade técnica são respeitados, o que nem sempre acontece, é especialmente relevante para o gestor de marketing o conceito de **qualidade percebida**.

Quando no interior das empresas se afirma que os seus produtos apresentam uma qualidade superior ou inferior, normalmente tal informação baseia-se na medida de determinados indicadores que avaliam as características dos produtos. Tais indicadores, estabelecidos internamente ou definidos por normas técnicas, são medidos por instrumentos mais ou menos sofisticados que as empresas, nem todas, dispõem. A medição da qualidade realizada deste modo é, na generalidade, pouco significativa para o gestor de marketing e, mais importante ainda, tem pouco significado para o cliente consumidor, utilizador ou comprador. O cliente define os seus próprios critérios de qualidade. A qualidade, para o cliente, é o grau de satisfação das suas necessidades que obtém através dos atributos dos produtos ou serviços que adquire ou consome. Esse grau de satisfação raramente coincide com a medição de indicadores internos na empresa. A qualidade definida pelo cliente deste modo pode designar-se por qualidade percebida. É assim que o cliente classifica os produtos ou serviços de boa ou má qualidade. A qualidade percebida, embora relacionada com a qualidade técnica, depende do segmento de mercado. O mesmo produto pode apresentar diferentes níveis de qualidade percebida, por segmentos de mercado diferentes. A qualidade percebida é definida pelos clientes e o gestor de marketing precisa de perceber os critérios utilizados pelos clientes para avaliarem um produto ou serviço. Nem sempre os critérios internos existentes nas empresas para definirem a qualidade coincidem com os critérios dos clientes, mas são estes os relevantes para o gestor de marketing. O gestor de marketing pode indicar os padrões que os seus produtos ou serviços devem apresentar e deste modo criar expectativas nos clientes. Se os clientes consideram que os atributos dos produtos não alcançam os padrões esperados avaliam esses produtos com um nível de qualidade percebida mais baixa.

Pode assim concluir-se que:
— Uma qualidade técnica elevada não corresponde necessariamente a uma qualidade percebida pelo cliente elevada;
— A qualidade percebida pelo cliente depende do segmento de mercado;
— A qualidade percebida pelo cliente depende das expectativas que são criadas;
— A qualidade percebida pelo cliente é a determinante na avaliação de um produto ou serviço;
— A qualidade técnica deve apresentar um nível satisfatório, em relação às normas internas ou externas existentes.

Relativamente ao processo de definição do nível de qualidade que um produto ou serviço deve apresentar é necessário ter-se em consideração:

1. Segmentação do mercado
↓
2. Identificação dos atributos requeridos pelos segmentos de mercado
↓
3. Definição de qualidade percebida pelos segmentos de mercado
↓
4. Selecção dos segmentos de mercado-alvo e dos níveis de qualidade percebida correspondentes
↓
5. Concepção dos produtos ou serviços com uma qualidade técnica que permita atingir ou ultrapassar o nível de qualidade percebida e as normas internas e externas estabelecidos

A embalagem

A embalagem é uma parte do produto, conforme foi definido.
A embalagem desempenha fundamentalmente três funções importantes:

Função logística
A embalagem deve ser concebida de modo a permitir o transporte em boas condições do produto, do local onde é produzido até ao local onde é consumido ou utilizado.

A concepção de embalagem deve também ter em conta o tipo de distribuição escolhido para o produto. A forma, as dimensões, a facilidade de manuseamento, são características que os agentes envolvidos na distribuição dos produtos (grossistas e retalhistas) têm em conta na avaliação dos produtos que comercializam.

O tipo de embalagem escolhido deve preservar a qualidade do produto até ser consumido.

Função de comunicação

Através da embalagem as empresas podem comunicar com os clientes. A indicação das características dos produtos e do modo de utilização e consumo dos mesmos são algumas das informações mais comuns transmitidas através das embalagens.

Função de diferenciação

A inovação, em termos de embalagem, pode representar um factor diferenciador em relação à concorrência, constituindo uma vantagem competitiva para a empresa inovadora.

Para produtos concorrentes, muito similares entre si, a embalagem pode constituir o único factor diferenciador evidente para o cliente, através da sua forma, cor, grafismo, dimensão ou material utilizado.

A marca

A marca de um produto constitui qualquer elemento comum identificador desse produto, que o permite distinguir dos restantes. A utilização de marcas tornou-se uma prática generalizada, pois não só ajuda o cliente no seu processo de decisão de compra como responsabiliza quem produz ou comercializa um produto. Essa responsabilização transmite ao mercado um maior grau de confiança e transparência das entidades envolvidas na comercialização dos bens.

A marca constitui um activo das empresas.

O valor associado à marca depende da penetração no mercado dos produtos que a utilizam e da sua força, notoriedade e fidelização que permite a comercialização desses produtos ou de produtos novos. As marcas não são unicamente utilizadas pelos fabricantes. Os agentes envolvidos na comercialização dos produtos, distribuidores, grossistas e retalhistas criam muitas vezes as suas próprias marcas, que são utilizadas em produtos por si encomendados e fabricados por outras entidades.

A importância da utilização de uma marca assenta nas funções que desempenha: identificação, associação a um nível de qualidade, segmentação, transmissão de imagem, satisfação pessoal, garante de lealdade.

Identificação

Ao proporcionar uma identificação mais rápida e fácil, a existência de marca num produto ajuda os clientes no processo de tomada de decisão de compra. Ao mesmo tempo, diminui o risco de compra já que a determinada marca está normalmente associado um conjunto de atributos tangíveis ou não, que os clientes sabem que vão encontrar nos produtos com essa marca.

Qualidade

A marca ajuda também na clarificação dos produtos em termos de qualidade técnica ou percebida. Produtos muito semelhantes, sob o ponto de vista técnico, podem ter qualidades distintas percebidas por grupos de clientes diferentes. A utilização de marcas diferentes reforça os níveis de qualidade que lhes estão associadas.

Segmentação

A utilização de marcas facilita a utilização da segmentação do mercado por parte dos gestores. Principalmente quando os critérios seguidos na segmentação são intangíveis a utilização de marcas diferentes para cada segmento de mercado torna-se a única maneira evidente de distinguir os produtos. Ao mesmo tempo, essa prática possibilita o tratamento operacional de cada segmento de um modo mais eficaz e permite um posicionamento mais claro dos produtos oferecidos.

Imagem

A marca possibilita uma impressão psicológica mais fácil e duradoira na mente dos clientes. Os produtos com uma determinada marca podem conseguir obter uma imagem na mente dos clientes diferenciada da imagem associada a produtos semelhantes com outras marcas.

Satisfação pessoal

Na medida em que a imagem criada por uma marca se ajusta ou não às características psicológicas do cliente e ao seu estilo de vida, assim ele se identifica ou não com essa marca, satisfazendo-se ou não com a utilização ou consumo de produtos com essa marca.

Lealdade

A satisfação por parte do cliente na compra, utilização ou consumo de um produto conduz a um maior nível de lealdade na repetição de compra do mesmo produto se a ele estiver associada uma marca.

Ouando a situação de repetição de compra se proporciona, o cliente opta naturalmente pelos produtos que o satisfizeram anteriormente. A opção pela marca garante com maior segurança que esse nível será pelo menos mantido.

VALOR DE UMA MARCA

A marca de um produto ou de um serviço pode adicionar valor aos atributos desse produto ou serviço. A marca pode assim ter valor para o cliente e consequentemente para a empresa que a comercializa.

Pode ter valor para o cliente na medida em que lhe fornece informação acerca dos bens que utiliza a marca, facilitando a sua aquisição através da confiança na decisão de compra e na expectativa da satisfação do seu consumo ou utilização.

Pode ter valor para a empresa na medida em que torna mais eficientes os programas de captação e manutenção de clientes, permite praticar preços mais elevados e consequentes maiores margens, cria possibilidades da sua utilização noutros produtos e proporciona uma vantagem competitiva de boa qualidade.

As principais fontes do valor de uma marca são:

Notoriedade – permite que seja considerada como alternativa pelos clientes e facilita o processo de decisão de compra.

Fidelidade – conduz à manutenção de uma base de clientes estável diminuindo investimentos, por vezes significativos, na captação de novos clientes.

Qualidade Percebida - contribui para a percepção de um certo nível de qualidade, reforçada por associações positivas.

Propriedade Legal – defende da imitação de concorrentes e protege outros activos da empresa tais como instalações ou canais de distribuição.

O ciclo de vida dos produtos

O conceito de ciclo de vida dos produtos consiste na hipótese de que os produtos passam por determinadas fases, desde o seu aparecimento no mercado até ao seu desaparecimento. Pode de algum modo comparar-se essa evolução à de um ser vivo, desde o seu crescimento até à sua morte, passando pela juventude, maturidade e velhice.

Este conceito é particularmente útil para o gestor de marketing, na medida em que as fases pelas quais o produto passa correspondem a tarefas diferentes dos gestores como resposta adequada às necessidades diferentes dos clientes, à própria mudança dos clientes, à evolução da dimensão do mercado e à mudança do nível concorrencial.

No entanto, este conceito não deve ser interpretado como um dado fatalista para o gestor. A possível existência de um ciclo de vida não implica que um produto determinado tenha uma vida média de X anos, ou que um produto que esteja no mercado há Y anos já está velho e tem de ser substituído.

Antes de se apresentar com maior pormenor o conceito de ciclo de vida de um produto, deve realçar-se que este conceito tanto se aplica a uma categoria genérica de produtos (automóveis, por exemplo), como a uma marca desse produto *(Renault)*.

Podem distinguir-se pelo menos quatro fases no ciclo de vida de um produto: introdução, crescimento, maturidade e declínio.

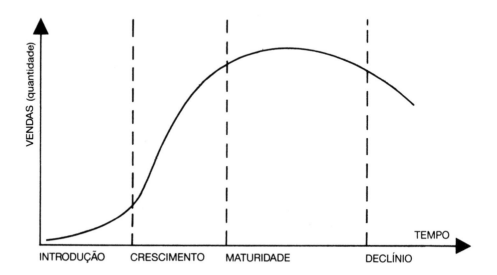

O tempo correspondente a cada fase está dependente do mercado e do esforço de marketing desenvolvido. Cada uma das diferentes fases pode ser prolongada ou reduzida por acção dos gestores. Em vez de um fatalismo total, a evolução das vendas de um produto depende da acção da gestão, que pode alterar drasticamente a evolução da curva típica apresentada correspondente ao ciclo de vida de um produto. Dois exemplos:

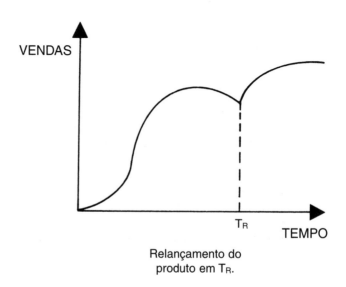

Relançamento do produto em T_R.

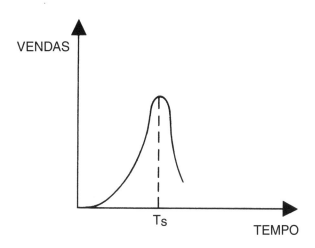

Abandono ou substituição do produto em T_S.

Ao apertar-se a definição do produto de categoria para marca, por exemplo, é de esperar um andamento menos regular da curva de evolução das vendas, ao longo do tempo:

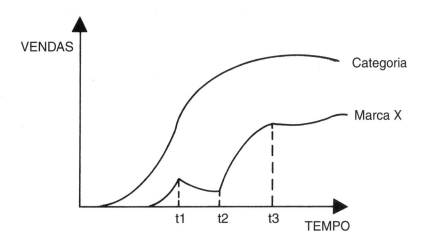

Neste exemplo, a marca X está sujeita não só à evolução das vendas de categoria de produtos em que está incluída mas também ao impacte das acções desenvolvidas por outras marcas concorrentes e das respostas que a gestão da marca X apresenta. Em t1 a marca X pode ter sofrido um ataque da concorrência (preços mais baixos, introdução de um produto novo, acção promocional, etc...), aos quais respondeu com sucesso, começando a recuperar em t2 e atingindo em t3 a evolução normal das suas vendas. Na medida em que a marca X se tornou líder do mercado influencia fortemente a evolução das vendas da categoria em que está incluída.

O interesse principal do conceito do ciclo de vida para os gestores de marketing reside na identificação das características que cada uma das fases do ciclo apresenta e da sua influência nas decisões estratégicas e operacionais de marketing.

INTRODUÇÃO

Esta primeira fase do ciclo de vida dos produtos, a introdução do produto no mercado, caracteriza-se por um volume de vendas muito reduzido e um crescimento lento das vendas.

Nesta fase a incerteza predomina, quer a nível das empresas que comercializam os produtos quer a nível dos clientes potenciais. As empresas, apesar dos estudos de mercado eventualmente realizados antes da introdução do produto no mercado, não têm, nesta fase, uma segurança absoluta quanto ao modo de comercializar o produto e à sua aceitação pelo mercado. Os clientes, perante uma novidade, não sabem em que medida o produto satisfaz as suas necessidades ou de que modo podem tirar um melhor rendimento da sua utilização.

As principais tarefas do gestor de marketing consistem em desenvolver acções que permitam educar o cliente e os agentes distribuidores relativamente ao produto introduzido no mercado. A informação relativa aos atributos principais do produto, à sua comparação com os produtos existentes concorrentes e à sua forma de utilização e apresentação é fundamental para o sucesso nesta fase e evolução futura do produto. A gestão tem também de estar preparada para introduzir modificações no produto no sentido de o adaptar melhor ao mercado, de acordo com o conhecimento que vai possuindo da reacção deste. Os recursos materiais necessários para esta fase são significativamente elevados quando comparados com o volume de vendas.

Na fase de introdução, o mercado é constituído quase exclusivamente por indivíduos ou organizações que nunca consumiram ou compraram o produto. Designa-se esta procura potencial por **procura primária**. A procura primária caracteriza-se pelo desconhecimento e aversão significativa ao risco de aquisição e utilização do produto introduzido no mercado. É do interesse do gestor de marketing conquistar a procura primária levando à experimentação e adopção do novo produto. Os primeiros segmentos de mercado a experimentar produtos são constituídos por indivíduos ou organizações classificados como inovadores, que estão dispostos a comprar ou utilizar produtos antes dos outros, correndo os riscos associados. Esses segmentos de mercado coincidem, geralmente, com as classes sociais mais altas; no entanto, o rendimento não é o critério único para a identificação dos segmentos inovadores num mercado. O estilo de vida e as características psicológicas também determinam o espírito mais ou menos inovador na sociedade.

Os principais freios ao desenvolvimento e conquista da procura primária são o desconhecimento e aversão ao risco. No sentido de dar a conhecer o produto e de diminuir o risco percebido pelos clientes potenciais, quer a nível pessoal quer a nível social, os gestores de marketing recorrem a indivíduos e organizações que, pela sua aceitação pelos outros indivíduos ou organizações, possibilitam que sejam ultrapassados os receios e dúvidas do mercado quanto ao produto introduzido. Tais entidades são normalmente designadas por **líderes de opinião,** em relação aos quais a generalidade da sociedade está disposta a imitar o seu comportamento e a seguir os seus conselhos. Os artistas e os desportistas são os líderes de opinião mais utilizados pelas empresas na apresentação de produtos de consumo novos no mercado, podendo desempenhar um papel fundamental na disseminação desse produto.

CRESCIMENTO

A fase de crescimento caracteriza-se por um aumento de vendas mais acelerado. Se o produto foi bem sucedido na fase de introdução a procura primária desenvolve-se rapidamente com a difusão do produto no mercado. O número de indivíduos ou organizações que estão dispostos a experimentar o produto aumenta significativamente, assim como o número de agentes interessados na distribuição e comercialização do produto.

A fase de crescimento é fundamentalmente constituída por **imitadores**, que após ter ultrapassado os problemas de informação e risco imitam os inovadores e seguem os líderes de opinião.

O crescimento das vendas é alimentado pela captação da procura primária. A rapidez desse crescimento depende dos atributos do produto e do volume e qualidade do esforço de marketing realizado pelas empresas que comercializam esse produto.

Os investimentos produtivos e comerciais são muito elevados nesta fase, mas o seu valor em relação ao volume de vendas vai diminuindo atendendo ao crescimento mais rápido das vendas. As empresas nesta fase devem ter acesso a recursos materiais e humanos suficientes para responderem ao crescimento interno da procura.

Com o crescimento do mercado este começa a segmentar-se de um modo mais intenso e com maior interesse para as empresas que começam a diferenciar os seus produtos, procurando satisfazer os diferentes segmentos com uma oferta diferenciada.

A fase de crescimento corresponde a uma fase de euforia no desenvolvimento das actividades das empresas. As vendas crescem com rapidez, a procura continua a aumentar, parece haver lugar para todos. Tudo parece estar bem! Mas nem tudo pode estar bem. É importante que o gestor de marketing tenha uma leitura correcta do que está a acontecer no mercado nesta fase, e o que o espera nas fases seguintes. A euforia correspondente à fase de crescimento não deve impedir a criação de condições que permitam a sobrevivência e o sucesso nas fases seguintes. Um indicador importante, cuja medição deve ser feita logo desde o início da fase de crescimento, é a **quota de mercado** (quantidade e valor). As vendas de um produto ou de uma marca podem crescer significativamente; no entanto, as vendas totais no mercado podem estar a crescer de um modo ainda mais rápido. A medição da quota de mercado permite identificar atempadamente em que medida os nossos produtos ou marcas acompanham o crescimento do mercado. A chegada ao fim da fase de crescimento com uma quota de mercado reduzida pode constituir uma desvantagem significativa nas fases seguintes.

MATURIDADE

Na fase de maturidade o volume de vendas no mercado é muito elevado, mas o crescimento é nulo ou ligeiramente positivo (inicialmente) ou negativo (no fim da maturidade).

Atingida a fase de maturidade a procura primária é praticamente inexistente, pois a quase totalidade de clientes potenciais já conhece, experimentou e avaliou o produto. O mercado está informado e é conhecedor das diferentes ofertas do produto.

As vendas que se realizam durante a fase de maturidade correspondem a repetições de compras, após a experimentação e eventual satisfação do produto nas fases anteriores. Durante essa fase, as empresas que procuram continuar a crescer só o podem fazer roubando clientes aos seus concorrentes. Agora o alvo é a **procura secundária** constituída por clientes habituais do produto, procurando desviá-los da concorrência para os nossos produtos ou marcas.

A procura secundária é conhecedora do produto e das diferentes ofertas existentes no mercado, e procura o produto que melhor satisfaz as suas necessidades.

Atingida esta fase, as empresas procuram manter ou melhorar a sua quota de mercado. Mais do que conquistar clientes há que manter os existentes. O nível concorrencial aumenta fortemente tornando-se importante para os participantes no mercado a posição alcançada em termos de quota de mercado, segmentação do mercado e capacidade competitiva.

Na fase de maturidade os erros cometidos nas fases anteriores e disfarçados pelo crescimento rápido tornam-se agora visíveis e mais difíceis de corrigir face à maior pressão concorrencial.

A **segmentação** do mercado continua na fase de maturidade obrigando as empresas a adaptarem os seus produtos aos diferentes segmentos. Como nem todos os segmentos apresentam as mesmas taxas de crescimento e nível concorrencial, as empresas que se posicionarem nos segmentos de maior crescimento e menor nível concorrencial têm condições mais favoráveis.

Nesta fase o preço desempenha o papel mais importante para as empresas que não conseguirem diferenciar os seus produtos ou posicionarem-se nos segmentos menos sensíveis ao preço.

A fase de maturidade é geralmente a fase mais prolongada da vida de um produto e é aquela onde a pressão concorrencial é maior. A fase de maturidade constitui também a fase da verdade, na medida em que só as empresas que tenham conseguido posicionar-se correctamente, baseando-se numa análise de mercado e concepção do *marketing-mix* adequado, obtêm resultados superiores aos dos concorrentes.

DECLÍNIO

Na fase de declínio as vendas baixam, a taxa de crescimento é negativa.

O excesso de capacidade instalada é característica desta fase, e as empresas que sobrevivem procuram ocupá-la. As despesas comerciais reduzem-se em valor absoluto e relativo. Os custos são minimizados. As empresas com uma base larga de clientes sobrevivem porque essa base o justifica, ou porque precisam de manter essa base para lançarem produtos novos.

Na fase de declínio, mais ainda do que durante a fase de maturidade, a análise das linhas de produtos é importante no sentido de eliminar os produtos menos rentáveis.

OPORTUNIDADE DE ENTRAR NO MERCADO

Deve uma empresa entrar na fase de introdução ou mais tarde?

É possível obter resultados positivos em todas as fases do ciclo de vida dos produtos?

Deve abandonar o mercado quando se atinge determinada fase?

Estas são algumas das questões que o gestor de marketing tem de considerar tendo em conta o ciclo de vida dos produtos e as características de cada uma das fases.

A experiência tem demonstrado que existem ou existiram empresas rentáveis em todas as fases do ciclo de vida. Também há exemplos de empresas bem sucedidas que entraram no mercado na fase de introdução ou em fases posteriores.

O importante não é entrar mais cedo ou mais tarde, o importante é ajustar através de decisões estratégicas de marketing e do *marketing-mix* os produtos comercializados às características do mercado nas diversas fases do ciclo de vida.

É de esperar que uma empresa que entre no mercado na fase de introdução e nele pretenda ficar até à maturidade, ou mais tarde, tenha de investir fortemente no início não obtendo lucros na fase de introdução, para ser compensada com os resultados positivos nas fases posteriores. No entanto, podem existir lucros significativos em todas as fases do ciclo de vida dos produtos, desde que as empresas adaptem a sua estratégia a cada uma das fases do cicio de vida. Existem empresas que só trabalham com produtos nas primeiras fases do ciclo de vida e são rentáveis, assim como existem empresas que percorrem com sucesso todo o ciclo de vida dos produtos.

As empresas que aparecem na fase de introdução são **pioneiras** na indústria. O seu esforço é baseado na investigação tecnológica e no estudo dos mercados, procurando inovar e introduzir novos produtos para satisfação de necessidades do mercado emergentes ou já existentes e não satisfeitas. Na fase de crescimento surgem as empresas **imitadoras** que, baseadas no trabalho das pioneiras, mas com recursos que permitem sustentar e acompanhar o crescimento do mercado, aparecem com produtos adaptados à generalidade do mercado.

A sua principal actividade baseia-se no desenvolvimento das tecnologias introduzidas, num profundo conhecimento do mercado e dos recursos materiais e humanos que permitem o crescimento com sucesso. Ainda na fase de maturidade aparecem novas empresas. Essas empresas baseiam-se geralmente na segmentação do mercado, procurando oferecer produtos especialmente adaptados às necessidades de segmentos específicos. São as empresas **segmentadoras**.

Com menores probabilidades de êxito ainda aparecem empresas na fase de declínio procurando aproveitar a retirada de outras empresas do mercado e tirando os últimos proveitos disponíveis.

Desenvolvimento de produtos novos

O desenvolvimento e lançamento de produtos novos no mercado asseguram a sobrevivência e crescimento das empresas. Produtos novos são necessários para substituir produtos que atingiram a fase final do seu ciclo de vida, ou produtos que nas fases anteriores não foram bem sucedidos ou ultrapassados pela concorrência.

Não é fácil definir o que é um produto novo. Pode ser por exemplo:

— um produto tecnologicamente novo que vem substituir os existentes com uma tecnologia mais avançada;
— um produto semelhante aos existentes, mas com outra marca;
— uma nova variedade de uma linha de produtos existentes com uma determinada marca;
— uma embalagem nova para produtos existentes;
— um produto existente introduzido num mercado novo;
— algo que o mercado identifique como sendo diferente das ofertas existentes deve ser considerado como um produto novo pela empresa que o comercializa.

O grau de novidade do produto só o mercado o pode definir e a empresa o deve considerar em conformidade.

A tarefa de desenvolver produtos novos é da responsabilidade da área de marketing das empresas, embora, como noutras tarefas, o deva fazer em colaboração com as outras áreas funcionais da empresa, nomeadamente a investigação e desenvolvimento e a produção.

A concepção e desenvolvimento de produtos novos bem sucedidos no mercado não é fácil e só uma pequena percentagem de produtos novos são bem sucedidos a longo prazo.

Para aumentar a probabilidade de sucesso no desenvolvimento de novos produtos utilizam-se metodologias para esta tarefa crucial na vida das organizações. As principais etapas consideradas nessas metodologias são:

a) Gerar ideias de produtos novos

Podem ser diversas as fontes de ideias para produtos novos.

Os **clientes** constituem a fonte mais fiável já que são eles que sabem, com rigor, o que necessitam e aquilo que falta ou é insuficiente nos produtos existentes, no sentido de satisfazerem as suas necessidades. Os estudos de mercado realizados junto dos clientes podem conduzir a pistas úteis para a concepção de produtos novos.

Outra fonte para a inovação numa empresa é a sua própria **concorrência.** A imitação bem feita, com algumas modificações ou não, de produtos bem concebidos e com sucesso no mercado conduz à introdução de produtos novos. O conhecimento prévio do desenvolvimento de produtos novos pela concorrência é um alerta para os outros competidores no mercado.

Os **vendedores** da empresa, em contacto com os clientes e com os agentes distribuidores, constituem também uma fonte rica para o desenvolvimento de produtos novos. Os vendedores são especialmente sensíveis aos problemas apresentados pelos nossos produtos e pelos de concorrência sugerindo alterações que possibilitem a sua melhoria, dando origem a produtos novos.

Pela mesma razão, os **distribuidores** que comercializam os nossos produtos e os da concorrência conhecem as necessidades dos clientes não completamente satisfeitas pelos produtos existentes e sugerem a concepção de produtos novos.

A **investigação** básica ou aplicada constitui outra fonte de geração de ideias para produtos novos. Os custos e riscos associados implicam que só empresas de dimensão elevada, com quotas significativas de mercado, procurem áreas de investigação próprias e organismos de investigação interempresas ou governamentais.

b) Seleccionar ideias

As ideias geradas pelas diversas fontes são seleccionados de acordo com critérios gerais destinados, fundamentalmente, a eliminar alguns deles. Alguns dos critérios que as empresas têm em conta são:

— **Estratégia da empresa**
Identificação das ideias que não se enquadram na estratégia da empresa.
— **Capacidade**
Verificação se existem capacidades internas suficientes para a concretização das ideias sugeridas.
— **Aceitação do mercado**
Conhecimento do estádio de receptividade do mercado para a introdução da ideia concebida.
— **Oportunidade**
A ideia pode ser apresentada num momento pouco propício à sua introdução no mercado.
Pode prejudicar os produtos existentes da empresa (canibalização) ou confundir o mercado.

c) Desenvolver o conceito do produto

Antes de propriamente se especificar o produto há que defini-lo no conceito de marketing.

Quais são os atributos principais e que necessidades satisfazem?

Para quem se destina o produto?
Como é que o produto se posiciona face à concorrência?

Estas são algumas das perguntas mais importantes que têm de ter uma resposta ao definir o conceito do produto.

d) Testar o conceito do produto

No sentido de aferir se o conceito definido corresponde a necessidades dos clientes-alvo é preciso testar esse conceito. O recurso a estudos de mercado dirigidos a este fim é indispensável.

e) Desenvolver o *marketing-mix*

Se o conceito do produto passou favoravelmente o teste de mercado, os gestores estão em condições de caracterizarem qual o *marketing-mix* mais adequado para atingir o mercado, seleccionado de acordo com as principais características desse conceito.

f) Análise económica preliminar

Definidos o conceito de produto e o *marketing-mix* (produto + comunicação + + distribuição + preço) a gestão está em condições de fazer uma análise económica, com o objectivo de avaliar a viabilidade do produto. O teste do conceito do produto e o conhecimento do mercado-alvo permitem estimar o volume de vendas. A aplicação do *marketing-mix* permite estimar os investimentos e despesas envolvidos (produção e comercialização). Os resultados de exploração podem deste modo ser estimados e assim verificar-se se são ou não satisfatórios.

g) Desenvolver o produto

Se a análise económica conduz a resultados satisfatórios de acordo com os objectivos da empresa, então pode avançar-se para o desenvolvimento do produto.

A marca é definida, a embalagem é escolhida e a extensão e profundidade da linha de produtos é estabelecida. Exemplares do produto são então produzidos.

h) Testar o produto

Será que a marca escolhida é boa? E a embalagem? Os distribuidores vão aceitar o produto? O preço e outras condições de comercialização são os correctos? Continua a ser válido o conceito do produto? Estas perguntas têm de ser respondidas antes de se lançar o produto no mercado e de se afectar recursos materiais e humanos significativos. As respostas só podem ser encontradas com testes de mercado: com o produto concreto, produzido pela empresa, colocado em pontos de venda previamente escolhidos.

i) Introduzir o produto no mercado

Testes satisfatórios do produto permitem a introdução do produto no mercado seguindo as políticas operacionais definidas no *marketing-mix* e testados no mercado.

Estas são as etapas típicas para o desenvolvimento de novos produtos. A sua execução na plenitude implica custos e, principalmente, tempo. A vantagem traduz-se na redução do risco, não na infalibilidade dos produtos novos assim desenvolvidos. Existem exemplos da passagem da primeira para a última fase com sucesso. A antecipação e a sorte também contribuem para o sucesso de novos produtos.

A política de desenvolvimento de produtos novos é uma das componentes da estratégia da organização.

Os serviços

PORQUE É QUE OS SERVIÇOS SÃO DIFERENTES?

Sendo a filosofia de marketing, na gestão empresarial, indispensável para a sobrevivência e sucesso de qualquer negócio; sendo aplicáveis os princípios básicos de gestão de marketing a qualquer actividade, lucrativa ou não, industrial, bens de grande consumo ou serviços, por que razão se fala de marketing de serviços?

O marketing de um detergente ou de um produto químico é diferente do marketing de um hotel, de um banco ou de um teatro? É!

É, porque de um modo geral os serviços têm características próprias que exigem do gestor de uma empresa de serviços e nomeadamente do seu gestor de marketing tarefas específicas não comuns a outros bens.

Quais são então as características que tornam os serviços tão especiais?

a) Os serviços são muito menos tangíveis que os bens físicos

No processo de compra de um bem físico (automóvel, perfume, etc...), o cliente tem oportunidade de o ver, de o tocar, de o experimentar antes de o comprar. O mesmo não acontece relativamente ao cliente de um serviço.

Os gestores de marketing de serviços têm assim de dar realce aos benefícios que os clientes podem retirar da utilização desses serviços e não dos serviços em si.

b) Nos serviços, os clientes estão envolvidos na sua produção

Enquanto nos bens físicos os clientes raramente têm contacto com a fábrica onde são produzidos, nos serviços é muito frequente o envolvimento dos clientes no processo produtivo. É o caso de um restaurante *self-service* em que o cliente participa directamente na criação do serviço, ou de um cabeleireiro, escola ou hotel, em que o cliente colabora com o prestador do serviço.

c) Os serviços não podem ser armazenados

Como um serviço é uma actividade de um modo geral não tangível, que o cliente não pode guardar, ele não pode ser armazenado. O produtor de serviços não pode criar uma separação entre a produção do serviço e o seu consumo. Claro que pode manter o equipamento, as instalações e o pessoal preparado para prestar o serviço, mas tal representa capacidade disponível e não serviço propriamente dito.

d) Os serviços são heterogéneos

O envolvimento do cliente no processo de prestação do serviço, a simultaneidade da sua produção e consumo, torna difícil oferecer um serviço consistente ao longo do tempo. O controle de qualidade nos serviços é um problema mais complexo que nos bens físicos.

e) Os serviços têm canais de distribuição diferentes

Contrariamente aos bens tangíveis, que exigem canais de distribuição físicos para movimentar os produtos da fábrica até ao consumidor, os serviços utilizam meios electrónicos ou combinam num só local a produção, o ponto de venda e o consumo.

DIMENSÕES DE ANÁLISE DE UM SERVIÇO

Tem interesse reconhecer nos serviços determinadas dimensões, cuja identificação pode ser útil do ponto de vista do gestor de marketing.

NATUREZA DO SERVIÇO

Para quem é destinado o serviço?
– Para pessoas? (restaurante)
– Para coisas? (transporte de mercadorias)

Esse serviço é intangível (museu) ou tem características tangíveis (cabeleireiro)?
A utilidade de reconhecer a natureza do serviço reside nos seguintes aspectos:
Se os clientes precisam de estar presentes na prestação do serviço, a sua satisfação é significativamente influenciada pela interacção que têm com os prestadores do serviço, com as instalações onde o serviço é prestado e também pelas características dos outros clientes que frequentam o serviço. A localização e o horário assumem particular importância nestes casos.

Se os clientes não precisam de estar presentes, então os resultados do serviço prestado para o cliente tornam-se cruciais.

Quanto maior o grau de intangibilidade do serviço maior é a dificuldade em definir o que é realmente o serviço e qual a sua utilidade para o cliente. A identificação do cliente e os benefícios que retire da aquisição do serviço permitem uma melhor compreensão da utilidade do serviço.

TIPO DE RELAÇÃO COM O CLIENTE

A empresa estabelece com o cliente:
— uma relação formal? (seguros)
— ou informal? (teatro)

Essa empresa oferece o serviço continuamente (rádio) ou de um modo descontínuo? (portagem de auto-estrada).

A vantagem de existir uma relação formal é a de a empresa poder conhecer os seus clientes e assim poder actuar de um modo mais preciso. Por outro lado, uma relação formal com o cliente (assinatura de uma revista) desenvolve uma maior lealdade por parte deste, conduzindo a uma repetição por parte do cliente.

Uma relação formal com o cliente permite também uma maior simplificação no estabelecimento do preço do serviço, já que se pode recorrer a uma taxa periódica que cubra os serviços prestados.

GRAU DE ADAPTAÇÃO AO CLIENTE

Contrariamente ao que acontece nos bens de consumo (detergentes, bens alimentares, etc...) existe maior possibilidade de adaptar o serviço às necessidades do cliente, pois este está directamente envolvido no processo de produção do serviço.

É assim importante, sob o ponto de vista do gestor, saber se:
— o serviço é adaptável a cada cliente (táxi)
— o serviço é pouco adaptável a cada cliente (teatro) e ainda se o prestador do serviço:
— tem autonomia nessa adaptação (consultor)
— tem pouca autonomia na adaptação (hotel).

O dilema para o gestor do serviço reside no desejo generalizado de uma maior adaptação às necessidades dos clientes, mas tal desejo corresponde a custos mais elevados.

O grau de adaptação do serviço depende da compreensão correcta do processo de selecção do serviço por parte do cliente e do posicionamento que a empresa prestadora do serviço pretende. Nestas tarefas o papel do gestor de marketing do serviço é fundamental.

Se o prestador do serviço tem um papel importante na adaptação do serviço ao cliente através da elevada autonomia de acção de que dispõe, então o próprio prestador do serviço faz parte do produto oferecido.

Nestes casos (consultores, advogados, canalizadores, etc...) os esforços do marketing devem concentrar-se no processo de interacção entre o cliente e o prestador do serviço.

CARACTERÍSTICAS DA PROCURA DO SERVIÇO

A procura de um serviço varia significativamente ao longo do tempo?
— Sim (transportes, restaurantes, ...),
— Não (bancos).

Atendendo à impossibilidade de armazenar serviços é importante que o gestor de marketing do serviço procure gerir a procura.

No conhecimento das características da procura, torna-se assim fundamental que se seleccione a melhor maneira de atenuar o impacte das variações da procura.

SISTEMA DE PRESTAÇÃO DO SERVIÇO

É necessário o contacto entre a empresa e o cliente?
— É, o cliente desloca-se à empresa (teatro)
— É, a empresa desloca-se até ao cliente (táxi)
— Não é (telefones).
A empresa presta o seu serviço:
— Num só local (teatro)
— Em vários locais (banco comercial).

A oferta de um serviço em diversos locais aumenta o grau da conveniência para o cliente, mas levanta o problema da consistência da qualidade do serviço.

Levar o serviço até ao cliente é caro, pelo que a tendência das empresas é a de procurarem satisfazer os clientes através dos meios de comunicação disponíveis.

POSICIONAMENTO DO SERVIÇO

Como é que a sua empresa de serviços concorre no mercado?
Como é que o seu serviço satisfaz os diferentes segmentos de mercado?
O que é que distingue a sua empresa das concorrentes que prestam o mesmo tipo de serviço?

As respostas a estas questões são fundamentais para a sobrevivência e sucesso da sua empresa de serviços. Essas respostas são também resultado das tarefas de gestão de marketing dos serviços.

O posicionamento permite:
— analisar as relações entre o serviço prestado e o mercado, diagnosticando a eficácia de actuação da empresa;
— identificar oportunidades de lançamento de novos produtos ou de alteração dos existentes;
— clarificar a tomada de decisão para cada uma das variáveis do *marketing--mix*.

A ausência de um posicionamento claro por parte da empresa ou dos seus serviços pode conduzir às seguintes consequências negativas:

— a empresa é conduzida para mercados onde se lhe depara uma concorrência muito forte;
— a empresa pode cair num mercado em que a procura pelo serviço que oferece é muito reduzida;
— a empresa transmite uma imagem tão confusa que ninguém sabe bem o que é que ela faz melhor que as concorrentes.

Atendendo ao carácter intangível dos serviços, é importante a existência de um posicionamento claro, pois permite formar um suporte mental por parte do cliente, ajudando-o a ultrapassar as dificuldades inerentes à intangibilidade do serviço.

GESTÃO DA CARTEIRA DE CLIENTES

Quantos lugares de um determinado voo deve uma companhia de transportes aéreos reservar para viagens de grupos a preços especiais?

Quantos quartos de um hotel devem permanecer sem reserva para serem posteriormente ocupados por visitantes ocasionais que paguem taxa completa?

Deve uma empresa de reparações e conservação reservar parte da sua capacidade para satisfazer emergências (trabalhos com maiores margens) ou deve simplesmente garantir trabalho de rotina que mantenha a empresa a 100% ocupada?

Estes exemplos caracterizam os problemas que se deparam ao gestor de marketing de um serviço e obriga a que as empresas prestadoras de serviços realizem uma segmentação clara do mercado que servem.

Como nos serviços, o cliente está directamente envolvido na prestação do serviço e tem de partilhar as instalações com outros clientes. O tipo de clientes que frequentam o serviço em cada momento é especialmente importante para a imagem da empresa de serviços e para a qualidade transmitida.

Um dos papéis mais importantes do marketing nos serviços é o de informar os segmentos de mercado escolhidos acerca da natureza do serviço que oferecem de modo a conhecerem o que os espera ao adquirirem esse serviço.

Deste modo, a probabilidade de ajustamento entre os desejos da empresa e o tipo de cliente-alvo aumenta.

Não é fácil, nem desejável, uma homogeneidade completa do tipo de clientes. Podem existir dois ou mais segmentos de mercado clientes da empresa de serviços e com características distintas. Neste caso, esses segmentos devem, sempre que possível, ser separados em termos de utilização das instalações prestadoras do serviço e a empresa deve ser suficientemente explícita no que diz respeito aos diferentes posicionamentos.

As empresas de serviços têm geralmente a necessidade de atrair diferentes segmentos de mercado, não só para manterem os níveis de ocupação aceitáveis das suas instalações mas também devido a mudanças ao longo do tempo na procura do serviço. O problema reside no facto de os vários segmentos apresentarem diferentes capacidades monetárias e de utilização dos atributos do serviço.

Assim, há que definir um indicador que permita traduzir o nível de aproveitamento económico da capacidade instalada para prestação do serviço:

Eficiência económica = taxa de ocupação x eficiência do preço do serviço.

Exemplo: Um hotel tem 100 quartos cujo preço máximo por quarto é de 50€. Numa noite o hotel ocupou 75 quartos, 40 ao preço máximo e 35 a 32,5€/quarto.

$$\text{Eficiência económica} = \frac{\text{Receita verificada}}{\text{Receita possível}} = \frac{40 \times 50 + 35 \times 32,5}{100 \times 50} = 62,75\%$$

A eficiência económica é, deste modo, não só um indicador mas também um objectivo de marketing para a empresa de serviços, pois a análise do mercado permite identificar a procura de cada um dos seus segmentos para determinar níveis de preço; o esforço de marketing pode ser dirigido, ponderadamente, para cada um dos segmentos consoante a sua contribuição para o nível da eficácia económica ao longo do tempo.

O papel do marketing na gestão da carteira de clientes e na maximização da eficiência económica do serviço abrange as seguintes tarefas importantes:

— identificação dos segmentos do mercado capazes de serem atraídos à empresa de serviços;
— previsão do volume de vendas para cada um dos segmentos a determinados preços;
— definição da carteira de clientes em cada altura que maximiza a eficiência económica do serviço;
— definição dos objectivos de vendas em cada segmento do mercado;
— definir a política de preços e de comunicação.

Como indicador, a eficiência económica do serviço permite diagnosticar problemas na gestão do serviço:

— uma elevada eficiência pode sugerir a necessidade de aumento dos preços;
— um nível de eficiência inferior ao previsto pode indicar a não obtenção da carteira de clientes desejada ou prática de preços inferiores aos recomendados.

GESTÃO DA PROCURA DO SERVIÇO

A impossibilidade de armazenar os serviços e variações da procura cria problemas na gestão de serviços.

Quando a procura é baixa, a capacidade de prestação do serviço é desperdiçada. Quando a procura é muito elevada, superior à capacidade de resposta da empresa, então perdem-se vendas.

O marketing pode ajudar a atenuar os efeitos negativos de oscilações da procura, através da gestão da procura de modo a tentar ajustá-la à capacidade disponível.

A primeira tarefa do gestor de marketing é procurar identificar as razões das variações da procura e caracterizar essas variações, nomeadamente se são casuais ou se seguem um padrão definido e as suas causas são conhecidas. Nesta última situação o *marketing-mix* pode ser alterado com o fim de gerir a procura:

ALTERAÇÃO DA COMUNICAÇÃO

Publicitar as vantagens de utilizar os serviços oferecidos, nos períodos de época baixa, pode contribuir para atenuar a diferença entre as épocas alta e baixa.

Comunicar aos clientes interessados alterações nos elementos do *marketing-mix* (produto, distribuição e preço) pode atraí-los nos períodos baixos.

ALTERAÇÃO DO PRODUTO

A alteração dos atributos do serviço a oferecer pode contribuir para continuar a atrair os mesmos clientes dos períodos de procura elevada, interessando-os através de outros atractivos durante os períodos de procura reduzida.

A alteração desses atributos, durante certos períodos, pode também ser dirigida a segmentos diferentes, de modo a manter uma taxa de ocupação mais equilibrada ao longo do tempo.

ALTERAÇÃO NA DISTRIBUIÇÃO

Modificações no horário de funcionamento das instalações prestadoras do serviço e alterações nos locais podem proporcionar um melhor ajustamento entre a oferta e a procura do serviço.

ALTERAÇÃO DO PREÇO

Esta é a maneira mais usual de ajustar a procura à oferta. Um modo corrente de gestão é baixar preços do serviço nas épocas baixas procurando uma maior utilização da capacidade instalada, de modo a cobrir os custos fixos existentes.

Nestes casos, o gestor de marketing num serviço deverá estabelecer a política de preços de cada um dos segmentos para as diferentes épocas, ao mesmo tempo que deve prever a capacidade destinada a cada uma delas.

O SISTEMA DE PRESTAÇÃO DO SERVIÇO

As características de prestação de um serviço colocam problemas específicos a todo o gestor de marketing. Na «produção» de um serviço, muitas vezes totalmente intangível, o processo não cria somente o produto, mas simultaneamente distribui-o ao consumidor como parte inerente. Esta interface das funções, produção e marketing num sistema de prestação de serviços conduz a um conjunto de problemas a que todo o gestor de marketing nos serviços tem de fazer face.

Como se pode verificar no esquema seguinte existem partes do sistema que são visíveis ao cliente e que incluem o pessoal em contacto e o suporte físico da prestação do serviço. Existem ainda componentes do sistema que contribuem para a impressão que o cliente tem da empresa prestadora do serviço, para além do pessoal e suporte físico, tais como a publicidade, os comentários de utilizadores do serviço, os contactos com a empresa através do telefone, correspondência, etc...

SISTEMA DE PRESTAÇÃO DO SERVIÇO

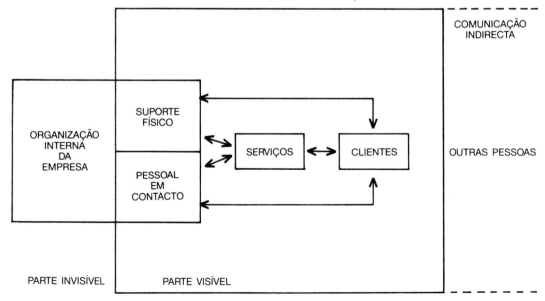

COMPONENTES DO SISTEMA DE PRESTAÇÃO DO SERVIÇO

A. Pessoal em contacto (contacto directo, por telefone ou correspondência)

— Pessoal operacional
— Pessoal comercial (vendedores, representantes, agentes, etc.)
— Pessoal de assistência ao cliente
— Pessoal administrativo (facturação, p. ex.)

B. Suporte físico

— Instalação
— Veículos

C. Comunicação indirecta

— Correspondência
— Material promocional
— Publicidade

D. Outras pessoas

— Outros clientes presentes durante a prestação do serviço
— Comentários pessoais

A análise destes componentes é importante, pois eles correspondem à visão do serviço sob o ponto de vista do cliente e não do ponto de vista da organização prestadora do serviço. A percepção do serviço que este conjunto de componentes transmite ao cliente é decisivo na escolha por parte deste entre as diferentes alternativas que se lhe deparam.

Nem todos os componentes do sistema de prestação do serviço estão directamente sob o controle da organização e, portanto, dos seus gestores. Para além disso, não é possível conseguir uma completa uniformidade no comportamento do pessoal de contacto, já que tal depende não só das características individuais desse pessoal, mas também das características dos clientes. O controle de qualidade e a garantia da sua consistência tornam-se, assim, tarefas difíceis e impossíveis de atingir com o rigor que um produtor de bens físicos pode fazer.

Os bens de organizações não lucrativas

O marketing é especialmente utilizado por empresas com o intuito de atingirem determinados objectivos dos quais sobressai o lucro.

No entanto, o marketing é cada vez mais usado por outro tipo de organizações no sentido de as ajudar a alcançar os fins para que foram criadas.

Organizações religiosas, culturais (museus, jardins zoológicos, orquestras, óperas, universidades, institutos de investigação), filantrópicas (hospitais, lares, associações protectoras e de socorro, ...), políticas (partidos políticos, grupos de pressão), sociais (sindicatos, grupos de defesa do consumidor, ...), recorrem cada vez mais ao marketing, como filosofia de gestão, e às suas técnicas.

Os objectivos que estes tipos de organizações procuram atingir traduzem-se na maximização de determinados bens do modo mais eficiente:

- Votos
- Espectadores
- Fundos
- Pessoas
- Interesse social

CAPTAÇÃO DE VOTOS

Os partidos políticos precisam de captar os votos dos cidadãos de um país ou região, com o objectivo de conquistar o poder ou fortalecer a sua posição negocial face aos outros partidos (a concorrência), a fim de poderem executar o seu programa, que consideram ser o melhor para servir os interesses do país ou da região.

O marketing político tem-se desenvolvido muito nos últimos anos. Actividades como a propaganda política (publicidade na TV, rádio, cartazes, anúncios em jornais ou revistas, ...), as sondagens (estudos de mercado) e análise das tendências do eleitorado (análise do mercado e das vendas), são actividades típicas de marketing, hoje comuns na sociedade.

A imagem do candidato político que fundamentalmente aperta as mãos dos eleitores, beija as criancinhas e faz discursos arrebatadores, está a ser ultrapassada gradualmente.

A metodologia de marketing em todas as suas componentes é também aplicada no marketing político. Um candidato à partida desconhecido passa por diversas etapas semelhantes ao lançamento de um produto no mercado:

Candidato	Produto
Criação da personalidade	Marca
Identificação com um partido	Imagem institucional
Apoio do partido	Teste de mercado
Campanha eleitoral	Publicidade, promoções, rel. públicas, vendas e distribuição
Eleição	Quota de mercado
Reeleição	Repetição da compra

No marketing político, as actividades de marketing são: os estudos de mercado, o conceito do candidato (política de produto) e a campanha eleitoral (comunicação e distribuição).

Os bens de organizações não lucrativas

Uma campanha eleitoral deve ser dirigida aos interesses dos eleitores.

Os estudos de mercado desempenham um papel fundamental na identificação desses interesses. O candidato e a sua organização (partido político) devem apresentar aos eleitores os melhores meios de satisfazerem os seus interesses e desejos. Muitas vezes os candidatos políticos julgam conhecer o que o leitor quer, o que o eleitor pensa, dispensando os estudos de mercado. Por muita intuição política que tenha, tal facto só por coincidência acontece Para além de identificar os desejos dos eleitores é também necessário conhecer o peso relativo de cada um desses desejos. Os interesses dos eleitores e a sua importância relativa alteram-se com o tempo, obrigando a organização política a realizar sondagens frequentes, de modo a aferir as tendências do eleitorado (mercado).

Os candidatos políticos, as promessas eleitorais claras e credíveis, os símbolos e cartazes utilizados, as mensagens da campanha, ajudam o eleitor a tomar uma decisão, pois tornam tangível as ideias defendidas pelo partido político, por vezes demasiado abstractas e de difícil compreensão e diferenciação por parte do eleitorado. Aplicam-se aqui muitos dos conceitos e técnicas já referidos a propósito do marketing de serviços.

Só em casos excepcionais os eleitores conhecem pessoalmente o candidato. Têm apenas uma imagem do candidato. E é na imagem que votam.

A imagem percebida pelos eleitores nem sempre é aquela que os candidatos pretendem transmitir. Um candidato tem de cuidar detalhadamente da sua imagem para ser bem sucedido. A maneira como veste, como se comporta em público e as suas afirmações condicionam a imagem percebida pelos eleitores.

A imagem escolhida para o candidato (nem sempre pelo candidato) deve ser aquela que melhor se ajusta ao conceito do candidato.

O conceito do candidato (definição do produto) é constituído pelo tema base que corresponde aos interesses e desejos principais dos eleitores. O candidato pode apresentar-se como o «defensor da liberdade», o «garante da estabilidade», o mais «competente e experiente», o «lutador contra a corrupção», etc...

Devem ser excluídos os conceitos que contrariam a história, experiência, valores defendidos e personalidade do candidato, pois diminuem a sua credibilidade junto dos eleitores.

Os estudos de mercado contribuem decisivamente para a escolha do conceito do candidato. Há o risco de todos os candidatos apresentarem o mesmo conceito. Neste caso é preferível escolher outro conceito, mesmo que não seja dirigido ao interesse principal dos eleitores, mas que o diferencie dos conceitos dos outros candidatos (posicionamento do candidato).

A campanha eleitoral desenvolve-se com base no conceito seleccionado para o candidato. O conceito é então traduzido em palavras, frases *(slogans)* destinadas a atingir os eleitores. O candidato deve ser especialmente treinado e aconselhado no conteúdo e forma de falar na rádio ou na TV, de se apresentar e comportar em público e na TV. Tudo o que o candidato faz em público está a comunicar com os eleitores.

A campanha eleitoral é constituída pela comunicação (publicidade, promoções e relações públicas) e distribuição (deslocações do candidato).

CAPTAÇÃO DE ESPECTADORES

Organizações como museus, teatros, jardins zoológicos, feiras de diversões, precisam de atrair pessoas para as suas actividades. As actividades de marketing que este tipo de organizações precisam de realizar para atrair espectadores incluem: estudos de mercado, definição do produto, comunicação e preço.

O desenvolvimento de um volume de espectadores interessante começa pela atracção dos não espectadores e na sua transformação gradual em espectadores frequentes. Os estudos de mercado ajudam a conhecer as razões da não assistência a determinados acontecimentos e a caracterizar os espectadores mais ou menos frequentes em termos do seu nível de educação, residência, rendimento, etc.

A definição do produto (escolha do repertório, das obras e colecções) depende dos segmentos de mercado que se pretende atingir. Para tal é necessário identificar os gostos dos espectadores potenciais, a sua opinião sobre a localização, instalações e serviços que estão associados ao produto base (produto aumentado) e a sua reacção aos produtos oferecidos (grau de satisfação pós-venda). Se o produto oferecido é muito sofisticado e exotérico, provavelmente não atrairá um número de espectadores suficientemente elevado. Se, pelo contrário, é demasiadamente popular corre o risco de não satisfazer os espectadores mais exigentes. Não é fácil encontrar o *mix* mais equilibrado para atrair e manter os espectadores.

A promoção e o preço são concebidos de modo a atrair novos espectadores, aumentar a frequência e manter os espectadores actuais. A prática de preços especiais em certos dias da semana, os descontos na compra de bilhetes para uma série de espectáculos, a venda limitada de lugares para determinadas camadas sociais, são exemplos destinados a atrair e manter espectadores.

CAPTAÇÃO DE FUNDOS

Muitas organizações precisam de captar recursos materiais junto dos indivíduos e empresas. Organizações religiosas, artísticas e cívicas necessitam de atrair fundos para desenvolverem as suas actividades.

O marketing pode ajudar estas organizações na captação de fundos, no conhecimento das razões que podem levar os indivíduos e empresas a contribuírem e na identificação daqueles cujos interesses melhor se ajustam aos das organizações que pretendem captar fundos.

Porque é que os indivíduos oferecem dinheiro ou outros bens a certas organizações? Geralmente porque esperam algo em troca: reconhecimento pelos outros, satisfação do seu amor-próprio, libertar-se de quem pede, satisfazer os seus superiores ou colegas.

Normalmente os indivíduos têm tendência para dar quando conhecem a utilização específica dos bens que oferecem. Pedir em nome de uma organização é menos efectivo do que pedir para um determinado fim a realizar por essa organização.

A segmentação, baseada em estudos de mercado, dos indivíduos doadores, considerando o volume de bens oferecidos, as suas características demográficas e psicográficas, é essencial para o sucesso da captação de fundos.

A captação de fundos junto de empresas tem aumentado com o incremento dos incentivos associados às chamadas actividades de mecenato.

Primeiro há que identificar as empresas cujo potencial e interesse em dar é maior. Normalmente são empresas locais que têm a ganhar com uma boa relação com a comunidade local e seus representantes. As empresas que beneficiam, ou têm relações comerciais com as organizações que procuram fundos, são alvos preferenciais. É o caso de empresas farmacêuticas que apoiam hospitais e o de empresas de construção que apoiam as escolas de engenharia.

As empresas com maior potencial são as que são mais rentáveis e as de maior dimensão e aquelas cujo acesso é facilitado por relações pessoais.

As organizações devem definir o volume de fundos a captar e dividi-lo pelos diferentes segmentos de empresas e indivíduos que potencialmente podem dar fundos, assim como os meios utilizados para captar esses fundos. O objectivo é maximizar a diferença entre fundos captados e meios utilizados consumidores de fundos.

A eficiência na captação de fundos é medida pela percentagem do objectivo que foi atingido. A sua interpretação é realizada posteriormente pela análise das características dos indivíduos e empresas participantes e do respectivo volume de fundos oferecidos.

CAPTAÇÃO DE PESSOAS

Organizações como clubes desportivos ou sindicatos precisam de atrair membros (sócios) que contribuam regularmente de forma material ou pessoal para o seu desenvolvimento e importância na sociedade. Outras organizações como as forças armadas, bombeiros e organizações religiosas precisam de atrair voluntários.

A primeira tarefa a executar é definir quem tem capacidade para ser membro ou voluntário da organização. Numas organizações, como a Ordem dos Engenheiros, essa tarefa é simples já que os potenciais interessados são os que comprovem a sua capacidade profissional. Nos clubes desportivos ou sociais essa tarefa é mais complexa, baseando-se numa segmentação cuidada do mercado, principalmente seguindo critérios demográficos.

Definidos e identificados os membros é necessário atraí-los à organização. Para tal há que conhecer a atitude dos potenciais membros face à organização (análise do comportamento do consumidor). Podem distinguir-se três tipos de candidatos: os resistentes, os indiferentes e os desconhecedores.

Os desconhecedores ignoram os objectivos e vantagens que podem usufruir tornando-se membros. Para estes a organização deve realizar um esforço de informação. Os indiferentes conhecem a organização, mas não vêem qual o benefício em aderir. A organização deve neste caso demonstrar que o valor que confere ao membro é superior ao custo de adesão.

Os resistentes conhecem a organização, mas não concordam com os seus objectivos e actividades. Se estas opiniões são fundamentadas pouco pode ser feito. Se as razões não forem válidas, devem procurar demonstrar a sua invalidada.

As organizações podem contactar os potenciais membros de forma pessoal ou impessoal. No caso de associações profissionais a forma impessoal é a mais utilizada, enviando a informação necessária e a inscrição pelo correio. Preferencialmente deve ajustar-se a informação aos principais interesses dos possíveis aderentes à organização, o que exige uma segmentação apurada do mercado. Se se deseja atrair uma personalidade pública importante para membro, a aproximação pessoal é indispensável.

Na gestão da sua carteira de membros, as organizações devem segmentar os seus membros de acordo com o grau de envolvimento nas actividades: membros muito activos, moderadamente activos e os inactivos. A existência crescente de membros inactivos pode ser um sinal de menor valor do que é oferecido pela organização. A realização frequente de estudos de mercado (inquéritos e reuniões de grupo) são de grande utilidade para o diagnóstico dessas situações. Um indicador do grau de satisfação dos membros é a taxa de renovação da sua inscrição.

CAPTAÇÃO DO INTERESSE SOCIAL

O marketing social é constituído por um conjunto de actividades dirigidas no sentido de tentar mudar as atitudes, valores e comportamento dos membros-alvo de uma sociedade, através da aceitação de uma ideia ou causa.

O marketing de uma ideia que produza essas mudanças faz-se de um modo semelhante ao marketing de um produto novo.

As mudanças que o marketing social pretende conseguir não apresentam o mesmo grau de dificuldade. As mudanças cognitivas ou activas são mais fáceis de conseguir do que as mudanças comportamentais ou de valores.

É relativamente mais fácil introduzir um maior conhecimento do valor nutritivo dos alimentos (mudança cognitiva), ou de levar os pais a vacinar os filhos (mudança activa), do que reduzir o acto de fumar (mudança de comportamento) ou ainda modificar a opinião acerca do aborto (mudança de valores).

As actividades de marketing social devem desenvolver-se incluindo diferentes etapas:

● **Definição do problema**
O verdadeiro problema que se pretende resolver com a ajuda do marketing social deve ser claramente explicitado.

É por exemplo mais importante ajudar os indivíduos a deixar de fumar informando-os das razões porque fumam, do que simplesmente enumerando os malefícios do tabaco.

● **Definição dos objectivos**
Devem ser estabelecidos os objectivos a alcançar de modo a poder-se elaborar

um plano de acção e o seu orçamento, e avaliar o sucesso dos esforços de marketing. Exemplo: reduzir em 20% o número de fumadores nos próximos três anos.

● Segmentação do mercado
De modo a concentrar os esforços do gestor de marketing em determinados grupos de indivíduos, optimizando a eficiência dos investimentos a realizar, é indispensável segmentar o mercado. Exemplos: grandes fumadores, a sua classe social, o sexo, a motivação para fumar, ...

● Influência em grupos de pressão
Os esforços do marketing social têm por vezes de ser complementados com acções realizadas através de outras instituições e grupos de pressão, cuja influência se revela útil. A utilização dos meios de comunicação, escolas, legisladores, podem contribuir para o sucesso das actividades de marketing social.

● Utilização do *marketing-mix*
A utilização das políticas de produto, comunicação, distribuição e preço fazem também parte do marketing social.

Assim no caso dos cigarros:

O produto pode ser alterado colocando filtros mais eficientes, tornando os cigarros mais pequenos, criando substitutos para os cigarros.

A comunicação pode ser utilizada proibindo a publicidade ao tabaco, colocando avisos relativos aos perigos para o fumador, publicitando os malefícios do tabaco.

A distribuição pode ser afectada através da redução dos locais onde se vende tabaco e proibindo fumar em cada vez mais locais.

O preço pode desempenhar um papel importante se os impostos forem aumentados substancialmente, se os prêmios de seguro de vida forem aumentados para os fumadores ou se se reduzirem determinados benefícios sociais para os fumadores.

Problemas

1. Utilizando o conceito de produto aumentado, como pode alargar a definição dos bens oferecidos por:

    a) fabricante de máquinas de fotocopiar;
    b) museu

2. Em que circunstâncias é aceitável a canibalização de um produto?

3. A empresa Lacticínios do Sul, S. A., produz e comercializa uma linha de queijos com a marca LACTIS. A evolução das vendas de LACTIS e do mercado onde actua, entre 1999 e 2001, foi:

Ano	1999	2000	2001
Vendas LACTIS (ton.)	630	645	650
Vendas LACTIS (milhares euros)*	2350	2640	2950
Lucro LACTIS (milhares euros)**	200	240	290
Vendas totais mercado (ton.)	2545	2815	3010
Vendas totais mercado (milhares euros)*	9415	11440	13455

* Preços de fabricantes   ** Antes de impostos

a) A que pode ser atribuído o crescimento deste mercado entre 1999 e 2001?
b) Analise a evolução da marca LACTIS e indique as razões possíveis para tal evolução.

4. A empresa Solar pretende introduzir no mercado um novo bronzeador, o JOLI, que, para além da acção protectora aos raios solares, continha substâncias repelentes de insectos e agentes para evitar a aderência do alcatrão das praias ao corpo. Era o segundo bronzeador com um repelente de insectos (o outro era o DOR), mas era o primeiro com os três atributos referidos. A Solar tinha bastantes esperanças no JOLI, pois o mercado tinha crescido nos últimos três anos:

Ano	N.º unidades	Vendas ao público
2001	1,63 milhões	1875 mil euros
2000	1,50 milhões	1600 mil euros
1999	1,20 milhões	1200 mil euros

Existiam várias empresas no mercado:

	Quota
Sun	44%
Soleil	17%
Ultrasol	6%
Outros (l0 marcas)	33%
	100%

A Solar pensa distribuir o JOLI exclusivamente através de armazenistas cuja margem é de cerca de 15%. A margem a nível do retalho é de 25%.

1 — Aponte razões possíveis para o crescimento do mercado entre 1999 e 2001.
2 — Como pode segmentar o mercado dos bronzeadores?
3 — A Solar decidiu posicionar o JOLI como um bronzeador científico estudado para defender a pele. Os encargos fixos para o primeiro ano estimam-se em 150 000 euros e o custo variável unitário é de 0,52 euros. Avalie a ideia da Solar.

5. A marca de vinhos *Château* foi lançada em Inglaterra em 1979, tendo obtido um êxito assinalável. As vendas aumentaram de 23 000 caixas em 1979 para 750 000 em 1984 (Anexo 1).

Um jornal local publicou em Dezembro de 1983 um artigo relativo à qualidade dos vinhos comercializados, no qual o *Château* se classificou em primeiro lugar entre 150 marcas de vinhos mais baratos.

O sucesso do *Château* foi atingido sem qualquer publicidade. No entanto, em 1986 foi decidido começar a fazer publicidade devido à estagnação das vendas, tendo para o efeito contratado a agência K. C. C. O sucesso inicial do *Château* baseou-se no crescimento rápido da popularidade do vinho de mesa em Inglaterra, na boa relação qualidade/preço oferecida e na sondagem realizada pelo jornal em 1983.

A necessidade de publicidade surge com o aumento de qualidade dos concorrentes, principalmente o *Corrida* e o *Don Cortez,* com o aparecimento de vinhos com marcas dos retalhistas, com a maior sofisticação dos consumidores e com o início da publicidade do concorrente *Corrida* (Anexo 2).

Anexo 1

Ano	Vendas de *Château* (milhares de caixas)	Importação de vinho em Inglaterra (milhares de caixas)
1979	23	7 400
1980	88	7 300
1981	164	9 400
1982	510	11 500
1983	696	16 000
1984	757	16 300
1985	678	16 000

Análise do mercado de Château

	1982	1984	1986
N.º de consum. de *Château* (milhares)	1219	2678	2794
Homens (%)	54	51	48
Mulheres	46	49	52
15-24 anos (%)	25	24	22
25-34 anos	28	28	37
35-44 anos	18	18	15
45-54 anos	16	14	13
55-64 anos	9	11	8
mais de 64	4	5	5
Classe Social A+B (%)	45	41	31
Classe Social C1	34	32	39
Classe Social C2	15	19	21
Classe Social D	6	8	9

Anexo 2
Quotas de mercado em 1985 (%)

	Quantidade	Valor
Château	4,2	4,1
Corrida	4,4	4,0
Don Cortez	3,7	2,9
Solar	2,7	2,8
Outros	85,0	86,2

6. Um fabricante muito conhecido de automóveis introduziu um novo modelo de luxo no mercado através de uma rede de concessionários nova e utilizando uma marca diferente. Quais são as vantagens e desvantagens desta política de marcas?

7. Os distribuidores grossistas e retalhistas têm desenvolvido marcas próprias. O que os leva a tomar tal decisão? O que é que os pode distinguir das marcas dos fabricantes?

8. Uma companhia de aviação na sua ligação entre as cidades A e B utiliza aviões com uma capacidade de 170 passageiros, realizando 3 voos diários de ida e volta. Numa semana deste ano a ocupação dos aviões nessa ligação e a receita de transporte dos passageiros, foi:

DIA	A ➡ B		B ➡ A	
	N.º Passageiros	Receita (euros)	N.º Passageiros	Receita (euros)
DOMINGO	405	46 575	481	64 450
SEGUNDA	448	53 760	387	52 250
TERÇA	471	57 700	415	56 650
QUARTA	455	55 055	408	57 120
QUINTA	475	56 525	424	59 570
SEXTA	505	54 300	495	50 735
SÁBADO	504	55 450	498	54 780

Admitindo que o preço de tabela da companhia de uma viagem entre A e B é de 150 euros nessa semana, analise a Eficiência Económica dessa ligação na semana indicada.

9. Um fabricante de gelados desenvolveu um produto novo de baixas calorias com a marca GELATO. Este produto novo foi testado durante um mês numa região do país e face aos bons resultados obtidos em volume de vendas, o

fabricante resolveu lançá-lo em todo o país. Após um primeiro período de vendas significativas, estas baixaram e o fabricante retirou o produto do mercado.
Que razões pode apontar para o falhanço? Que informação deveria ter sido recolhida no teste para prever com maior rigor o desempenho do produto no mercado?

10. Um fabricante de sumos de frutas comercializa os seus produtos com a marca POLPA. Esta marca é líder de mercado sendo consumida pelo seu valor alimentar e riqueza natural pelos adultos e crianças. O prestígio e valor da marca permite à empresa praticar preços em média 15% acima dos concorrentes.
O fabricante pretende lançar no mercado uma linha nova de refrigerantes (sumos diluídos com gás), especialmente dirigida aos jovens até aos 25 anos. Relativamente à marca desta nova linha de refrigerantes, o fabricante pondera 3 hipóteses:
• usar a mesma marca POLPA dos sumos naturais
• usar uma nova marca
• usar a marca POLPA JOVEM

a) Quais são as vantagens e desvantagens das três alternativas?
b) Que acções desenvolvia para avaliar as alternativas?

11. Que razões é que justificam as seguintes decisões?

a) Um banco e uma companhia de seguros dos mesmo grupo financeiro não utilizam a mesma marca.
b) Uma seguradora utiliza a sua marca no seguro automóvel tradicional mas utiliza outra no seguro automóvel através de telemarketing ou da internet.

12. O mesmo bem pode na óptica de marketing representar produtos diferentes. Justifique esta afirmação nos seguintes bens:

a) Caneta
b) Bicicleta
c) Portal de acesso à internet

5

Política de comunicação

- *Processo de comunicação*
- *As funções da comunicação*
- *O* mix *de comunicação*
- *Elementos de comunicação*
- *Publicidade*
- *Promoções*
- *Relações públicas*
- *Força de vendas*
- *Marketing directo*
- *Marketing na Internet*
- *Problemas*

Processo de comunicação

Qualquer processo de comunicação inclui um emissor (comunicador), uma mensagem (conjunto de símbolos), um meio (canal de comunicação), um receptor (alvo da comunicação) e uma resposta (reacção à comunicação).

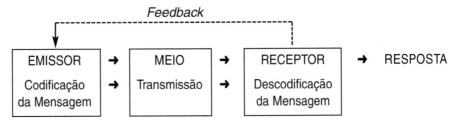

O emissor concebe a ideia a comunicar e transforma-a em símbolos (codificação) que são transmitidos pelo meio escolhido. Na recepção destes símbolos os alvos transformam os símbolos em ideias (descodificação).

Normalmente o emissor pode saber a reacção do receptor à comunicação efectuada, através do *feedback*, avaliando em que medida foram atingidos os receptores desejados e se estes compreenderam a mensagem e foram levados a agir.

A eficácia da comunicação depende do nível de ruído no sistema que evita a recepção da mensagem, ou provoca a recepção de uma mensagem diferente daquela que o emissor pretendia enviar.

No exemplo seguinte só 13% da audiência desejada é que reteve totalmente a mensagem pretendida pelo emissor.

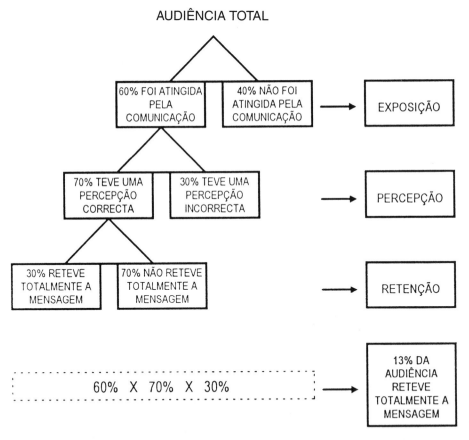

A exposição a uma mensagem depende da sua compatibilidade com as atitudes dos indivíduos receptores. Estes evitam as mensagens incompatíveis com as suas atitudes e que acham aborrecidas ou irritantes.

Os alvos da comunicação podem distorcer ou interpretar mal a mensagem, conduzindo a uma percepção incorrecta. Quanto maior for a alteração de comportamento exigida pela mensagem maior é a probabilidade da mensagem ser distorcida ou rejeitada.

Os indivíduos têm tendência a esquecer mais rapidamente as comunicações que não estão em conformidade com as suas atitudes contribuindo para baixar a retenção da mensagem.

As funções da comunicação

a) Influenciar o Processo da Decisão de Compra

Um modelo do processo de decisão de compra inclui uma sequência de fases cujo percurso pode ser influenciado positivamente por acções de comunicação com o objectivo último de se concretizar a compra do bem.

b) Influenciar o Comportamento do Cliente

A comunicação pode influenciar a atitude dos clientes relativamente a um determinado produto ou marca face aos produtos ou marcas concorrentes.

Se se conhecerem os critérios de escolha de um produto a comunicação pode ajudar a criar, reforçar ou alterar as atitudes dos clientes acerca das características do produto. Como já foi referido alterar as atitudes não é uma tarefa fácil principalmente se essas atitudes estão implantadas há muito tempo e estiverem relacionadas com a postura geral do indivíduo face ao meio ambiente que o rodeia.

Para além do modelo atrás referido constituído por uma sequência lógica de fases do processo de decisão de compra e que se podem resumir por Conhecer → → Sentir → Actuar, existem outras situações em que esta ordem não se verifica.

No chamado modelo de dissonância a ordem é Actuar → Sentir → Conhecer. Neste caso os indivíduos parecem racionalizar a decisão de compra procurando posteriormente informação favorável à opção feita e evitando a desfavorável. Esta situação acontece em situações em que os clientes se envolvem significativamente na compra e as alternativas disponíveis são muito semelhantes entre si.

A comunicação é dirigida a clientes que já compraram e precisam da confirmação dessa decisão.

No modelo de envolvimento baixo a situação é diferente: Conhecer → → Actuar → Sentir. Neste caso a comunicação limita-se a facilitar o conhecimento do produto ou da marca e a consequente compra. Uma possível mudança de atitude do cliente ficará a dever-se à experimentação e não à acção da comunicação.

O **mix** *de comunicação*

A variável do *marketing-mix* designada por comunicação inclui o estabelecimento e a gestão da informação transmitida por uma organização para o exterior (clientes, distribuidores, outras organizações, público em geral).

Na definição e gestão da política de comunicação, o gestor de marketing tem ao seu dispor quatro instrumentos importantes: **publicidade**, **promoções**, **relações públicas** e **força de vendas**. O conjunto destes instrumentos é designado por *mix* da comunicação.

As organizações podem recorrer a qualquer um dos componentes do *mix* de comunicação para realizarem a sua política de comunicação. O peso que cada componente tem nesta política depende da estratégia de marketing definida, do tipo de bem que se comercializa, da concorrência, das características dos mercados-alvo, dos objectivos a atingir e dos meios disponíveis para realizar a comunicação. Compete ao gestor de marketing definir a importância relativa de cada componente e o papel que lhe é reservado.

Deve realçar-se que cada um dos instrumentos do *mix* de comunicação tem características próprias em termos de eficácia e custos de comunicação devendo escolher-se aqueles que melhor desempenham a função de comunicação pretendida, com o menor custo total.

Como se verifica, a força de vendas é um instrumento de comunicação. A força de vendas está incluída no *mix* de comunicação que, por sua vez, faz parte do *marketing-mix*. Resulta daqui, logicamente, que a gestão da força de vendas deve estar incluída na gestão de marketing da empresa, não só para assegurar que o esforço dos vendedores se centre no papel que lhe é reservado no *mix* de comunicação, mas também com o fim de se obter uma coerência com as outras variáveis do *marketing-mix*.

É normal distinguir a importância dos componentes do *mix* de comunicação em termos da sua percentagem do investimento total em comunicação.

Geralmente considera-se que os bens de consumo apresentam uma composição diferente da dos bens de organizações.

A publicidade e promoções têm uma maior importância nos bens de consumo, enquanto a força de vendas é mais importante nos bens organizacionais.

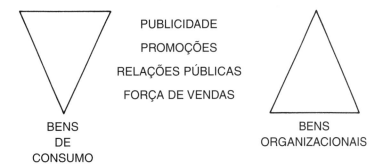

De qualquer modo não se pode considerar como uma regra tal diferença. Existem bens de consumo cuja comunicação é fundamentalmente baseada na força de vendas, e bens industriais em que a publicidade tem um peso importante.

Elementos de comunicação

Seja qual for a componente do *mix* de comunicação utilizado há que definir um conjunto de elementos que caracterizam o processo de comunicação:

ELEMENTOS DE COMUNICAÇÃO

- ALVOS
- MENSAGEM
- INTENSIDADE
- MEIOS
- AVALIAÇÃO

ALVOS

A comunicação deve ser dirigida a alvos bem definidos.

A empresa define os seus alvos de acordo com os objectivos da comunicação que pretende realizar. Esses alvos podem ser todos ou parte dos clientes, os agentes distribuidores, os agentes financeiros, os trabalhadores da empresa ou o público em geral.

A precisão com que se definem os alvos, se estes forem os clientes ou distribuidores, depende da segmentação do mercado realizada. Segmentos bem definidos e seleccionados constituem alvos claros para a empresa atingir com a sua comunicação. Sem segmentação é difícil conseguir uma política de comunicação eficaz.

Os alvos também se modificam com a evolução do produto ou serviço através do seu ciclo de vida. O alvo preferencial durante as fases de introdução e crescimento inicial é a procura primária. Na parte final do crescimento e durante a maturidade e declínio, a procura secundária concentra o esforço de comunicação.

As diferentes etapas do processo de decisão de compra conduzem também a diferentes alvos de comunicação. A comunicação destinada a aumentar o nível de conhecimento ou notoriedade do mercado é com certeza diferente da comunicação necessária para elevar o grau de experimentação ou repetição de um produto.

MENSAGEM

O conteúdo de informação que é transmitida através da política de comunicação constitui a mensagem.

A comunicação, nos seus aspectos objectivos e subjectivos, tem um conteúdo que é percebido pelos alvos.

A segmentação também aqui desempenha um papel fundamental. Diferentes segmentos podem exigir mensagens diferentes. Certos segmentos preferem receber a mensagem «mais barato», outros «o melhor», ou «garantia». A escolha dos alvos e os atributos que aqueles privilegiam condicionam o tipo de mensagem. As mensagens centram-se geralmente sobre:

— **Os benefícios para os clientes**
Comunicam-se os atributos que o produto ou serviço apresentam para os clientes-alvo.

— **As funções do produto**
Informa-se o mercado das características e desempenho do produto no seu consumo ou utilização, no sentido de maximizar a satisfação dos clientes.

— **O posicionamento**
A mensagem procura também que os seus alvos fiquem com uma impressão forte e nítida do produto face à concorrência. Realçam-se os aspectos diferenciadores que procuram ganhar um espaço no mercado e na mente dos compradores ou utilizadores.

INTENSIDADE

O volume de investimento em comunicação corresponde à intensidade. Quanto maior o orçamento dedicado à comunicação, maior o tempo e o espaço ocupados nos órgãos de comunicação e mais sofisticada será a sua concepção. A definição do volume de investimento tem geralmente em conta o orçamento disponível, o nível de investimento da concorrência e os objectivos que se pretendem atingir com a comunicação.

O orçamento disponível depende da situação de organização e de sensibilidade dos seus gestores à necessidade de comunicação. É um critério pobre sob o ponto de vista de marketing, pois baseia-se unicamente em aspectos internos à organização.

O acompanhamento daquilo que a concorrência faz tem pelo menos a vantagem de procurar evitar um distanciamento grande no esforço de comunicação. No entanto, gastar o mesmo dinheiro não quer dizer que a eficácia é igual. Além disso, os objectivos que a concorrência procura atingir podem ser substancialmente diferentes.

A definição de intensidade de acordo com os objectivos que se pretendem atingir é sem dúvida a metodologia mais aconselhável.

Não é fácil estabelecer os objectivos a atingir, principalmente no início do esforço de comunicação. O nível de notoriedade no mercado, o volume de vendas, os resultados económicas obtidos, o número de clientes novos obtidos, o grau de satisfação dos clientes, são alguns dos objectivos quantificáveis que se estabelecem no sentido de serem atingidos pelo esforço de comunicação. Apesar da dificuldade, é importante que os gestores estabeleçam tais objectivos que, pelo menos, servirão de indicadores para a definição de intensidade em futuras acções de comunicação. Sem objectivos definidos antecipadamente é quase impossível saber a efectividade do esforço de comunicação desenvolvido.

MEIOS

A escolha dos meios a utilizar depende dos alvos a atingir, da mensagem a transmitir e da intensidade que se deseja.

Os meios de comunicação disponíveis são cada vez mais variados. Os meios utilizados são os vendedores, a televisão, a rádio, a imprensa e os cartazes *(out doors)*. Mas outros, como por exemplo o «passa palavra», podem ser os meios mais eficazes em certas situações.

Os meios de comunicação diferem substancialmente quanto à qualidade e extensão da informação que se pretende transmitir. É natural que um vendedor especializado ou um anúncio numa revista especializada atinjam com maior eficácia um comprador, utilizador ou prescritor sofisticado em número limitado, que precisa e procura uma informação detalhada relativa à utilização ou consumo de um determinado bem. É também compreensível que se recorra à televisão ou à rádio quando se pretende atingir um número muito elevado de alvos com mensagens simples, ou se pretenda criar uma mensagem bem definida dos produtos, marcas ou organizações.

Também nem todos os meios são igualmente eficazes na transmissão de sensações ou atributos subjectivos.

AVALIAÇÃO

Ao estabelecer uma política de comunicação e ao escolher as componentes do *mix* de comunicação mais adequados, as organizações devem avaliar a eficácia dos outros elementos de comunicação escolhidos (alvos, mensagem, intensidade e meios). Essa avaliação só é possível se os objectivos a atingir forem previamente definidos. Só assim os gestores têm a possibilidade de alterar os restantes elementos de um modo racional. Só deste modo os investimentos, muitas vezes elevados, realizados na comunicação podem ser objectivamente avaliados e corrigidos no futuro, se necessário.

A avaliação da comunicação deve permitir estimar se um aumento de investimento em comunicação é recuperado de um modo aceitável pelos aumentos de resultados obtidos.

Publicidade

A **publicidade** é uma forma paga de comunicação através da qual se transmitem mensagens orais ou visuais destinadas a informar e influenciar os alvos, utilizando o espaço e tempo dos diversos meios de comunicação disponíveis.

A publicidade pode ser de **produto** ou **institucional**. A publicidade de produto centra-se na comunicação dos atributos e vantagens do produto ou serviço. A publicidade institucional está focada na organização (empresa com fins lucrativos ou não) que fornece e comercializa os produtos.

A publicidade de produto pode ser dirigida no sentido de influenciar os clientes para uma determinada marca concorrente procurando captar a procura secundária, e também no sentido de aumentar a procura primária de um produto. É vulgar, neste último caso, verificar-se a conjugação de esforços de diversos concorrentes na realização de campanhas publicitárias.

OS OBJECTIVOS DA PUBLICIDADE

Os principais objectivos que a publicidade pretende atingir são:

Informar
A publicidade fornece informações úteis para os clientes. Compara os produtos entre si, segundo certos critérios. Apresenta as características dos produtos, o seu conteúdo e o seu modo de utilização. Diz onde pode ser adquirido e onde a assistência técnica pode ser prestada.

Aumentar o nível de notoriedade
Para que um produto ou serviço seja adquirido é necessário que os clientes potenciais conheçam a sua existência. É também necessário que os agentes envolvidos na sua comercialização (grossistas, retalhistas, ...) saibam da sua existência. Tal pode ser conseguido através da publicidade, divulgando as marcas ou empresas produtoras.

No processo de adopção de um produto, quanto maior o nível de conhecimento (notoriedade), maior a probabilidade de experimentação e adopção desse produto.

Diminuir o risco de compra
A publicidade, ao fornecer informação e ao aumentar o nível de notoriedade, está a diminuir o risco de compra por parte do cliente. Deste modo, facilita o processo de decisão de compra. Também diminui o risco social da aquisição ou utilização de um produto.

Diminuir o esforço de compra
O conhecimento da marca e dos atributos de um produto facilitam a sua identificação e escolha. Em situações em que o decisor de compra tem dezenas de alternativas a relação das marcas e produtos conhecidos é mais provável.

Confirmar a decisão de compra
A incerteza quanto à compra efectuada e os efeitos negativos associados à dissonância cognitiva podem ser minimizados com a publicidade. Deste modo, a probabilidade de repetição de compra aumenta.

Diferenciar
Muitos produtos ou serviços são dificilmente diferenciáveis. A sua composição, apresentação, atributos tangíveis e preço são idênticos. Nesta situação as empresas recorrem a outros meios para diferenciar os seus produtos. O recurso à segmentação baseada em critérios psicológicos torna-se indispensável e a publicidade constitui um instrumento poderoso, que permite tal diferenciação.

Através da publicidade o posicionamento dos produtos no mercado pode ser reforçado pela identificação das classes sociais e estilos de vida, associados ao produto e a quem o compra ou utiliza.

A publicidade é assim um instrumento cuja utilização pode ajudar as empresas no seu esforço de comercialização dos produtos, e ao mesmo tempo beneficiar os clientes como consumidores e utilizadores.

A publicidade constitui, no entanto, uma área muitas vezes atacada eticamente e, através dela, o próprio marketing não escapa às críticas. A difusão de informações erradas ou enganosas, e de promessas que não são cumpridas, constituem as principais acusações da publicidade. Algumas dessas acusações têm fundamento, assim como acontece noutras áreas do marketing, de produção, da gestão financeira ou de pessoal, e noutras actividades da sociedade. A publicidade em si não é ré no processo. Em certos casos, quem utiliza a publicidade sem regras éticas é que pode ser acusado, tal como noutras áreas de gestão e da vida. Deve, no entanto, realçar-se que a mentira e a manipulação utilizadas na publicidade não produzem efeitos positivos a médio e longo prazo para as organizações que o praticam. Mais tarde ou mais cedo, os clientes e na generalidade os alvos de comunicação publicitária descobrem os erros, identificam as falsidades e mentiras e recusam por vezes definitivamente tais produtos, marcas e organizações.

Partir do princípio de que os clientes não percebem, não sabem distinguir, não pensam... conduz a prazo ao fracasso e ao descrédito da organização que se baseia em tais critérios.

OS MEIOS

A selecção dos meios de comunicação a utilizar depende dos alvos a atingir, do tipo de mensagem a transmitir e do orçamento disponível. Na comparação dos diferentes meios utilizam-se vários indicadores, dos quais se salientam:

Exposição
É uma observação (ou audição) de mensagem. Um indivíduo com uma revista em casa pode ser exposto a uma mensagem publicitária incluída na revista várias vezes. Para que o mesmo indivíduo seja exposto mais que uma vez a um anúncio de TV é preciso que este passe diversas vezes.

Circulação/Tiragem
É o número de cópias distribuídas no caso de jornais ou revistas. No caso de cartazes *(out doors)* é o número de pessoas que passaria no local onde se encontra o cartaz enquanto este está exposto. Na TV ou rádio pode utilizar-se como indicadores o número de receptores.

Audiência
É o número de indivíduos com pelo menos uma exposição à mensagem publicitária. A audiência de uma revista ou jornal é maior que a sua circulação.

Os gestores de marketing, em geral, e os técnicos de publicidade, em particular, estão envolvidos em decisões que têm a ver com a penetração e frequência da publicidade.

Penetração
Proporção da população exposta a um determinado meio de comunicação durante um certo período de tempo.

Frequência
Número médio de vezes que a população é exposta à publicidade durante o mesmo período de tempo.

Um indicador muito usado para medir a utilização da publicidade é o *GRP (Gross Rating Points),* que resulta do produto da penetração pela frequência.

A medida básica do custo da publicidade é o quociente entre o custo de uma unidade publicitária (por exemplo: página de jornal, um anúncio de X segundos na TV, ...) e a audiência expressa em milhares.

As vantagens e desvantagens dos principais meios de comunicação encontram-se no quadro da página seguinte.

A AVALIAÇÃO DA PUBLICIDADE

A eficácia da publicidade depende do rigor com que os objectivos que se pretendem atingir forem fixados, da definição dos elementos de comunicação correspondentes e da qualidade da realização dos suportes audiovisuais utilizados.

É normal as empresas recorrerem simultaneamente, ou sequencialmente, a diferentes meios para realizar a publicidade. Quando tal é feito de um modo coerente consegue-se um reforço significativo da mensagem aumentando o seu impacte no mercado. A utilização do cartaz para relembrar um anúncio de TV ou o recurso a uma revista para detalhar a informação fornecido por um anúncio da rádio são exemplos desse reforço.

Outra questão que se coloca aos gestores é o **grau de continuidade** e **repetição** da publicidade.

Deve uma empresa publicitar continuamente os seus produtos e marcas de modo a que os clientes não os esqueçam?

No caso da sazonalidade nas vendas essa continuidade deve ser alterada acompanhando a sazonalidade ou contrariando-a?

É necessário repetir com frequência as mensagens publicitárias para que sejam eficazes?

Estas questões não têm, infelizmente para os gestores, respostas precisas. A necessidade de aumentar o nível de notoriedade das marcas pode ser suficiente de modo a que os clientes simplesmente a reconheçam (compras de **impulso**). Noutras situações é necessário um nível elevado de memorização dessas marcas ou produtos (compra **planeada**), o que exige uma continuidade elevada.

Tendo em consideração os investimentos elevados associados à publicidade, a sua intensidade geralmente acompanha as épocas altas no caso de produtos com vendas sazonais.

No sentido de procurar optimizar a utilização da publicidade como instrumento de comunicação, recorre-se a estudos de mercado especialmente concebidos para:

— Medir o nível de notoriedade
— Medir o nível de memorização
— Avaliar a atitude perante a publicidade apresentada
— Medir o impacte nas vendas e utilização do produto publicitado.

Os gestores devem fixar objectivos para além das vendas e resultados de exploração a fim de avaliar o impacte da publicidade. Os níveis de notoriedade e memorização são frases intermédias que é necessário controlar. Com a experiência e a recolha destes dados, através de estudos de mercado, os gestores encontram-se em melhor situação para anteciparem os efeitos de campanhas de publicidade futuras e de avaliarem as vantagens económicas. Para qualquer acção publicitária deve ser fixado um objectivo possível de medir e o orçamento respectivo. Só deste modo se pode aumentar a objectividade de avaliação da publicidade.

	VANTAGENS	**DESVANTAGENS**
JORNAIS	• Atingem uma vasta e variada audiência • Permitem mudanças rápidas da mensagem • Permitem atingir localmente os alvos	• Qualidade inferior de apresentação • Vida curta
REVISTAS	• Qualidade superior na apresentação • Vida mais longa e maior exposição ao leitor • Maior possibilidade de segmentação do mercado	• Penetração reduzida no mercado • Menor flexibilidade na mudança rápida das mensagens
RÁDIO	• Boa possibilidade de segmentação (local ou nacional, tipo de programa) • Permite grande rapidez na mudança de mensagens	• Não há visualização • Dificuldade em manter a atenção do ouvinte
TV	• Combina o som, a imagem, a cor e o movimento • Penetração elevada • Relativamente baixo valor do custo/audiência	• Reduzidas possibilidades de segmentação de audiência • Elevado valor absoluto do seu custo
CARTAZES (out doors)	• Grande possibilidade de segmentação geográfica • Elevada frequência de exposição	• Reduzida possibilidade de segmentar o tipo de audiência
CORREIO (mailing)	• Possibilidades elevadas de segmentação e escolha dos alvos (personalizados) • Facilidade relativa em avaliar o seu impacte	• Custos elevados • Penetração pode ser reduzida • Vida curta
CATÁLOGOS	• Reduz significativamente a necessidade de vendedores	• Custos elevados
PUBLICIDADE EM TRANSPORTES (táxis, comboios, autocarros, ...)	• Frequência de exposição elevada • Boa capacidade de atrair a atenção e retê-la • Boa possibilidade de segmentação demográfica	• Grande dificuldade em executar mudanças na publicidade

A preocupação em avaliar a eficácia da publicidade aumenta com o peso do seu preço no custo total do produto. Em diversos bens de consumo, os custos publicitários podem ultrapassar 20% das vendas nas fases de introdução e início do crescimento e situa-se perto dos 5% das vendas na fase de maturidade.

AS AGÊNCIAS DE PUBLICIDADE

Normalmente, as empresas não possuem técnicos especializados para a realização de campanhas de publicidade. De um modo geral, a sua dimensão e investimentos publicitários não justificam a existência de um departamento de publicidade que conceba e realize os diversos aspectos de uma campanha. Tal não é justificável sob o ponto de vista económico. É assim natural que as empresas recorram a organizações especializadas em tais funções e que oferecem aos seus clientes condições económicas mais atraentes.

Essas organizações são as agências de publicidade que, face aos objectivos definidos para a campanha e ao orçamento disponível, concebem e realizam as mensagens e o seu suporte (filmes, locução, canções, fotografias, cartazes, pinturas, etc...), reservam espaço nos meios de comunicação seleccionados, propõem o calendário mais apropriado para a campanha e a sua utilização com outros componentes do *mix* de comunicação. As agências de publicidade de serviço completo oferecem a possibilidade de colaborar com as empresas cliente em todas as áreas da comunicação.

As agências de publicidade centram a sua actividade nas áreas de Contacto e Criação.

Contacto
Responsável pelo contacto, gestão de clientes e angariação de clientes novos. Os responsáveis pelo contacto procuram identificar as necessidades do cliente em termos de comunicação face à estratégia e objectivos do cliente;

Criação
Responsável pela concepção das mensagens e dos seus suportes.

Tradicionalmente as agências também desenvolviam outras actividades que deram origem a empresas especializadas:

Meios
Responsável pela optimização de utilização dos meios de comunicação tendo em conta os objectivos e orçamento disponível; A compra do espaço é normalmente feita através de agências especializadas cujo poder de negociação face aos meios de comunicação e conhecimento aprofundado das respectivas audiências permite uma maior eficiência na alocação dos orçamentos disponíveis.

Produção e controle
Assegura a realização atempada das diferentes peças da campanha, tendo em conta o calendário estabelecido. Realiza também o controle de execução da campanha;

Operações especiais
Responsável pela concepção e execução de campanhas baseadas noutros componentes do *mix* de comunicação (promoções e relações públicas) ou em meios de comunicação especializados (*mailing, telemarketing,* patrocínios, ...).

Para que as agências de publicidade realizem uma campanha ajustada às necessidades do cliente e capaz de atingir os objectivos definidos, é fundamental a clareza nas relações entre a empresa cliente e a sua agência de publicidade.

A realização de uma campanha de publicidade deve basear-se num *briefing*, de preferência escrito, que a empresa apresenta à sua agência de publicidade.

Os elementos que constam do *briefing* são estabelecidos pela gestão das empresas e são da sua responsabilidade. Baseiam-se nos estudos de mercado realizados, os quais, se necessário, devem ser disponibilizados para análise da agência de publicidade, e nas decisões estratégicas dos gestores. Com base nesses elementos, a agência desenvolve e realiza a campanha publicitária que considera mais eficaz.

A relação entre a empresa e a agência de publicidade deve basear-se numa confiança mútua e é desejável que ela seja duradoira. Assim, a empresa consegue desenvolver uma política de comunicação e transmitir uma imagem consistente ao longo do tempo e a agência de publicidade tem a possibilidade de conhecer e acompanhar, com detalhe e mais sensibilidade, a actividade do cliente.

BRIEFING PARA CAMPANHA PUBLICITÁRIA

O produto ou serviço
— Definição do conceito do produto através dos seus principais atributos e das necessidades que satisfazem.
— Descrição da linha de produtos e o peso de cada um dos elementos da linha de produtos nas vendas da empresa.
— Posicionamento do produto no mercado (segmentação).

Situação concorrencial
— Quotas de mercado (valor e quantidade) do produto e dos seus concorrentes.
— Posicionamento face à concorrência.
— Pontos fortes e fracos do produto em relação à concorrência e a produtos substitutos.

Mercado-alvo
— Caracterização do mercado. Sua segmentação e principais segmentos-alvo. No caso de bens de consumo é necessário indicar a distribuição de procura por zona geográfica e por outros critérios demográficos (idade, sexo, classe social). Caso esteja disponível é útil referenciar o perfil psicológico dos clientes. No caso de bens organizacionais há que identificar a localização e tipo de organizações (dimensão, indústria, volume de compras, ...).
— Dimensão do mercado e dos seus segmentos. Vendas totais realizadas no mercado. Valor de procura potencial.
— Sazonalidade do mercado.

Objectivos
— Definição dos objectivos a atingir pela política de comunicação. O nível de notoriedade, a quota de mercado global e, em cada segmento, o volume de vendas são alguns dos objectivos que a empresa define.
— Definição dos alvos prioritários que devem ser atingidos pela comunicação (clientes, distribuidores, ...).
— Caracterização da estratégia da empresa.
— Caracterização dos outros elementos do *marketing-mix:* a distribuição e o preço.

Calendário
— Caracterização temporal das acções desenvolvidas e a desenvolver pela empresa.
— Definição do tempo desejado para atingir determinados objectivos.

Orçamento
— Indicação do valor orçamentado disponível para a realização da campanha publicitária.

Promoções

Designam-se por promoções as diversas técnicas de comunicação destinadas a atingir fins muito específicos (estimular a procura através da experimentação, aumentar o espaço nos pontos de venda, ...) durante um período geralmente curto (igual ou inferior a um mês) e bem delimitado.

As promoções caracterizam-se por serem:
— actividades de comunicação de curto prazo;
— destinadas a atingir objectivos específicos;
— dirigidas aos clientes consumidores ou compradores, distribuidores ou à própria força de vendas.

Apresentam-se seguidamente as promoções mais usuais e as suas características.

AMOSTRAS GRÁTIS

Quando o produto não pode ser apresentado de um modo efectivo, através da publicidade, oferecem-se amostras aos clientes potenciais na esperança de que estes ao experimentarem o produto o adoptem no futuro. A confiança das empresas na qualidade dos seus produtos, face à concorrência, conduz a este tipo de promoção.

O principal objectivo das amostras grátis é aumentar o nível de experimentação e assim aumentar o volume de vendas do produto, caso os clientes fiquem satisfeitos com a experiência.

O principal inconveniente desta promoção é o seu custo elevado. Na realidade, a empresa está a dar o produto sem proveito imediato.

COUPONS

Os coupons são certificados com um prazo de validade que podem estar junto às embalagens ou não, e que os clientes podem utilizar para obter produto grátis ou a um preço mais reduzido.

É um tipo de promoção mais barato que as amostras grátis, e tem como objectivos principais elevar o grau de experimentação do produto e principalmente manter a fidelidade dos consumidores habituais, aumentando o nível de repetição de compra.

DESCONTOS AOS DISTRIBUIDORES

Aumentar os descontos e, portanto, o proveito aos grossistas e retalhistas consiste num tipo de promoção destinada a aumentar as compras destes durante o período de promoção.

As empresas utilizam este tipo de promoção na esperança de que os distribuidores façam um esforço semelhante no sentido de os clientes finais serem estimulados a adquirir o produto. No entanto, tal raramente acontece.

O principal benefício desta promoção consiste no estímulo que é dado aos distribuidores em armazenar o produto em quantidades elevadas. Deste modo, evita-se que os produtos concorrentes encontrem espaço nos distribuidores e deslocam-se os produtos dos armazéns dos fabricantes para os dos distribuidores. O custo associado ao desconto é, em parte, compensado pela diminuição dos encargos financeiros associados à armazenagem dos produtos.

CONCURSOS

Os concursos e sorteios destinam-se fundamentalmente a aumentar o entusiasmo nas entidades envolvidas na comercialização do produto: força de vendas, distribuidores e clientes. Esse entusiasmo provoca um maior empenhamento na venda do produto.

Este tipo de promoção não é muito efectivo em termos de experimentação e repetição, já que em muitos casos os clientes adquirem o produto exclusivamente para participarem no concurso, pelo prazer lúdico, e não pelos atributos do produto. É no entanto eficaz no aumento da notoriedade.

O uso frequente dos concursos por uma empresa corre o risco de o mercado considerar os produtos dessa empresa mais como objectos de concurso do que propriamente produtos úteis.

O entusiasmo gerado pelos concursos é tanto maior quanto maior for o valor dos prémios oferecidos, mas também mais elevado é o seu custo.

BRINDES NAS EMBALAGENS

Este tipo de promoção também gera entusiasmo nos agentes que comercializam o produto. Proporcionam aumentos de vendas, principalmente através da repetição. O valor do brinde condiciona a sua atractividade e o seu custo.

FEIRAS E EXPOSIÇÕES

A participação em feiras e exposições com os produtos ou serviços é uma promoção com custos elevados.

As principais vantagens centram-se na sua selectividade, pois proporcionam contactos com entidades interessadas e no facto de os clientes e outras entidades interessadas virem ter com os produtos e não o contrário.

É claro que, deste modo, os produtos também estão expostos aos concorrentes, o que pode constituir um inconveniente no caso de produtos novos.

ACTIVIDADES NOS PONTOS DE VENDA

As actividades promocionais desenvolvidas nos pontos de venda são variáveis: cartazes junto aos produtos, aquisição de espaço nos locais mais atraentes (topos das gôndolas nos supermercados, por exemplo), demonstração dos produtos (degustação no caso de produtos alimentares), etc...

Este tipo de promoção é efectivo em termos de experimentação e é muitas vezes desejado pelos retalhistas, pois dinamiza a sua loja e aumenta as vendas. Precisa sempre da cooperação dos retalhistas para a sua realização.

Como nos outros elementos do *mix* de comunicação, também o efeito das promoções deve ser avaliado. Estudos de mercado devem ser conduzidos para esse efeito no sentido de se poder comparar o comportamento dos clientes e os volumes de vendas antes, durante e depois da promoção. É de esperar que, durante a promoção, as vendas subam significativamente. Mas também é natural que caiam logo que a promoção termine:

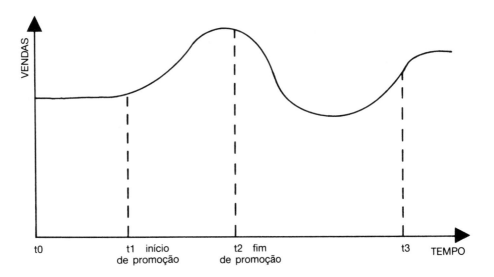

O importante é comparar os resultados antes da promoção com os resultados que se obtêm algum tempo depois de esta terminar, passados os efeitos bruscos da promoção. No exemplo anterior deve-se comparar as vendas antes de t1 com as vendas após t3.

Admite-se, entretanto (entre t0 e t3), que não houve alterações no contexto e no *marketing-mix* significativos para além da promoção.

Relações públicas

Na sua definição mais geral entende-se por relações públicas o esforço de comunicação que procura utilizar os meios ocupando o seu espaço sob a forma de notícia não paga.

As relações públicas são utilizadas na comunicação relativa a produtos, marcas, pessoas ou organizações. Atendendo à maior credibilidade dos clientes perante notícias não publicitárias e opiniões escritas ou orais de comentadores, as relações públicas podem desempenhar um papel importante no esforço de comunicação com o exterior. Permite também exercer influência nas autoridades e legisladores no sentido favorável aos novos produtos ou serviços *(lobbying)*.

Normalmente as empresas utilizam oportunidades especiais para a realização de relações públicas, tais como aniversários, lançamentos de produtos novos, leilões, convites a autoridades governamentais, etc...

A actividade de relações públicas exige profissionais (muitas vezes ex-jornalistas) bem relacionados com os órgãos de comunicação social e identificados com os objectivos de comunicação da empresa. A escolha dos meios de comunicação e a oportunidade da acção de relações públicas são determinantes para o seu sucesso.

A IDENTIDADE E IMAGEM INSTITUCIONAIS

A identidade institucional é a forma global como uma organização se apresenta aos vários públicos que com ele contactam.

O fulcro da identidade é a sua visão estratégica e posicionamento e os outros elementos constituintes são:
- Os produtos e serviços
- O comportamento do pessoal
- A comunicação
- Os distribuidores
- Os elementos tangíveis
- Desempenho económico e financeiro

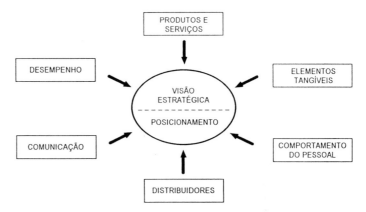

A imagem institucional é a forma como a identidade institucional é percebida pelos diferentes públicos: clientes, fornecedores, concorrentes, accionistas, meios de comunicação, empregados, ...

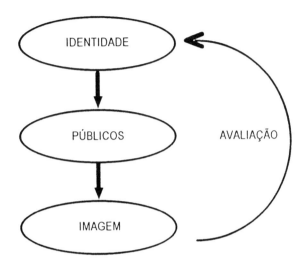

A organização controla mais facilmente a identidade mas não tem igual facilidade no controle da imagem pelo que esta deve ser avaliada com frequência de modo a introduzir alterações nas componentes de identidade que conduzam a melhorias na imagem projectada.

Deve referir-se que contrariamente à ideia mais generalizda a imagem não é constituída somente com base na comunicação, pois esta é apenas uma das várias componentes da identidade.

Uma campanha de comunicação pode ser destruída ou até ter efeitos negativos se os restantes elementos da identidade não forem cuidados convenientemente ou se forem incoerentes entre si.

Este aspecto é especialmente relevante nas empresas de serviços onde o comportamento do pessoal em contacto com os clientes e os elementos tangíveis são cruciais na imagem percebida.

A imagem desejada por uma empresa deve idealmente coincidir com a imagem interna percebida pelos seus empregados e gestores e com a imagem externa percebida pelos outros públicos.

Força de vendas

A força de vendas faz parte do *mix* de comunicação, o qual está incluído no *marketing-mix*. A gestão da força de vendas deve portanto estar incluída na gestão de marketing da organização. Na gestão da força de vendas identificam-se duas fases: a **formulação** do programa de vendas e a sua **implementação**.

GESTÃO DA FORÇA DE VENDAS	
FORMULAÇÃO DO PROGRAMA DE VENDAS	IMPLEMENTAÇÃO DO PROGRAMA DE VENDAS
• Papel da força de vendas • Dimensão da força de vendas • Alocação da força de vendas • Gestão dos clientes • Avaliação económica	• Recrutamento e selecção de vendedores • Treino dos vendedores • Remuneração e avaliação dos vendedores • Organização e controle da força de vendas

FORMULAÇÃO DO PROGRAMA DE VENDAS

PAPEL DA FORÇA DE VENDAS

Estando a força de vendas incluída no *mix* de comunicação é de esperar que reparta as tarefas de comunicação com os outros componentes: publicidade, promoções e relações públicas. A força de vendas desempenhará as tarefas de comunicação que são mais eficientemente desempenhadas por si do que pelos outros intervenientes na comunicação. A importância da força de vendas depende do tipo de produto ou serviço e da estratégia seguida. Podem considerar-se duas situações:

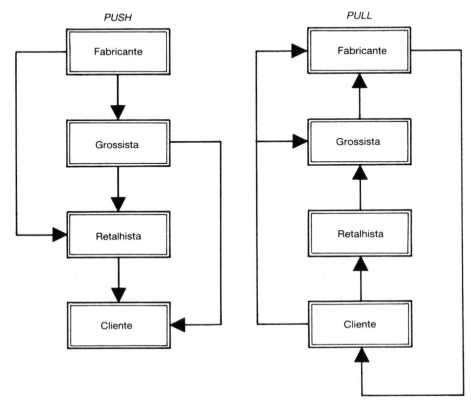

Força de vendas

Se a situação escolhida pela empresa é **Push** ela procura «empurrar» os produtos através dos grossistas e retalhistas, que estimulados por margens atraentes de comercialização se esforçam no sentido de vender os produtos aos clientes finais. Esse esforço é fortemente apoiado pela força de vendas do fabricante e dos grossistas e retalhistas, que procuram que os produtos sejam adquiridos pelos clientes. Neste caso, o papel da força de vendas é muito importante.

Na situação **Pull,** o fabricante procura atrair o cliente através da publicidade e promoções, fazendo com que ele procure o produto junto dos retalhistas e grossistas ou mesmo junto do fabricante. A necessidade de satisfazer o desejo dos clientes pressiona os retalhistas a terem o produto e adquiri-lo aos grossistas, que por sua vez o procuram junto do fabricante. O papel das forças de vendas nesta situação é diferente e a sua importância é menor no *mix* de comunicação.

Os vendedores desempenham funções variadas, para além de realizarem directamente a venda. Na situação **Pull,** a venda está quase feita pela publicidade e promoções. O serviço e assistência aos clientes existentes, a abertura de contas novas, o apoio aos distribuidores, são outras funções desempenhadas pelos vendedores.

A distribuição das tarefas de comunicação é feita pelos gestores, pela publicidade, promoção, relações públicas e força de vendas, consoante a eficácia de cada um destes instrumentos e o seu custo.

A DIMENSÃO DA FORÇA DE VENDAS

O número de vendedores necessários depende do papel que têm de desempenhar e da complexidade das tarefas nele incluídas. Depende também do número de clientes existentes e potenciais, e das suas necessidades.

A estimativa do número de vendas necessário é relativamente simples como se pode verificar no exemplo seguinte:

Exemplo

Uma empresa tem 1250 clientes-alvo distribuídos por três classes: clientes grandes, médios e pequenos. Existem ainda 500 clientes potenciais que a empresa quer acompanhar. O número de visitas que os gestores estimam para cada classe de clientes e o total de visitas necessário é:

Classe de clientes	N.º clientes	N.º visitas por cliente e por ano	Total de visitas por ano
Grandes	50	10	500
Médios	200	5	1000
Pequenos	1000	2	2000
Potenciais	500	2	1000
TOTAL	1750		4500

Admitindo que o número médio de semanas de trabalho por ano é de 46 (descontando as férias, feriados e ausências forçadas dos vendedores) e que o número médio de dias de trabalho por semana é de 4,5 (considerando $^{1}/_{2}$ dia por semana para trabalho na empresa, treino e formação), o número de dias de trabalho por ano e por vendedor é 207 (46 x 4,5). Considerando que as tarefas atribuídas aos vendedores permitem que estes façam em média 4 visitas/dia, o número de vendedores necessário será:

$$\frac{4\,500}{207 \times 4} = 5,4 \Rightarrow 5 \text{ a } 6 \text{ vendedores}$$

Para além dos vendedores há também que prever a existência das chefias de vendas responsáveis pela supervisão do trabalho dos vendedores.

Como se verifica no exemplo apresentado, o número de vendedores é função dos alvos seleccionados pela empresa e das tfrefas que são atribuídas aos vendedores.

O número de visitas que os vendedores devem fazer depende dos resultados económicas obtidos. Uma visita a um cliente deve ser realizada se o resultado conseguido for maior que o seu custo e se for maior que o resultado que se obteria se fizesse antes uma visita a outro cliente. A dificuldade reside em estimar os custos e os resultados associados às visitas a diferentes clientes.

ALOCAÇÃO DA FORÇA DE VENDAS

Os critérios escolhidos pelas empresas para distribuírem os seus vendedores no terreno são variados. O processo que deve conduzir aos critérios assenta fundamentalmente na segmentação do mercado.

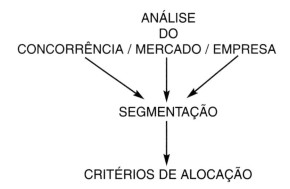

Os principais critérios utilizados são:

Territórios geográficos
De modo a evitar a dispersão geográfica do esforço dos vendedores e minimizar o tempo de trabalho dedicado às deslocações a clientes as empresas recorrem ao critério geográfico.

Delimitam-se assim territórios com um volume de vendas, potencial de vendas, número de clientes e características do terrreno (distância entre clientes, vias de comunicação) que correspondem a cargas de trabalho equivalentes.

Tipo de clientes

No sentido de melhor ajustar as características de cada vendedor às características e necessidades dos clientes é vantajoso, para algumas empresas, distribuírem a sua força de vendas por tipo de clientes.

É usual separarem-se os clientes actuais dos clientes potenciais. Certos vendedores têm dificuldades em abrir contas novas, outros são especialmente treinados para estas funções.

A dimensão dos clientes pode também ser importante não só porque têm necessidades diferentes e comportam-se de um modo distinto na compra, mas também porque exigem um nível de sofisticação e preparação diferentes na abordagem dos vendedores. Muitos vendedores não se sentem à vontade no esforço de venda a grandes empresas, preferindo os clientes mais pequenos.

Pode ainda ser conveniente separar os vendedores de acordo com a actividade do cliente, no caso de bens organizacionais. Deste modo, os vendedores tornam-se mais especializados na actividade do cliente, podendo criar com estes uma relação mais favorável.

Tipo de produtos

Se a empresa comercializa várias linhas de produtos com uma extensidade e profundidade elevadas, é difícil para um vendedor conhecer todos os produtos e apresentá-los aos clientes. Normalmente centra a sua actividade nos produtos que considera mais importantes ou que são mais fáceis de vender.

Nestas circunstâncias é vantajoso separar a força de vendas em grupos de vendedores por linhas de produtos. Esta prática exige da parte da empresa um grande esforço, no sentido de assegurar a coerência entre eles, já que em muitas situações os clientes são visitados por vendedores de diferentes linhas de produtos da mesma empresa.

Tipo de funções

No caso de elevada complexidade das funções atribuídas à força de vendas pode ser vantajoso repartir essas funções por grupos de vendedores diferentes. Pode assim ter-se vendedores especializados em identificar e captar clientes novos. Outros dedicados ao controle da quantidade do produto armazenado ou exposto pelos clientes. Certos vendedores podem actuar exclusivamente nas promoções realizadas. As funções de treino e supervisão podem ser atribuídas a uns vendedores, enquanto as funções de serviço após-venda são distribuídas a outros. Aqui, o problema de gestão é o de coordenação entre os diversos grupos de vendedores de modo a assegurar a venda, a captação de clientes novos e a satisfação global dos clientes, independentemente de quem executar as diferentes funções.

GESTÃO DOS CLIENTES

Definido o papel de força de vendas no esforço de comunicação e os critérios de distribuição mais apropriados, os gestores de marketing devem definir regras básicas para o comportamento da força de vendas no contacto com o cliente:

— O número de visitas a realizar por cliente;
— O tempo dedicado a cada visita;
— As pessoas que devem ser abordadas;
— Os materiais de apresentação da empresa e dos seus produtos que devem ser apresentados a cada cliente;
  — A margem de manobra nas negociações com os clientes;
  — Os produtos de decisão;
  — Modos de comportamento e acções a desenvolver no caso de reclamações.

Embora o acto de venda seja fundamentalmente pessoal, estas regras procuram preparar melhor o vendedor para as situações que se lhe deparem na relação com o cliente.

A AVALIAÇÃO ECONÓMICA

Nesta fase de formulação do programa de vendas, os gestores estão em condições de estimarem os custos da força de vendas, compararem esses custos com os resultados que podem obter.

Deve igualmente ser possível avaliar os resultados que se obteriam sem a força de vendas e recorrendo aos outros instrumentos de comunicação face aos custos destes.

Procura-se deste modo justificar economicamente a existência de uma força de vendas e as suas vantagens face aos outros elementos do *mix* de comunicação.

Atendendo ao custo elevado da manutenção de uma força de vendas tal justificação é imprescindível.

A IMPLEMENTAÇÃO DO PROGRAMA DE VENDAS

RECRUTAMENTO E SELECÇÃO DOS VENDEDORES

O aspecto mais importante, no processo de recrutamento e selecção de vendedores, é a definição do papel que é atribuído à força de vendas. Esse papel determina os atributos e o tipo de vendedores que são necessários. A selecção dos melhores candidatos para uma força de vendas deve ter em conta os aspectos que conduzam a um tipo de personalidade adequado às vendas.

O primeiro aspecto a ter em conta é a **empatia**.

A empatia é a capacidade de compreender a posição e os sentimentos de outros. O bom vendedor precisa de empatia para identificar as necessidades do cliente e antecipar as reacções dos clientes aos estímulos utilizados.

O outro aspecto a considerar é a **autoconfiança** e **motivação** para realizar a venda e ultrapassar os obstáculos e falhanços.

A conjugação da empatia com autoconfiança é a melhor fórmula para um bom vendedor.

Outras características são também incluídas no perfil do vendedor: simpatia, disciplina, beleza, inteligência e honestidade.

Se a simpatia pode ajudar na relação com o cliente contribuindo para a empatia, o seu excesso pode inibir o vendedor de fechar a venda. A disciplina é importante em situações em que o vendedor actua com grande liberdade e independência. A disciplina contribui para o cumprimento do plano de visitas e das regras de gestão de clientes estabelecidos. O aspecto atraente ou a beleza ajuda a entrar em contacto com os clientes, mas depois é preciso mais. Uma beleza excessiva pode por outro lado ser negativa para certos clientes pela inveja que provoca. A inteligência é importante quando a tarefa de venda é complexa. De qualquer modo deve ter em conta a inteligência do cliente pois inteligência superior por parte do vendedor pode assustar o cliente. A honestidade é sem dúvida importante, principalmente quando a função do vendedor obrigue a contactos frequentes com os clientes. A falta de honestidade degrada, a prazo, a relação com o cliente e a imagem da empresa.

Ainda outro aspecto importante é a experiência do vendedor.

A experiência pode resultar do conhecimento dos clientes, conhecimento do produto, da empresa e da função de vender.

A importância da experiência depende do papel principal da força de vendas, do critério de distribuição e da capacidade do recrutador em oferecer o treino adequado.

TREINO DOS VENDEDORES

O treino da força de vendas envolve geralmente quatro áreas: o produto, a empresa, os clientes e técnicas de venda.

O treino deve incidir sobre o conhecimento dos produtos oferecidos ao mercado, as suas características e variedades, a sua forma de utilização, os prazos de entrega após-encomenda, os serviços de assistência oferecidos e as condições de venda.

O conhecimento da empresa vendedora abrange as normas e políticas internas e o pessoal envolvido nas diferentes fases de comercialização do produto.

Para o sucesso da venda é também importante que os vendedores conheçam bem as necessidades dos clientes. Deve conhecer a actividade do cliente e quais as razões do seu sucesso.

O domínio das técnicas de venda é o centro da actividade profissional do vendedor. As técnicas de venda focam a sua acção no processo de venda e na capacidade de o vendedor influenciar o cliente.

REMUNERAÇÃO E AVALIAÇÃO DOS VENDEDORES

A remuneração e avaliação dos vendedores desempenha um papel importante na sua motivação e nos resultados obtidos. Os sistemas de remuneração são concebidos no sentido de estimular determinados comportamentos e

desincentivar outros por parte dos vendedores. Normalmente, procuram-se estimular os seguintes objectivos:
— Volume de vendas;
— Desenvolvimento de relações duradoiras com os clientes;
— Vendas de produtos determinados;
— Vendas a determinados segmentos do mercado;
— Obtenção de clientes novos;
— Serviço após-venda.

Quanto maior o número de objectivos maior a complexidade do sistema de remuneração e a sua aplicação.

Os principais aspectos a definir são:

a) Valor global da remuneração de força de vendas;

b) A proporção da remuneração que é variável, dependente de se atingirem os objectivos fixados.

Quanto melhor é o vendedor, tendo em conta os resultados que obtém, maior deve ser o valor da sua remuneração. A questão principal consiste na proporção da remuneração que deve ser *variável* e a que se deve ser *fixa*. A componente fixa da remuneração é geralmente mais importante quando:
— É difícil medir o impacte do trabalho dos vendedores nas vendas da empresa. Tal acontece quando o processo de vendas é longo e complexo, quando outras componentes do *mix* de comunicação desempenham um papel crucial (publicidade, por exemplo), ou quando as vendas são o resultado indirecto da acção dos vendedores.
— A gestão privilegia outros objectivos diferentes do volume de vendas. Quando se privilegia a qualidade dos clientes e não o volume, qualquer incentivo dirigido para a obtenção de vendas pode ser negativo.
O desenvolvimento de relações duradoiras com os clientes também favorece o estabelecimento de uma remuneração fixa.

A avaliação dos vendedores baseia-se, geralmente, nos objectivos que lhe são estabelecidos, tendo em conta as características do território ou grupo de clientes que lhes forem atribuídos.

ORGANIZAÇÃO E CONTROLE DA FORÇA DE VENDAS

A organização da força de vendas está directamente relacionada com os critérios de distribuição utilizados. Assim é que se encontram empresas organizadas geograficamente por produtos, por mercados ou por funções. O controle dos vendedores é realizado por chefias e supervisores.

Quanto maior a dimensão da rede de vendas, maior é a necessidade de controle. As chefias normalmente controlam grupos de 5 a 15 vendedores, dependendo da complexidade das vendas, da experiência e qualidade dos vendedores e do impacte nos resultados de cada vendedor. O aumento do controle da força de vendas implica o aumento dos custos associados.

O PROCESSO DE VENDA

Uma vez identificados os clientes potenciais através de prospecção, um processo típico de venda inclui cinco etapas:

A primeira etapa, a abertura, tem como objectivos a identificação das pessoas que se devem abordar inicialmente e despertar interesse na oferta. A identificação prévia do processo de decisão de compra e dos seus intervenientes é fundamental nesta etapa.

Após a abertura do contacto compete ao vendedor qualificar o cliente. Identifica-se se o cliente está realmente interessado no produto ou serviço oferecido. Importa também saber se, no caso de se realizar a venda, ela é rentável para a empresa. A etapa de qualificação é difícil pois exige da parte do vendedor disciplina e objectividade.

Se o cliente potencial é qualificado positivamente, então a força de vendas passa para a fase seguinte: a apresentação. Ao planear e executar as apresentações das suas ofertas aos clientes, os vendedores devem ter em conta a localização da apresentação, quem vai estar presente do lado do cliente e do lado da empresa vendedora e o conteúdo da apresentação (materiais apresentados, grau de pormenor de informação e formalização).

O fecho corresponde às decisões do cliente em adquirir o produto ou serviço. É a fase crucial do processo de venda. É importante que o vendedor reconheça qual a altura mais propícia para fechar a venda, e não hesitar quando tal oportunidade surge. Quanto mais tempo se demora no fecho da venda mais cara ela fica e maior é a probabilidade de o cliente desistir.

O trabalho do vendedor não termina com o fecho da venda. É necessário manter a relação com o cliente, assistindo-o e fornecendo-lhe os serviços de que necessita. O bom serviço após-venda mantém o cliente satisfeito e mantém um elevado nível de fidelidade que leva à repetição da compra. Além disso, os serviços fornecidos e os produtos adquiridos após a venda podem constituir uma boa fonte de receitas para a empresa.

O VENDEDOR EFICIENTE

O conceito clássico do vendedor como devendo ser um indivíduo confiante, agressivo, alegre e sorridente, e intuitivo, está ultrapassado.

O vendedor moderno eficiente é aquele que:
— realiza um esforço para adaptar a sua personalidade à do cliente;
— ajusta o seu *status* ao do cliente;
— sabe ouvir;
— conhece e aplica o conceito de marketing.

Para realizar bem estas tarefas o bom vendedor deve saber:

Ouvir o cliente de modo a obter as informações necessárias para as etapas seguintes (qualificação e fecho da venda). A situação de ouvinte permite também controlar melhor o andamento da entrevista.

Analisar as necessidades mais aparentes dos clientes, de modo a identificar quais os problemas e vantagens dos produtos e serviços que oferece.

Controlar o conteúdo de informação fornecido e as mensagens transmitidas. Escolher o ritmo mais adequado para obter a venda. Gerir o processo de venda de modo a obter o fecho com rapidez.

Conseguir o compromisso do cliente em adquirir o produto ou serviço e estabelecer uma relação duradoira com o cliente.

A actividade do vendedor representa muito mais do que obter a venda. Deve ser dirigida para a construção de relações que se desejem duradoiras com os clientes.

O bom vendedor deve evitar realizar uma venda se verificar que ela não é desejada pelo cliente ou não o satisfaz plenamente. Se o fizer tem grandes probabilidades de perder o cliente no futuro. A carteira de clientes de uma empresa é um dos seus principais activos, a qual deve ser preservada a longo prazo. Os vendedores devem contribuir não só para a sua construção mas principalmente para a sua manutenção.

Marketing directo

O marketing directo é um conjunto de actividades de comunicação que pode envolver publicidade, promoções e acções de vendas, em que a comunicação é directa com o cliente final não existindo intermediários, utilizando um ou mais meios (correio, telefone, fax, internet, venda pessoal, ...).

Como área específica do marketing que é compreende a identificação dos clientes e das suas necessidades e o planeamento e desenvolvimento de acções destinadas a satisfazer essas necessidades e atingir objectivos específicos.

A particularidade do marketing directo é que o faz estando em contacto directo com cada um dos clientes existentes ou potenciais, possibilitando uma resposta directa da parte de cada um destes. Esta resposta pode ser por exemplo a captação de um cliente novo, a compra de um produto, a adesão a uma promoção ou a simples resposta a um questionário de um estudo de mercado.

Ao solicitar uma resposta directa de um cliente final as acções de marketing directo são mensuráveis com rigor podendo avaliar-se a sua eficácia. A realização de testes relativamente rápidos e rigorosos são assim comuns a todas as campanhas de marketing directo.

O marketing directo implica a criação e manutenção de informação numa base de dados sobre os clientes actuais e potenciais. A análise desta base de dados permite a planificação de acções futuras de marketing directo de modo a atingir objectivos específicos (captar novos clientes, aumentar as vendas de determinado produto, conhecer a satisfação de determinados clientes, etc.,...).

A quantidade e qualidade da informação são indispensáveis para o sucesso das acções de marketing directo.

Atributos da Informação (Bases de Dados) para Marketing Directo

- Cada cliente actual ou potencial deve estar identificado e registado;
- A informação relativa a cada cliente deve permitir:
    - identificá-lo e contactá-lo
    - conhecer as transacções efectuadas com ele
    - conhecer as suas características demográficas e psicográficas
    - conhecer as suas respostas a campanhas específicas
- A informação deve estar disponível ao mesmo tempo que se comunica com o cliente
- As bases de dados devem poder registar as respostas dos clientes às acções de marketing desenvolvidas.
- A informação deve permitir segmentar o mercado, ajustar a oferta de produtos a cada segmento e adequar os elementos de marketing mix.

Para além da venda pessoal directa abordada anteriormente os principais meios utilizados no marketing directo são: correio, telemarketing, catálogos, internet e outros meios (TV, rádio, imprensa, ...).

Uma campanha de marketing directo pode utilizar unicamente um destes meios ou um conjunto de meios. Uma empresa pode por exemplo realizar uma campanha por correio solicitando uma resposta por RSF mas pode complementá-la com acção subsequente por telefone solicitando também respostas pelo telefone ou internet.

CORREIO

A utilização do correio consiste na comunicação personalizada enviada através dos serviços postais.

As principais vantagens do correio são:
- possibilidade atingir um alvo específico de uma forma pessoal e confidencial
- relativamente barato (custo/resposta)
- possibilidade de inovar através dos formatos e dos materiais utilizados.

A principal desvantagem consiste na ausência de quem envia quando o destinatário abre o correio, não sendo possível ajustar a comunicação nessa altura nem assegurar que atingimos realmente o alvo específico que pretendíamos.

O correio para além da carta propriamente dita deve também ter em consideração o sobrescrito, brochuras e catálogos e outros impressos, que complementam a apresentação e oferta incluídas na carta.

De modo a tornar mais eficiente este meio de marketing directo são utilizadas técnicas como as seguintes:
- personalização de todas as peças incluídas
- testemunhos de outros clientes
- experimentação grátis durante um certo período e aceitação das devoluções
- envio de amostras.

TELEMARKETING

O Telemarketing consiste na utilização do telefone em acções de marketing desde a identificação e qualificação de clientes potenciais às vendas e serviço após venda.

As principais vantagens do telemarketing são:
- contacto pessoal interactivo, durante o qual a informação trocada pode ser confirmada
- é flexível permitindo várias maneiras de abordagem ao cliente.
- é rigoroso permitindo atingir com precisão os alvos e medir com exactidão os resultados obtidos
- permite optimizar o ciclo de contacto com o cliente (identificar, atrair, captar e manter os clientes).

O telemarketing permite desenvolver diversas funções de marketing tais como:
- Realização e qualificação de chamadas de prospecção de clientes
- Estudos de mercado
- Recepção de pedidos de clientes (compras, informações, reclamações, ...)
- Realização de vendas
- Serviço após venda

As acções de telemarketing são normalmente desenvolvidas em centros especializados (call centers), com tecnologia própria que permite optimizar os fluxos de chamadas recebidas ("inbound") ou efectuadas ("outbound"). Estas acções baseiam-se num guião estruturado ("script") escrito, normalmente informatizado, que os operadores de Telemarketing devem seguir nos seus contactos com os clientes.

CATÁLOGOS

A utilização de catálogos é um meio de marketing directo frequente e normalmente associado à utilização do correio e do telemarketing.
As principal vantagens dos catálogos são:
- Estabilidade na relação com os clientes com uma vida normalmente mais longa que os outros meios de marketing directo.
- Fidelidade dos clientes
- Possibilidade de testar produtos novos a um custo marginal baixo
- Grande variedade de oferta que permite satisfazer um maior número de clientes.
- Possibilidade de utilização como meio de comunicação aumentando a utilidade do catálogo para os clientes.

A principal desvantagem reside nos custos de produção do catálogo.

INTERNET

A utilização da internet no marketing directo apresenta as seguintes vantagens principais:
- informação disponível e completa que permite comparar alternativas
- possibilidade de utilização 24 horas/dia
- comodidade
- custos baixos
- facilidade de adaptação às necessidades dos clientes.

Apesar da atractividade e modernidade da internet nem todos os bens são utilizáveis na internet com eficiência. Produtos que exijam experimentação e conhecimento directo têm maiores dificuldades na utilização deste meio. Contudo bens de custo baixo ou que exijam menor esforço de compra podem ser objectivo de acções de marketing directo através da internet com sucesso. O principal obstáculo ao desenvolvimento da internet em acções de venda é a percepção de falta de segurança pelos clientes potenciais.

TELEVISÃO

A televisão também é utilizada com frequência em acções de marketing directo. Todos são familiares com programas ou anúncios publicitários que apresentam produtos e apelam à acção imediata dos espectadores levando à experimentação e compra desses produtos.

As vantagens deste meio residem na possibilidade de atingir uma grande audiência, no entanto apresenta várias desvantagens como meio de marketing directo: é caro, difícil de segmentar e identificar os alvos com precisão, dificuldade em comunicar com eficiência face ao tempo disponível.

Marketing na Internet

A internet constitui um meio novo para executar a política de comunicação incluída no marketing dos produtos ou serviços de uma organização.

A internet é constituída por milhares de computadores ligados entre si (servidores), aos quais particulares, empresas ou outras organizações têm acesso à informação neles contida através de software especializado ("browsers"). A "web" (world wide web – www) é a mais conhecida estrutura internet. Utilizando a analogia com uma biblioteca tradicional:

        internet   - edifício da biblioteca
        servidor   - bibliotecário
        web site   - livro

Qualquer componente do mix de comunicação (publicidade, promoções, relações públicas e vendas) pode ser utilizado através da internet.

Como no que diz respeito aos outros meios de comunicação (TV, rádio, imprensa, correio, telefone,...) a internet apresenta especificidades condicionantes da sua utilização no marketing (e.marketing – marketing electrónico).

Também à semelhança de outros meios a internet pode ser usada isoladamente ou em complementaridade com outros meios.

Uma empresa pode apresentar os seus produtos ou comunicar com os seus clientes criando um "web site" próprio, utilizando "sites" especializados (portais) que incluem essa apresentação, ou recorrendo a ambas as soluções.

As potencialidades da internet são significativas o que justifica a sua rápida expansão junto dos indivíduos e das organizações:

- **Aumenta o poder dos clientes** – através do acesso fácil a fornecedores alternativos e à informação que possibilita a comparação entre as ofertas apresentadas. A existência de trocas de opinião com outros clientes, de grupos de opinião na internet e de "sites" especializados na divulgação e aconselhamento relativos a produtos e serviços concorrentes veio também reforçar o poder dos clientes.

- **Aumenta a globalização das trocas** – ao poder ser utilizada em todo o mundo, a internet tornou-se um meio privilegiado para atingir mercados por vezes menos acessivos por outros meios.

- **Aumenta a disponibilidade** – o acesso à internet e aos seus "sites" pode ser feito 24 horas por dia e todos os dias tem aumentado a disponibilidade para realizar transacções. A rapidez com que essas transacções se podem efectuar reforçam ainda essa disponibilidade.

- **Diminui a intermediação** – qualquer cliente pode ter acesso directamente a qualquer fornecedor obtendo informações, negociando e realizando compras sem a intervenção de um agente intermediário.

- **Facilita a compra** – para além do acesso rápido e fácil à informação um cliente pode numa única visita a um "site" adquirir diversos produtos e serviços complementares (casa, financiamento, seguros, etc., ...).

Os conceitos e técnicas gerais de marketing são aplicáveis ao marketing na internet. Têm, no entanto, de ser adaptados às características próprias deste meio. Assim, a concepção e implementação de um "site" na internet deve ter em conta os seguintes aspectos:

- ✓ dar ao potencial visitante motivos para visitar o "site"
- ✓ evitar que o visitante perca tempo na entrada do "site"
- ✓ conceber o "site" de modo a poder atingir o máximo de visitantes potenciais
- ✓ facilitar a navegação entre as páginas do "site"
- ✓ informar quando o "site" foi actualizado e se existem novidades
- ✓ proporcionar ligações a outros "sites" de interesse para o visitante
- ✓ promover o "site"
  - publicitar noutros meios de comunicação
  - informar os clientes e distribuidores
  - apresentar nos motores de busca de "sites"
  - através de ligação com outros "sites" relacionados
  - publicitar noutros "sites"
  - enviar "e-mails"
- ✓ medir o interesse no "site" (nº de visitas, vendas, respostas, etc., ...)
- ✓ envolver o visitante ao "site" de modo a mantê-lo em ligação oferecendo-lhe informação extra ou algo a que dê valor.

Problemas

1. Um banco comercial deseja realizar uma campanha publicitária para o lançamento de um novo serviço financeiro.
   Que elementos deve apresentar à agência de publicidade para que esta lhe proponha uma campanha adequada?

2. Após um ano de campanhas publicitárias das marcas A e B, a empresa que as comercializa decidiu avaliar o seu impacte através de um estudo de mercado. Os resultados do estudo foram os seguintes:

Marca A

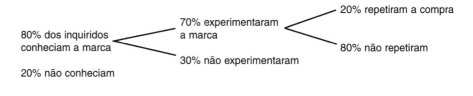

Marca B

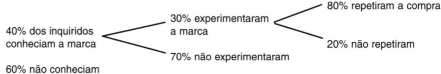

a) Diagnostique as situações das marcas A e B.
b) Que recomendações faria aos gestores das marcas A e B relativamente ao *marketing-mix e mix* de comunicação?

3. Um produtor de comida enlatada para cães está indeciso quanto à inclusão de um anúncio no jornal A ou no jornal B.

          Jornal A   Jornal B
    Tiragem .... 100 000   Tiragem 150 000
    Custo 1 pg. ...... 1000€   Custo 1 pg. ...... 1250€
Como pode avaliar estes dois meios de comunicação?

4. O director de marketing de uma empresa de bens alimentares estava preocupado com a quebra verificada nas vendas nos dois últimos meses. Para contrariar a tendência estava a pensar oferecer um desconto de 0,50€ por caixa, aos grossistas.
O preço de venda actual é de 5€/caixa e a margem de contribuição é de 2€/caixa.
O director de marketing esperava aumentar as vendas em cerca de 10 000 caixas durante o período desta promoção. Os custos associados ao lançamento da promoção são de 5000€.

Como se pode avaliar a promoção?

5. Uma empresa promove os seus produtos junto do mercado-alvo escolhido: mulheres com idades inferiores a 40 anos.
Para tal utiliza dois meios de comunicação:

Meio A .... Audiência — 790 000 mulheres
(70% com menos de 40 anos)

Meio B .... Audiência — 560 000 mulheres
(75% com menos de 40 anos)

cerca de 275 000 mulheres são atingidas por ambos os meios, das quais 72% têm menos de 40 anos.
O mercado-alvo representa 60% do total de mulheres no mercado que é de 5 milhões. Calcule:
a) Exposição dos meios A e B.
b) Penetração nos mercados total e alvo dos meios A e B.
c) Frequência dos dois meios nos mercados-alvo e total.
d) GRP nos mercados-alvo e total.

6. Uma empresa com três produtos pretende seleccionar o tipo de promoções a realizar para cada um dos seus produtos:

Produto X — está num mercado cujas vendas se encontram estagnadas há cinco anos, e no qual o produto tem mantido a sua quota de mercado. O nível concorrencial é intenso.

Produto Y — o mercado deste produto tem vindo a decair à taxa anual de 5% desde há 3 anos, devido à sua substituição por outro tipo de produtos. A empresa tem mantido a sua quota de mercado.

Produto Z — este produto foi introduzido no mercado há pouco tempo, não tendo ainda atingido uma distribuição total. O mercado potencial é elevado e o seu crescimento é moderado.

7. Com base na seguinte informação:
   - Vendas/vendedor/ano .... 150 000 euros
   - Margem de contribuição .... 40% do preço de venda
     (excluindo despesas c/vendedores)
   - Comissão dos vendedores .... 1% das vendas
   - Salário+enc. sociais/vendedor/ano .... 7500 euros
   - Despesas de desloc. e rep./vendedor/ano .... 2500 euros
   - N.º de visitas/vendedor/ano .... 1500 euros

Calcule:
a) O custo de uma visita.
b) A margem gerada por visita.
c) O volume de vendas para pagar a força de vendas, sabendo que a empresa tem 25 vendedores.

8. O novo director de marketing da Natex, Empresa Nacional de Têxteis, vai assumir as suas funções na próxima segunda-feira.

O seu antecessor deixou-lhe uma opinião sobre os nove vendedores da empresa, assim como os dados relativos às vendas da Natex no último ano (Anexos 1, 2, 3, 4 e 5).

Analise a rede de vendas da Natex.

Anexo 1

TERRITÓRIO	VENDEDOR	ÁREA (km²)	CONSUMIDORES (10^3)	N.º CONTAS POTENCIAIS
1	Horácio	620	122	463
2	Jaime	9 900	207	1060
3	Benedito	17 250	155	934
4	Veríssimo	10 910	118	653
5	Príncipe	5 030	124	566
6	André	2 820	165	699
7	Ramiro	5 960	223	638
8	Tomé	5 960	83	423
9	Campos	30 490	132	529
		88 940	1329	5965

Anexo 2

VENDEDOR	IDADE	N.º ANOS NA EMPRESA	EXPERIÊNCIA ANTERIOR	
Horácio	54	13	Vendedor têxtil	(10)
			Escriturário	(7)
Jaime	42	5	Vendedor equip. esc.	(4)
			Manutenção equipam.	(16)
Benedito	33	7	—	
Veríssimo	29	3	Empregado escritório	(6)
Príncipe	57	2	Vendedor	(35)
André	37	9	Operário	(5)
Ramiro	48	27	—	
Tomé	33	3	Vendedor	(6)
Campos	43	7	Professor	(12)

Anexo 3

VENDEDOR	VENDAS (mil euros)	CONTAS ACTIVAS	MARGEM BRUTA (mil euros)	VISITAS
Horácio	129	180	37	1 230
Jaime	119	509	39	1 468
Benedito	78	476	29	1 051
Veríssimo	56	353	20	1 109
Príncipe	77	413	27	1 196
André	56	398	19	1 450
Ramiro	71	250	25	1 171
Tomé	61	364	23	1 220
Campos	71	317	26	1 135

VENDAS TOTAIS NO MERCADO: 710 000 euros

Anexo 4

VENDEDOR	SALÁRIO ANUAL (euros)	COMISSÕES (euros)	DESPESAS (euros)
Horácio	5800	1940	990
Jaime	4800	1800	1410
Benedito	4200	1180	2510
Veríssimo	3800	840	1910
Príncipe	4900	1160	1300
André	5100	840	1910
Ramiro	5200	1070	1700
Tomé	4000	930	1600
Campos	5000	1070	1650

Anexo 5

HORÁCIO — A nossa estrela. Muito experiente. Conhece bem o seu território. Reage bem a ideias novas e os clientes gostam bastante dele.

JAIME — Muito certo, sistemático e consciencioso. Bem vestido. Conhece bem a parte técnica do negócio. Teve problemas conjugais no ano passado, mas parece que os resolveu.

BENEDITO — Grande território, mas consegue cobri-lo. Tem boa apresentação. Pode ter um grande futuro na empresa.

VERÍSSIMO — As vendas não são muito elevadas. Jovem, tem muito que aprender. Como é novo na cidade o seu tempo é muito ocupado noutras actividades.

PRÍNCIPE	— O pai do grupo. Não será muito aberto a sugestões, mas a uma «raposa velha» não se ensinam manhas novas. Não deve aguentar-se por mais de cinco anos. Como não tem uma «educação formal» é difícil impressionar certo tipo de clientes.
ANDRÉ	— Vendas a um nível baixo. Um técnico competente e muito consciencioso. Um bom trabalhador.
RAMIRO	— Brilhante e com uma personalidade atraente. Bom vendedor. Sempre com ideias novas. Um pouco conflituoso. Pode ainda vender mais do que vende.
TOMÉ	— Recente na empresa. Muito voluntarioso. Ainda demorará tempo a ser um verdadeiro vendedor, mas tem bases para isso. Precisa de apoio e orientação do director de vendas.
CAMPOS	— Muito sólido. Sempre calado nas reuniões de vendedores. Julgo que nunca será um vendedor excepcional. Jogador de xadrez nos tempos livres.

9. Uma empresa comercializadora de computadores pessoais e materiais informáticos possui uma rede de vendas constituída por 10 vendedores que visitam regularmente as empresas consumidoras desses produtos. A gestão da empresa preocupada com os custos crescentes da rede de vendas pondera a alternativa de recorrer ao marketing directo para a venda desses produtos.

Que actividades de marketing directo podem ser consideradas e com que objectivos?

10. A Instrumentos Nacionais (IN) é uma empresa prestigiada com mais de 60 anos, que produz e comercializa uma gama variada de instrumentos médicos destinados a serem utilizados por profissionais médicos e de enfermagem.
Recentemente a IN desenvolveu uma linha de produtos para venda directa ao público através de 1500 farmácias. Actualmente, está na fase final de desenvolvimento de um novo produto nesta linha: *um termómetro digital — o DIGITERM*.
Estudos de mercado recentes indicam que menos 35% dos 3 milhões de lares têm termómetro, dos quais 75% são termómetros de vidro e mercúrio. A IN comercializa há mais de trinta anos termómetros deste tipo.
A IN realizou um estudo de mercado que, para além de confirmar estes factos, revelou que 90% dos inquiridos que possuíam um termómetro convencional considoravam-nos inseguros para crianças. O vido quebra-se e o mercúrio é uma substância tóxica. Também se verificou que era difícil ler a temperatura nesses termómetros convencionais e que metade daqueles não possuíam termómetros achavam que deviam possuir um.
O estudo de mercado indicava ainda existir uma necessidade latente para o prouto DIGITERM.

O DIGITERM é feito de um plástico inquebrável e durável e proporciona uma leitura fácil da temperatura. Está equipado com um aviso sonoro que indica quando deve ser lida a temperatura.

Existem já outras três concorrentes no mercado da IN que introduziram produtos semelhantes ao DIGITERM nos últimos 18 meses. Os concorrentes comercializavam os seus produtos exclusivamente através de farmácias, as quais vendiam ao público a preços entre 10€ e 12,50€/unidade. As farmácias tinham uma margem de 35% do seu preço de venda.

A IN planeava investir cerca de 750 000€ numa campanha publicitária para lançameno do DIGITERM. A gestão do produto DIGITERM estava incluída na linha de produtos de consumo pelo que não exigiria custos adicionais. O DIGITERM seria vendido pelos vendedores dessa linha de produtos da IN.

a) Elabore um *briefing* para a campanha publicitária de lançamento do DIGITERM;

b) Que tipo de promoções propõe para apoiar a venda do DIGITERM através das farmácias?

11. Ordene por importância os elementos constituintes da identidade de cada uma das seguintes organizações:

    a) Banco de Retalho

    b) Fabricante de mobiliário de escritório

    c) Museu de arte contemporânea

    d) Fabricante de água engarrafada

12. Proponha acções de marketing directo com os seguintes objectivos:

    a) Identificar clientes potenciais, alvos futuros de visitas dos vendedores

    b) Vender um novo produto financeiro de um banco

    c) Vender uma extensa gama de produtos para escritório

    d) Apresentar um candidato político a umas eleições autárquicas.

12. Quatro empresas comercializam material informático tendo como clientes alvo pequenas e médias empresas.
    Os níveis de notoriedade espontânea (percentagem dos clientes que espontaneamente identificam os fornecedores de material informático) e as quotas de mercado dessas quatro empresas são:

Empresa	Notoriedade	Quota de Mercado
SODATA	10%	22%
PLUMIX	20%	10%
SOCIBER	45%	40%
INFORLIS	50%	28%

Os produtos comercializados pelas quatro empresas são semelhantes e são fabricados pelos principais produtores de material informático.

a) Que aspectos das políticas de comunicação das quatro empresas podem explicar estes resultados?

a) Como podem as quatro empresas melhorar ou reforçar a sua posição concorrencial?

6

Política de distribuição

- *Canais de distribuição*
- *Definição da política de distribuição*
- *Funções dos canais de distribuição*
- *Selecção dos canais de distribuição*
- *A gestão da relação com os canais de distribuição*
- *Tipos de canais de distribuição*
- *A gestão e organização dos canais de distribuição*
- *Problemas*

Canais de distribuição

A política de distribuição preocupa-se com a escolha e gestão dos canais de distribuição.

Os canais de distribuição são os meios através dos quais os produtos ou serviços fluem das organizações onde são produzidos até ao ponto onde são adquiridos para utilização ou consumo final.

Os fabricantes podem optar por uma distribuição directa, vendendo e distribuindo directamente os seus produtos, ou escolhem o recurso a intermediários que comercializam os seus produtos.

DISTRIBUIÇÃO DIRECTA

PRODUTOR ⟶ CONSUMIDOR

DISTRIBUIÇÃO INDIRECTA

PRODUTOR ⟶ GROSSISTA ⟶ RETALHISTA ⟶ CONSUMIDOR

PRODUTOR ⟶ AGENTE ⟶ GROSSISTA ⟶ RETALHISTA ⟶ CONSUMIDOR

A utilização de intermediários na comercialização de produtos é frequentemente alvo de críticas. Essas críticas baseiam-se geralmente no pressuposto de que a existência dos intermediários é dispensável e só contribui para elevar os preços.

Tais críticas são na maioria injustificáveis. Os canais de distribuição desempenham funções indispensáveis que têm de ser realizadas por alguém. Normalmente, os distribuidores estão em condições mais favoráveis e economicamente mais vantajosas para a comercialização dos produtos.

Definição da política de distribuição

A política de distribuição inclui um conjunto de decisões importantes:

- as funções e objectivos dos canais de distribuição;
- o tipo de canais de distribuição;
- o número de pontos de distribuição a nível grossista e retalhista;
- as regras de gestão dos canais.

Estas decisões são influenciados pelos seguintes aspectos mais relevantes:

- estratégia de marketing da empresa;
- características dos mercados;
- características dos produtos;
- características da concorrência;
- capacidades da empresa.

Funções dos canais de distribuição

Os canais de distribuição desempenham tarefas úteis para os produtores e consumidores.

a) Distribuição física

Os canais de distribuição através dos seus meios de armazenagem e transporte asseguram que os produtos fluam dos locais onde são produzidos até aos locais onde são comprados. Na medida em que o fazem em boas condições, assegurando a manutenção de qualidade dos bens produzidos, e com custos baixos, proporcionam um serviço socialmente útil.

Os canais de distribuição contribuem também para a racionalização dos circuitos de comercialização, como se pode constatar no exemplo seguinte, que para simplificar se consideram só três produtores e três clientes:

SEM DISTRIBUIDOR

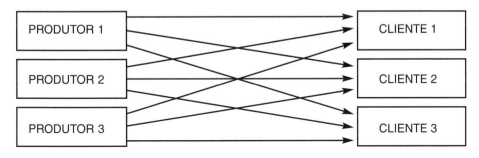

N.º de relações: 9

COM DISTRIBUIDOR

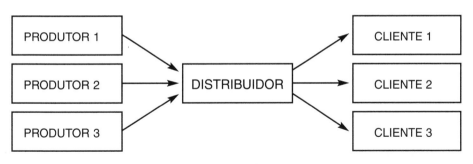

N.º de relações: 6

Como se verifica neste exemplo simples, a existência de um distribuidor reduziu significativamente o número de relações entre produtores e clientes, reduzindo o esforço de comercialização.

b) Informação

No seu contacto com os clientes finais, os distribuidores fornecem informações sobre os produtos que distribuem. Na medida em que comercializam produtos de diversos fabricantes estão bem posicionados para informarem os clientes sobre as alternativas disponíveis.

Os distribuidores também constituem uma boa fonte de informação para as empresas acerca dos seus concorrentes.

c) Serviços e assistência a clientes

A entrega, manutenção e reparação dos produtos são alguns dos serviços após-venda desempenhados pelos distribuidores. A sua proximidade do cliente e o conhecimento técnico dos produtos possibilita a prestação desses serviços com eficiência.

d) Crédito

Os grossistas e retalhistas concedem muitas vezes crédito aos seus clientes. Estão bem posicionados para o fazer, já que normalmente conhecem pessoalmente os clientes, o que dificilmente acontece com os fabricantes.

e) Promoções

Os distribuidores contribuem para o esforço de comunicação dos produtos principalmente através das promoções.
Realizando promoções próprias ou em colaboração com os fabricantes, ajudam a vender os produtos.

f) Repartindo os riscos

Principalmente na fase de introdução de produtos novos no mercado, os distribuidores podem repartir os riscos de lançamento com os fabricantes.

Selecção dos canais de distribuição

Na escolha do tipo e do número de canais de distribuição a utilizar há a considerar as decisões estratégicas de marketing tomadas. Os mercados-alvo que se pretendem atingir, o tipo de produtos que se comercializam e os objectivos a atingir em termos de volume e rentabilidade condicionam a selecção dos canais de distribuição.

O comportamento dos consumidores nos mercados escolhidos determina o número de canais de distribuição. Deste modo, é de esperar diferentes intensidades na distribuição de bens de conveniência, escolha e especiais:

BENS	DISTRIBUIÇÃO
CONVENIÊNCIA ⟶	INTENSIVA
ESCOLHA ⟶	SELECTIVA
ESPECIAIS ⟶	EXCLUSIVA

Os bens de conveniência obrigam a uma distribuição intensiva com numerosos pontos de venda já que o cliente não está disposto a realizar um grande esforço na compra desses bens. Pelo contrário, no caso de bens especiais, uma distribuição exclusiva num reduzido número de canais é suficiente e desejável para reforçar o carácter de exclusividade dos produtos. Numa situação intermédia encontram-se os bens de escolha que pedem uma distribuição selectiva através de canais seleccionados pelos produtores e entidades comercializadoras.

Os critérios económicos na selecção dos canais de distribuição têm em conta os custos que lhe estão associados. Uma parte significativa desses custos são as margens (ou descontos) que os canais de distribuição pedem pelos serviços que prestam. Diferentes canais de distribuição têm custos diferentes, mas também conduzem a resultados, em termos de vendas, distintos.

Se na fase de introdução de um produto no mercado ou na fase inicial de crescimento se pode esperar que a distribuição indirecta é a alternativa mais económica, o mesmo não se poderá dizer nas outras fases do ciclo de vida correspondente a volumes de vendas mais elevados.

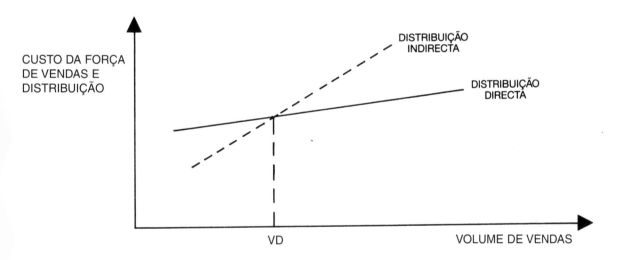

Atendendo a que a maior componente dos custos de distribuição indirecta é variável (percentagem do preço de venda como margem de distribuição), enquanto na distribuição directa existe uma componente fixa elevada, é de esperar que esta só se justifique a partir de um certo volume de vendas (VD).

A gestão da relação com os canais de distribuição

A relação entre fabricantes e distribuidores é potencialmente conflituosa. Os interesses de cada uma das partes são dificilmente conciliáveis.

Os fabricantes querem:

— oferecer margens reduzidas aos distribuidores;
— dedicação exclusiva dos distribuidores aos seus produtos, excluindo produtos concorrentes;
— que os distribuidores promovam os seus produtos com intensidade;
— que os distribuidores ofereçam serviço após-venda.

Os distribuidores querem:

— obter margens elevadas (absolutas e relativas) na comercialização dos produtos;
— escolher os produtos que melhor satisfaçam os seus objectivos, independentemente do nível concorrencial que exista entre eles;
— apoio significativo dos fabricantes na promoção dos produtos;
— treino e comparticipação nos custos do serviço após-venda.

A relação entre produtores e distribuidores é um jogo de forças em que cada um procura dominar o outro. O poder de negociação de cada uma das partes depende da sua estratégia de marketing e das acções operacionais correspondentes.

O problema básico é saber realmente de quem é o cliente. Quem na verdade tem maior influência sobre o cliente. É o fabricante do produto, ou quem o distribui?

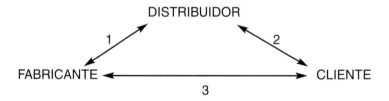

Qual é a relação mais forte? A relação **2** ou **3**?
Como se pode fortalecer a relação **2**? E a relação **3**?
Como é que a relação **1** pode contribuir para o sucesso das relações **2** e **3**?

Para procurar responder a estas questões de difícil resposta é necessário compreender como os fabricantes devem encarar os distribuidores, de modo a desenvolver actividades mutuamente vantajosas. É também necessário identificar as fontes de poder do fabricante face ao distribuidor e vice-versa. É ainda importante conhecer a lógica da actividade do distribuidor.

No sentido de desenvolver actividades mutuamente vantajosas com os distribuidores, os fabricantes devem ter em conta que:

a) Os distribuidores são clientes dos fabricantes

Em numerosas situações, os fabricantes não contactam directamente com os clientes compradores e utilizadores dos seus produtos. Só conhecem os clientes através de estudos de mercado.

Nestes casos, os produtos são vendidos directamente aos canais de distribuição (agentes, grossistas, retalhistas), que por sua vez os vendem a outros canais de distribuição ou aos clientes finais. Assim, os clientes directos dos fabricantes são os canais de distribuição. É aos canais que os produtores facturam os seus produtos e são os canais que pagam aos produtores.

Embora os clientes finais devam constituir o alvo principal, pois sem as suas compras o fabricante não tem sucesso, para que o produto chegue ao cliente final é necessário ser vendido aos canais de distribuição.

Deste modo, as forças de vendas dos fabricantes, para além da sua capacidade de informar e influenciar os clientes com base nos atributos dos seus produtos e nas vantagens face à concorrência, precisam igualmente de saber vender os mesmos produtos aos canais de distribuição.

Para o fazer têm de compreeender quais são as vantagens oferecidas aos canais, o que é que os distribuidores têm a ganhar em comercializar os seus produtos e não os da concorrência. Os canais de distribuição são geralmente organizações com fins lucrativos com estratégias comerciais e objectivos próprios. O fabricante deve conhecê-los se quiser ser bem sucedido na sua relação com os canais de distribuição, e deve identificar em que medida os seus produtos ou serviços contribuem para reforçar a estratégia dos canais e atingir os seus objectivos.

Como clientes directos dos fabricantes, estes devem comportar-se perante os canais de distribuição como se comportariam face a outro qualquer cliente.

As suas necessidades devem ser identificados e o esforço de marketing, principalmente da força de vendas, deve ser dirigido no sentido de as satisfazer. O conjunto das necessidades dos canais que procuram ser satisfeitos com o produto são substancialmente diferentes das necessidades dos clientes finais ao procurarem o mesmo produto.

Assim, se por exemplo um fabricante de batatas fritas embaladas para consumo doméstico deve preocupar-se em desenvolver um marketing típico de bens de consumo não pode ignorar que para chegar aos indivíduos e famílias consumidores precisa de incluir acções de marketing de bens organizacionais na sua comercialização, para que as batats fritas sejam adquiridas primeiro pelos hipermercados, supermercados, *cash and carry,* grandes ou pequenas mercearias, etc...

b) Os canais de distribuição são difíceis de mudar

A distribuição é a variável do *marketing-mix* mais difícil de mudar. Os riscos envolvidos na mudança de canais resultam dos seguintes aspectos:
— Os canais de distribuição são constituídos por organizações ou indivíduos com os quais existem em muitos casos relações contratuais. Mesmo que não existam é sempre delicado cortar relações comerciais, por vezes antigas, com entidades que colaboram com os fabricantes na venda dos seus produtos.

— É vulgar os clientes finais terem relações mais fortes com os canais de distribuição onde adquirem ou consomem os produtos do que com os fabricantes que os produzem. Quando tal acontece a mudança de canal de distribuição pode implicar a perda do cliente final. Este pode permanecer fiel ao retalhista e abandonar o produto ou marca que compra.

Caso um fabricante tenha de alterar a sua política de distribuição deve fazê-lo de um modo que não aliene a sua base de clientes finais, o que obriga a uma preparação com antecedência e detalhe da mudança.

c) Cooperação e motivação dos canais de distribuição

Uma relação mutuamente vantajosa entre fabricantes e canais de distribuição consegue-se através da cooperação entre os dois tipos de entidades.

A cooperação pode realizar-se de várias formas para além do aumento das margens oferecidas aos distribuidores de modo a obter destes um apoio mais forte. Tais aumentos são rapidamente copiados pelos concorrentes e são utilizados só em determinados períodos (promoções especiais ou lançamento de produtos novos).

Uma dessas formas é utilizar uma força de vendas dedicada ao trabalho de apoio aos canais de distribuição. Esse apoio pode incluir treino do pessoal distribuidor, participação nas suas actividades de vendas indicando quais os clientes mais apropriados e os atributos dos produtos que devem ser focados, realizando vendas em nome do distribuidor.

Outra área de cooperação é a gestão de *stocks* dos produtos nos canais de distribuição. Os fabricantes, conhecedores dos seus planos de produção e introdução de produtos novos, podem ajudar os distribuidores a gerir mais eficientemente o nível de *stocks*. Essa ajuda é especialmente importante no caso de produtos sazonais.

A cooperação, em termos de publicidade, é também bastante usada. Na execução das suas campanhas de publicidade os fabricantes produzem materiais publicitários especialmente concebidos para serem utilizados pelos distribuidores.

Esses materiais podem ser oferecidos, ou o seu custo pode ser repartido com os distribuidores. No caso de o distribuidor ter a exclusividade do produto é normal o fabricante desse produto contribuir para o esforço de comunicação do distribuidor. Normalmente, essa contribuição é expressa em termos de percentagem das vendas do produto realizadas pelo distribuidor (5-10%).

Outros meios, como demonstrar a vantagem da exposição privilegiada para os produtos ou realizar concursos entre os vendedores dos distribuidores, podem ser benéficos tanto para os fabricantes que desenvolvem essas acções como para os distribuidores.

A relação entre fabricantes e canais de distribuição é uma negociação permanente a todos os níveis na empresa. Os gestores do topo da empresa produtora negoceiam com os gestores do topo da empresa distribuidora. Os vendedores e chefias de vendas dos fabricantes devem ter a autonomia suficiente para negociarem com os chefes de compras ou gerentes das lojas das empresas distribuidoras.

Revela-se útil, na gestão da relação fabricante/distribuidor, contabilizar as trocas negociadas entre o fabricante e cada um dos distribuidores.

Há um «deve» e um «haver» nessa relação, que em cada situação cada uma das partes envolvidas vai preenchendo numa conta T.

DISTRIBUIDOR	
DEVE	HAVER
● Localização ● Introdução de produtos novos ● Promoção ao consumidor ● Manutenção da qualidade ● Preferência/Exclusividade ...	● Margem de comercialização ● Promoções do fabricante ● Publicidade conjunta ● Rotação do produto aceitável ● Treino ...

Ao longo do tempo, cada uma das partes pede algo à outra (aumento das margens, participação nas promoções, esforço na introdução de produtos novos, publicidade elevada...), que deve procurar sempre equilibrar no outro lado da conta T.

É isso que ambas as partes esperam.

TRADEMARKETING

A relação entre produtores e distribuidores tem-se alterado profundamente nas últimas duas décadas principalmente nos bens de consumo. Essa alterações têm conduzido a um crescente poder por parte dos distribuidores em detrimento da posição negocial dos produtores, prevendo-se a continuação desta tendência no futuro.

Esta situação tem conduzido a situações de tensão e conflito entre produtores e distribuidores prejudiciais principalmente para a actividade daqueles. A necessidade de gerir a relação com distribuidores torna-se assim crucial para qualquer produtor que deles necessite para atingir os consumidores finais. Os produtores bem sucedidos serão aqueles capazes de se adaptar a esta situação, desenvolvendo e mantendo marcas fortes, e acções de marketing destinadas a servir estes clientes especiais – os distribuidores. Estas acções de marketing dirigidas aos distribuidores designam-se por "Trademarketing".

◆ O poder dos distribuidores

Como já foi referido os distribuidores desempenham um papel útil e muitas vezes indispensável na comercialização de bens. Os produtores e os clientes finais precisam quase sempre de distribuidores. O problema para os produtores é que os distribuidores não precisam de todos os produtores e estes precisam dos distribuidores face à sua concentração para atingir os mercados finais.

Várias forças têm contribuído para esta situação:

▶ Crescente segmentação dos mercados alimentada pelo maior individualismo dos consumidores que, mais informados e exigentes, cada vez estão menos dispostos a pagar mais por uma marca de um produtor se reconhecer igual valor na marca mais barata de um distribuidor. A lealdade às marcas diminui.

- Profusão de meios de comunicação (muitos canais de TV e rádio, variados tipos de imprensa, internet, ...) com a consequente fragmentação de audiências e menor eficiência da publicidade.
- Concentração dos canais de distribuição limitando aos fabricantes o acesso aos mercados finais.
- Aumento da concorrência entre fabricantes fomentada pela abertura e globalização dos mercados.

◆ Marcas dos produtores e dos distribuidores

A marca de um produtor é o principal activo na sua relação negocial com os distribuidores. No entanto para além das forças anteriormente apresentadas que contribuem para o enfraquecimento das marcas, outras geradas no interior das empresas tais como uma visão demasiado focada no curto prazo, sobrevalorização da marca e a falta de atenção na gestão da marca, também têm enfraquecido a importância das marcas. Estas forças enfraquecedoras têm levado a:
- diminuir os investimentos publicitários nas marcas
- aumentar as despesas promocionais com as canais de distribuição
- diminuir a lealdade às marcas dos fabricantes
- aumentar a proporção do valor acrescentado do negócio que fica nos canais de distribuição.

Perante esta situação aos fabricantes deparam-se-lhes várias alternativas estratégicas:
- Devem desenvolver marcas e investir nelas?
- Em que mercados devem investir?
- Devem fabricar para as marcas dos distribuidores?

O contexto concorrencial e o poder dos distribuidores implica que só as marcas fortes (líderes ou quase líderes de mercado) sobreviverão e constituirão activos rentáveis se nelas se investir adequadamente. As marcas mais débeis dificilmente se afirmarão não justificando investimentos significativos a menos que encontrem segmentos de mercado que lhes atribuam um valor especial.

As marcas dos distribuidores (também conhecidos por marcas próprias, marcas brancas ou privadas) têm-se expandido a várias classes de produtos, atingindo níveis de penetração variados consoante o tipo de produto e mercado. Em alguns casos as marcas dos distribuidores são meras imitações das marcas dos fabricantes, noutros casos os distribuidores investem no desenvolvimento de bens diferenciados para as suas marcas próprias. Deve referir-se que as marcas de distribuidores dificilmente podem ser percepcionadas como marcas especializadas pois normalmente são extensíveis a uma gama muito variada de produtos enquanto que no uso das marcas dos fabricantes essa especialização é possível e pode constituir um factor diferenciador junto do consumidor final.

A questão que se coloca se um fabricante deve fornecer um distribuidor para marcas próprias depende de vários factores:
- Nível de utilização da capacidade dos fabricantes.
  Em muitas situações existem excessos de capacidade instalada. Se esses excessos conduzem a perdas económicas será difícil resistir à pressão dos distribuidores para fabricar para as suas marcas.
- Fraco poder negocial relativamente aos distribuidores.
  Por vezes os fabricantes não têm opção de escolha a não ser satisfazer os pedidos dos distribuidores. Tal acontece quando as suas marcas (se as tiver) são fracas, não tendo uma posição significativa no mercado.
- Rentabilidade do fabrico de marcas dos distribuidores.
  As condições de compra dos distribuidores podem colocar problemas aos fabricantes que afectem a rentabilidade do fabrico para as marcas dos distribuidores.

◆ Os distribuidores como clientes

Para além de intermediários entre os fabricantes e os clientes finais consumidores ou utilizadores dos produtos os distribuidores são também clientes directos dos fabricantes, e como tal estes devem também gerir a sua relação com aqueles numa óptica de marketing.

Isto é: os fabricantes devem conhecer as necessidades e comportamento destes clientes especiais – os distribuidores.

Para tal os fabricantes devem nomeadamente conhecer os seguintes aspectos:
- Estratégia de marketing dos distribuidores como foi definida no cap. 3.
- Contexto concorrencial em que os distribuidores estão incluídos e a sua evolução futura.
- Posição concorrencial de cada um dos distribuidores.
- Grau de adequação das marcas dos fabricantes à estratégia de marketing dos distribuidores.
- Estrutura de poder e tomada de decisão nos distribuidores.
- Valor oferecido ao distribuidor
   - Margem unitária e rotação do produto
   - Investimento em comunicação dirigida ao consumidor final de modo a aumentar a preferência pelos produtos
   - Grau de exclusividade
   - Cooperação nos aspectos logísticos da distribuição dos produtos
   - Cooperação na gestão do espaço de modo a optimizar as vendas do distribuidor.

As técnicas de análise de mercado aplicadas a mercados organizacionais (Cap. 2) constituem a base para desenvolver uma gestão de marketing dirigida para os distribuidores.

Esta gestão de marketing tem implicações nas organizações das áreas de marketing e vendas das empresas como será referido no Cap.8.

Tipos de canais de distribuição

Basicamente os canais de distribuição distinguem-se entre grossistas e retalhistas. A diferença fundamental entre eles é tipo de clientes de cada um.

DISTRIBUIDOR	CLIENTE	CATEGORIA DO BEM
GROSSISTA	ORGANIZAÇÕES	BENS ORGANIZACIONAIS
RETALHISTA	INDIVÍDUOS	BENS DE CONSUMO

De acordo com estas classificações um produto muda de categoria ao fluir nos canais de distribuição. O mesmo produto ou serviço passa de bem organizacional para bem de consumo ao ser comercializado do fabricante para o grossista, deste para o retalhista, e depois para o cliente final, que é consumidor ou utilizador.

CANAIS DE DISTRIBUIÇÃO GROSSISTAS

Armazenistas

Os armazenistas são grossistas que compram e, portanto, são proprietários dos produtos que comercializam.

Os armazenistas têm capacidades logísticas (armazéns e transporte) e financeira para armazenarem, movimentarem, oferecer crédito, venderem e entregarem os produtos a retalhistas.

Cash and Carry

Os grossistas *cash and carry* concentram a sua actividade em produtos de elevado volume de vendas e não efectuam a entrega dos produtos dos seus clientes. Os clientes de *cash and carry* são retalhistas pequenos, geralmente independentes.

Cooperativas

Este tipo de grossistas existe principalmente na comercialização de produtos agrícolas e pecuários.

São constituídos por produtores que se associam e dividem os proveitos obtidos pela cooperativa. Estas organizações procuram garantir um determinado nível de qualidade e, por vezes, uma imagem de marca.

Agentes *(Brokers)*

Os agentes são grossistas que não tomam posse dos produtos que ajudam a comercializar. A sua principal função é estabelecer a relação entre compradores e vendedores, de modo a concretizar-se o negócio. Os seus proveitos resultam de uma comissão expressa numa percentagem do valor da transacção.

Estes canais de distribuição são muito utilizados principalmente no caso de comercialização de produtos a nível internacional, em que as empresas exportadoras seleccionam agentes para cada um dos mercados que pretendem atingir. Neste caso, as relações entre fabricantes e agentes são relativamente duradoiras. Nos serviços (transportes e serviços financeiros, por exemplo) os agentes centram a sua actividade no encontro entre os fornecedores e os clientes potenciais para esses serviços, cobrando pela sua função uma comissão sobre o valor da transacção.

CANAIS DE DISTRIBUIÇÃO RETALHISTAS

Os canais de distribuição retalhistas podem ser classificados quanto **ao regime de propriedade**:

Independentes

O retalhista independente possui um único ponto de venda ao público. As necessidades reduzidas de investimento proporcionam um acesso fácil à actividade. Em Portugal, no ramo alimentar, em 1990, mais de 85% das unidades (cerca de 35 000) podem considerar-se nesta categoria. No entanto, o seu volume de vendas no mesmo ano não deve exceder os 40%.

As principais vantagens do retalhista independente é a sua flexibilidade (escolha da localização, selecção dos segmentos de mercado a atingir), investimento reduzido (um só local de venda), imagem amigável e personalizada e grande liberdade na tomada de decisões.

As desvantagens residem no seu poder de negociação reduzido, ausência de economias de escala e acesso limitado aos meios de comunicação. Estas desvantagens resultam do volume pequeno da actividade que representam para os fabricantes.

Cadeias

As cadeias de unidades retalhistas são constituídas por vários pontos de venda com um proprietário comum.

O poder de negociação face aos fabricantes é maior neste tipo de retalhistas. A possibilidade de centralizarem as compras e a armazenagem conduz também a uma redução de custos através da utilização de meios automáticos de gestão e controle.

O acesso aos meios de comunicação nacionais ou regionais é igualmente mais fácil.

As principais desvantagens são: o elevado volume de investimento e a necessidade de uma maior capacidade de gestão de múltiplas unidades.

Franchising

O *franchising* é um acordo, normalmente regido por um contrato entre uma entidade (que pode ser um fabricante, um grossista, ou um prestador de serviços) e um retalhista, permitindo a este desenvolver uma actividade sob a marca ou designação daquela entidade e de acordo com regras por esta definidas.

Normalmente o retalhista paga uma quantia inicial para obter a *franchise* e posteriormente contribui com uma percentagem das suas vendas. Em troca recebe treino, apoio publicitário e promocional e assistência na sua actividade.

Os benefícios para o retalhista que adquire uma *franchise são:*
— possibilidade de ter uma unidade de retalho com investimento baixo;
— aquisição de uma linha de produtos e de uma imagem de marca já estabelecido no mercado;
— treino e educação em métodos de gestão eficazes;
— possibilidade de acesso a meios de comunicação de grande audiência;
— obtenção de exclusividade dos produtos comercializados numa determinada área geográfica;
— redução de custos nas compras.

As desvantagens para este tipo de retalhista são:
— possível saturação de retalhistas com *franchise* numa determinada zona;
— elevada dependência das entidades que venderam a *franchise.*

Alguns exemplos conhecidos de *franchising:* McDonald's, Benetton, Avis, Holiday Inn, ...

Cooperativas de consumidores

Em algumas situações, os consumidores associam-se e constituem uma organização retalhista designada por cooperativa de consumidores. Para tal efeito esses consumidores existem, geram as operações e repartem os resultados obtidos.

Este tipo de organizações surge geralmente da insatisfação dos consumidores face aos retalhistas existentes. A sua principal desvantagem reside na ausência de experiência e capacidade de gestão que na generalidade têm.

Os retalhistas também podem ser classificados de acordo com a sua **estratégia de marketing** e *marketing-mix,* correspondentes.

Os canais de distribuição utilizam as mesmas técnicas e conceitos de marketing dos fabricantes, adoptando-os à sua actividade.

Os principais tipos de retalhistas e as características predominantes do seu *marketing-mix* apresentam-se no quadro seguinte:

Tipos de canais de distribuição

TIPO DE RETALHISTA	PRODUTO + SERVIÇO	COMUNICAÇÃO	DISTRIBUIÇÃO	PREÇO
● Lojas de conveniência	● Extensão e profundidade das linhas de produto muito reduzidas ● Qualidade média ● Serviço reduzido	● Reduzida	● Localização próxima	● Acima da média
● Lojas especializadas	● Extensão da linha de produtos muito reduzida ● Profundidade elevada ● Qualidade superior ● Serviço intenso e de qualidade	● Publicidade de prestígio ● Força de vendas especializada	● Centros comerciais	● Prestígio
● Supermercado ● Hipermercado	● Elevadas extensão e profundidade da linha de produtos ● Qualidade média ● Serviço reduzido	● Publicidade e promoções intensas	● Proximidade dos mercados	● Baixos ou concorrenciais
● Armazéns *(Department stores)*	● Extensão e profundidade elevadas ● Qualidade acima da média ● Serviço de elevada qualidade	● Publicidade intensa	● Localização isolada ou nos centros principais das cidades	● Concorrenciais
● Lojas económicas *(Discount Houses)*	● Extensão e profundidade médias ● Qualidade média ● Serviço reduzido	● Publicidade	● Localização isolada ou nos centros principais	● Muito baixos

As alternativas estratégicas extremas para os retalhistas são o alto ou o baixo de gama.

BAIXO DE GAMA
— Localização barata em zonas pouco valiosas;
— Inexistência de serviço ou prestação de serviços paga;
— Decoração mínima das lojas;
— Pessoal reduzido e pouco especializado;
— Maior parte da mercadoria está exposta;
— Preços baixos e frequentemente económicas (publicidade, promoções).

ALTO DE GAMA
— Localização em zonas ou centros comerciais de prestígio;
— Serviços (crédito, entrega, assistência, ...) incluídos no preço;
— Decoração cuidada e por vezes sofisticada;
— Pessoal especializado;
— Só uma parte reduzida da mercadoria é visível;
— Preços de prestígio e raramente comunicados.

Existe uma teoria que permite compreender a evolução ao longo do tempo das organizações retalhistas designada pela **Roda do Retalho.**

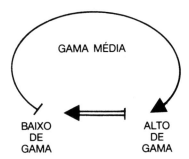

RODA DO RETALHO

De acordo com esta teoria, as organizações que inovam no retalho aparecem no mercado como retalhistas de baixo de gama. Começam com preços baixos e margens de comercialização baixas em locais pouco nobres. Com o decorrer do tempo esses mesmos retalhistas começam gradualmente a melhorar e aumentar a extensão e profundidade das suas linhas de produtos e, ao mesmo tempo, adicionam mais e melhores serviços à sua oferta ao mercado. Com este esforço, os preços sobem e tornam-se vulneráveis ao aparecimento de outros retalhistas com menores custos e preços ao consumidor que assim alimentam mais uma rotação da Roda do Retalho.

Existem ainda outros tipos de retalhistas com características próprias que, por exemplo, não utilizam lojas convencionais para exercerem a sua actividade.

Estão neste caso:

Máquinas de vendas

São comuns aos consumidores a utilização de máquinas de vendas que funcionam com moedas. Estas máquinas são geralmente exploradas por organizações retalhistas que possuem cadeias de máquinas de vendas.

As suas vantagens principais baseiam-se na eliminação da força de vendas, na possibilidade de trabalharem 24 horas/dia e todos os dias e na sua flexibilidade em termos de localização e movimentação.

As desvantagens mais importantes são: o seu custo elevado, as avarias e necessidade de assistência, os roubos e outros actos de vandalismo. A utilização das máquinas está geralmente associada a bens de conveniência (tabaco, bebidas, ...) e a imagem dos produtos nelas comercializados é de qualidade inferior.

Porta-a-porta

Existem organizações retalhistas que se dedicam em exclusivo à venda de produtos directamente aos indivíduos, clientes potenciais, deslocando-se a suas casas ou aos locais de trabalho. É a venda porta-a-porta. Este tipo de actividade é comum em bens como cosméticos, enciclopédias, electrodomésticos, ... As vantagens são: contacto pessoal com os clientes, possibilidade de demonstração do produto, comodidade para o cliente e custos fixos reduzidos.

As suas desvantagens são: desconfiança dos clientes em abrirem a porta, custos de vendas elevados tendo em conta as deslocações e baixa produtividade e pobre imagem associada aos produtos.

Encomenda por correio, telefone ou internet

Este tipo de actividade retalhista é realizado por organizações que recebem encomendas pelo correio, telefone ou internet colocadas por clientes que apreciam os produtos em catálogos publicados e enviados por organizações retalhistas.

Os custos deste tipo de operações de retalho são relativamente baixos (principalmente a produção e envio do catálogo) e os investimentos iniciais são reduzidos. Não há a necesssidade de espaços e forças de vendas.

Pode cobrir-se uma área geográfica vasta.

As desvantagens mais significativas são a possibilidade reduzida de se experimentar e apreciar fisicamente o produto antes da sua compra, a ausência de serviço e atrasos na entrega.

Este tipo de retalho é muitas vezes utilizado como complemento de outras actividades retalhistas desenvolvidas pela mesma organização.

A gestão e organização dos canais de distribuição

As organizações que se dedicam às actividades de distribuição são muito variadas em termos de dimensão, objectivos e funções desempenhadas.

Muitas dessas organizações são maiores e mais poderosas do que os fabricantes dos produtos que distribuem.

A gestão dos grossistas ou retalhistas inclui o mesmo tipo de funções da gestão de um fabricante.

Os conceitos gerais, as técnicas e metodologias e principalmente a filosofia de gestão de marketing são igualmente extensivas à gestão das organizações distribuidoras.

As decisões estratégicas de marketing de uma organização distribuidora são:

— selecção dos produtos a distribuir e nível de serviço incluído nessa distribuição;
— selecção dos segmentos de mercado a servir (tipo de retalhistas ou de organizações no caso de distribuidores grossistas, tipo de consumidores no caso de distribuidores retalhistas);
— estabelecimento dos objectivos: volume e rotação das vendas, margens absolutas e relativas a obter, imagem.

As empresas distribuidoras, de acordo com a estratégia escolhida, definem então as acções operacionais a desenvolver, o seu *marketing-mix:*

MARKETING-MIX DOS CANAIS DE DISTRIBUIÇÃO

PRODUTO	• Extensão da linha de produtos (necessidade de inclusão de produtos geradores de tráfego) • Profundidade da linha de produtos • Nível de qualidade dos produtos • Política de compras • Nível de *stocks* dos produtos • Nível de serviço aos clientes
COMUNICAÇÃO	• Atmosfera no interior das lojas • Montras e disposição das instalações • Publicidade, promoções, força de vendas e relações públicas

DISTRIBUIÇÃO	• Número de unidades (lojas, armazéns ou outras instalações)
	• Selecção da localização das unidades de distribuição
	• Dimensão de cada unidade
	• Horário de funcionamento
	• Transporte e expedição das mercadorias
PREÇO	• Nível relativo de preços
	• Métodos e condições de pagamento

A actividade dos canais de distribuição desenvolve-se também num contexto concorrencial, por vezes intenso. Os diferentes canais de distribuição concorrem entre si, não só para a captação dos clientes que necessitam dos bens por eles comercializados mas também para obterem dos fabricantes os produtos ou serviços para distribuírem nas melhores condições.

O seu sucesso depende da qualidade da estratégia escolhida, da consistência interna do *marketing-mix* e do ajustamento aos condicionalismos externos.

FACTORES EXTERNOS NA GESTÃO DOS CANAIS DE DISTRIBUIÇÃO

CLIENTE	• Demografia
	• Estilos de vida
	• Processo de decisão de compra
	• Necessidades
CONCORRENTES	• Actuais
	(localização, estratégia, operações, ...)
	• Potenciais
SAZONABILIDADE	• Clima
	• Perecibilidade dos produtos

CONDIÇÕES ECONÓMICAS E SOCIAIS	• Inflação • Taxas de desemprego • Taxas de juro • Impostos • Crescimento económico
RESTRIÇõES LEGAIS	• Legislação geral • Normas e regulamentos específicos

Problemas

1. Os retalhistas comercializam alguns produtos com margens muito baixas, por vezes negativas.
   Por que razão o fazem?
   Dê exemplos.

2. Um fabricante de electrodomésticos, de uma marca líder de mercado, pretende seleccionar um distribuidor exclusivo para a zona do Grande Porto. Que critérios devem ser considerados para realizar essa selecção?

3. O director de compras de um hipermercado afirma, para o representante de um fabricante de bens alimentares embalados, o seguinte: «O seu produto A é pouco interessante para nós. Preferimos os produtos dos seus concorrentes B e C, porque a rotação do produto C é melhor e a margem do produto B é maior.»
   Analise a situação com base nos seguintes elementos relativos às vendas dos produtos A, B e C no hipermercado durante o ano anterior:

	A	B	C
Vendas (unidades)	77000	45000	100000
Stock médio (unidades)	740	800	720
Espaço ocupado (metros)	3,2	3,8	4,3
Preço de compra (€/un.)	0,25	0,26	0,15
Preço de venda (€/un.)	0,27	0,29	0,17

4. A empresa Tapex produz uma linha de dimensão reduzida e elevada qualidade de tapetes e carpetes para o chão, os quais são comercializados através de distribuidores grossistas que os distribuem por cerca de 5000 pontos de venda de retalho (lojas especializadas, lojas de mobiliário, supermercados, ...).

Os grossistas recebem uma margem de 22% do preço de venda aos retalhistas e desenvolvem as actividades de venda, armazenagem e concessão de crédito aos retalhistas.

Nos últimos cinco anos a Tapex perdeu quota de mercado para concorrentes que comercializam os seus produtos directamente aos retalhistas. Em 1989 as vendas da Tapex a preços de venda ao retalho atingiu 2.500.000 euros, distribuídos assim pelos 5000 pontos de venda:

N.º pontos de venda	Vendas (mil euros)
550	1000
750	750
1000	500
2700	250
5000	2500

Actualmente, a Tapex tem quatro vendedores que visitam os grossistas. Os encargos médios com cada vendedor são de 750€/mês e comissão de 1% das vendas.

Os grossistas visitam os principais retalhistas cerca de duas vezes/mês. Em média, cada retalhista é visitado uma vez por mês. Metade do tempo de visita é dedicado a actividades de *merchandising,* pelo que o número de visitas que se podiam fazer por dia não ultrapassam as cinco.

A Tapex considerava a hipótese de passar a comercializar os seus produtos directamente ao retalho. Para tal, tinha de alugar novos espaços de armazenagem cujo custo adicional era estimado em 60 000€/ano, de modo a poder responder com rapidez às encomendas dos retalhistas. Além disso, a empresa estimava que os custos adicionais com armazenagem própria dos produtos atingissem cerca de 1% das vendas ao retalho.

A margem de contribuição actual da Tapex é de 70% das vendas ao retalho antes de todas as despesas de comercialização.

   a) Quais são as vantagens para a Tapex em comercializar directamente aos retalhistas os seus produtos?
   E quais são os inconvenientes?
   b) Avalie a possibilidade de distribuição directa.

5. A Medical é uma empresa que produz e comercializa equipamento e instrumentos médicos.

   As vendas da Medical, em 2001, atingiram 6200 mil €, repartidos pelas suas três principais linhas de produtos:

— Conductímetros	1735 mil €
— Instrumentos electrónicos de medida	4030 mil €
— Instrumentos de imunologia	435 mil €
Total	6200 mil €

A Medical comercializa os seus produtos através de distribuidores que têm uma margem média de 25% sobre o preço de venda da Medical.

Os distribuidores comercializam também outros produtos consumidos pelos hospitais, centros de saúde, laboratórios de análises, centros de enfermagem, consultórios, etc.

O principal distribuidor de produtos da Medical é a Dismed, cujo volume de vendas, em 2001, atingiu os 25 000 000€.

A Dismed é responsável por cerca de 40% das vendas da Medical e é o principal distribuidor de equipamento de instrumentos médicos no mercado.

A Dismed cobre todo o mercado com a sua rede de vendas que visita os clientes, apresentando a sua gama de produtos e oferecendo assistência técnica e crédito.

O vendedor típico da Dismed visita cerca de dois clientes por dia e tem conhecimentos técnicos básicos que permitem um contacto eficaz com médicos, enfermeiros e outros técnicos de saúde que tenham um papel importante na compra dos produtos.

A Dismed tem encargos fixos de 12 500€/ano com cada vendedor, aos quais adiciona 3,5% das suas vendas, como comissão.

Os clientes são visitados em média cinco vezes/ano, embora os mais importantes (hospitais centrais, principais laboratórios, etc.) sejam visitados todos os meses.

Os gestores da Medical estão preocupados com a dependência que têm da Dismed e, como têm a intenção de introduzir no mercado novos equipamentos médicos, muito sofisticados e de elevado valor (superior a 500 000€/unidade), pensam na alternativa de distribuir directamente toda a sua gama de produtos aos cerca de 1000 clientes existentes no mercado.

a) Analise a alternativa de distribuição directa por parte da Medical
b) Que recomendações faria à Medical?

6. Quais são as vantagens para uma cadeia de supermercados resultantes do desenvolvimento de uma marca própria de produtos alimentares diversos?

Como pode um fabricante de produtos alimentares responder à marca da cadeia de supermercados?

7. Indique características das políticas de distribuição dos seguintes produtos:

— Pastilhas elásticas
— Electrodomésticos
— Marca de vestuário de prestígio

8. A empresa IN pretende também comercializar o DIGITERM (ver problema 10 do Capítulo 5) através das grandes cadeias de supermercados cuja margem de comercialização é de 20%.

Quais as vantagens e desvantagens da utilização deste canal de distribuição? Acha que a IN o deve fazer?

9. Um fabricante de bolachas pretende introduzir um novo produto no mercado com a sua marca. Atendendo à importância das grandes cadeias de retalhistas na distribuição destes produtos o fabricante necessita colocar o novo produto nessas empresas retalhistas para atingir o consumidor final. O mercado total de bolachas está estagnado e a concorrência é forte entre os três principais fabricantes.

    a) Antecipe os possíveis problemas colocados pelas cadeias de distribuição relativos à comercialização desse novo produto.

    b) Como pode o fabricante ultrapassar esses problemas?

10. Os produtores de agro-químicos vendem os seus produtos exclusivamente através de dezenas de distribuidores que por sua vez os comercializam aos agricultores e retalhistas de produtos para agricultura.

    a) Que razões levam estes produtores a não venderem directamente aos produtores?

    b) O que deve fazer um produtor de agro-químicos se for abordado directamente por uma grande exploração agrícola para adquirir agro-químicos?

11. A distribuição de mobiliário de escritório é muito variada. Algumas fábricas comercializam os seus produtos através de uma rede alheia de revendedores retalhistas outras apresentam um sistema misto com distribuição directa ao cliente final e a utilização de revendedores.

    a) Como pode explicar as diferentes políticas de distribuição pelos fabricantes de mobiliário de escritório?

    b) No caso do sistema misto, como podem os fabricantes minimizar os possíveis conflitos?

7

Política de preço

- *O preço no* marketing-mix
- *Estabelecimento do preço*
- *Sensibilidade do cliente ao preço*
- *O preço na linha de produtos*
- *Problemas*

O preço no marketing-mix

Não é por acaso que se deixou para último lugar a variável preço do *marketing-mix*. Não é porque seja a variável menos importante. É tão importante como o produto, comunicação ou distribuição. A razão por que se começou por estas políticas na abordagem do *marketing-mix* é porque são estas as variáveis mais esquecidas pelos gestores e outros profissionais na comercialização dos bens. Infelizmente para muitos empresários, gestores ou outras entidades a gestão comercial centra-se sobretudo no preço dos bens:

— Não se vende porque os preços são altos;
— Vende-se menos porque os preços deixaram de ser competitivos;
— Os distribuidores não apoiam os nossos produtos porque têm margens baixas;
— Se se quer conquistar clientes novos tem de se baixar os preços.

As razões dos insucessos são em muitos casos outras e baseiam-se nas restantes variáveis do *marketing-mix*.

Antes de se mexer na variável preço, o que normalmente se faz com facilidade, é necessário analisar as restantes políticas do *marketing-mix*.

O preço pode ser importante para certos clientes, mas não o será de igual modo para todos. A segmentação do mercado baseada na sensibilidade ao preço é um instrumento útil para o gestor de marketing.

A tentação de utilizar a variável preço para resolver os problemas de comercialização é grande mas deve ser evitada. Geralmente não resolve os problemas comerciais de fundo e mascara outras deficiências de funcionamento das organizações.

Estabelecimento do preço

O processo de estabelecimento do preço de um bem é complexo e inclui o conhecimento e a importância da influência de determinados factores.

O preço de um produto ou serviço é um valor que desejavelmente deve estar situado entre o seu custo total e o valor que o cliente lhe atribui e está disposto a pagar. Se o custo de produção e comercialização do bem é superior ao valor que lhe é atribuído pelo cliente, o produto não é viável. Quanto maior a diferença entre o custo total e o valor para o cliente, maior é o espaço de manobra que os gestores têm para definirem o preço, tendo em conta outros factores influenciadores, tais como o nível de preços praticados pela concorrência, os objectivos que a empresa pretende atingir, a regulamentação estabelecido pelas autoridades e os valores éticos dos gestores.

Em muitos casos ainda os decisores baseiam-se unicamente nos custos dos produtos para estabelecer os preços. Tal acontece devido ao conhecimento de tal informação que é gerada no interior das empresas. O conhecimento do valor para o cliente tem de ser procurado no exterior da empresa, no mercado. Mas é este o local da verdade, onde realmente os clientes consideram ou não o preço adequado e comparam as ofertas alternativas e os seus preços.

O CUSTO

Normalmente as empresas conhecem os custos de produção e comercialização dos seus produtos ou serviços, pelo menos de um modo aproximado. É difícil, em muitas situações, principalmente quando a empresa produz e comercializa vários produtos e tem custos fixos significativos, determinar com rigor o custo total de um produto. Sucede também frequentemente que para o mesmo produto se determinam os custos com valores diferentes, consoante os critérios contabilísticos utilizados. Há assim que ter cuidado na informação contida no valor de um custo de um produto ou serviço.

É necessário conhecer a metodologia utilizada para se chegar a esse custo e as rubricas que nele estão incluídas e as que foram excluídas. O gestor de marketing deve preocupar-se com estes aspectos e não confiar cegamente nos valores que lhe são fornecidos. O gestor de marketing utiliza os custos para fins diferentes dos contabilistas, financeiros e controladores da gestão das empresas, pelo que têm de os interpretar com outro rigor.

Uma distinção importante nas rubricas que compõem o custo total, e de grande utilidade para o gestor de marketing, é a que é feita no sentido de separar os custos variáveis dos custos fixos.

O valor absoluto das rubricas que compõem os custos variáveis aumenta, de um modo geral proporcionalmente, com o volume de bens produzidos e vendidos. No entanto, o seu valor unitário permanece constante. O valor absoluto das rubricas que constituem os custos fixos permanece constante independentemente do volume de bens produzidos e vendidos, dentro de certos intervalos de variação desse volume. O valor unitário dos custos fixos diminui com a quantidade produzida e vendida.

Nos custos variáveis incluem-se normalmente as matérias-primas, embalagens, componentes, energia e transporte. Nos custos fixos incluem-se o aluguer de instalações, amortizações do equipamento, investimentos publicitários e promocionais. A classificação dos custos com o pessoal depende do seu regime contratual, sendo normalmente um custo fixo. Em certos casos, como os vendedores, esse custo pode ter uma componente variável importante, por vezes a exclusiva.

A importância do desdobramento do custo total em custos fixos e variáveis reside no efeito económico para a empresa que o volume de vendas tem na sua viabilidade e rentabilidade.

O impacte nas margens de contribuição e no ponto de equilíbrio de exploração difere com a proporção relativa dos custos fixos e variáveis. Esse impacte é demonstrado no seguinte exemplo simplista relativo a duas empresas *A* e *B* que efectuam o mesmo volume de vendas (1000 unidades no valor de 1000€) com o mesmo custo total de 800€, obtendo portanto um resultado semelhante de 200€ cada uma das empresas.

No entanto, as duas empresas têm estruturas de custos diferentes.

A empresa A tem uma proporção de custos variáveis mais elevada que a empresa B:

EMPRESA A		
	Valor unitário	Valor total
VENDAS	1	1000
CUSTOS VARIÁVEIS	0,6	600
MARGEM DE CONTRIBUIÇÃO	0,4	400
CUSTOS FIXOS	0,2	200
RESULTADOS	0,2	200
PONTO DE EQUILÍBRIO	$\dfrac{200}{0,4}$ = 500 unidades	

EMPRESA B		
	Valor unitário	Valor total
VENDAS	1	1000
CUSTOS VARIÁVEIS	0,2	200
MARGEM DE CONTRIBUIÇÃO	0,8	800
CUSTOS FIXOS	0,6	600
RESULTADOS	0,2	200
PONTO DE EQUILÍBRIO	$\dfrac{600}{0,8}$ = 750 unidades	

Conclusão:

Quanto maior a proporção dos custos variáveis, menor é o volume correspondente ao ponto de equilíbrio.

Acima do ponto de equilíbrio de cada empresa o aumento de resultados por cada unidade vendida é o dobro na empresa com maiores custos fixos (empresa B). Pelo contrário, por cada unidade vendida abaixo do ponto de equilíbrio em cada empresa, aquela que tem custos variáveis mais elevados (empresa A) é a menos penalizada.

Suponhamos que o preço de venda é reduzido 10% em ambas as empresas passando para 0,9 euros/unidade, e que o volume de vendas se mantém nas duas empresas (1000 unidades). As restantes condições também se mantêm em relação à situação de partida:

EMPRESA A		
	Valor unitário	Valor total
VENDAS	0,9	900
CUSTOS VARIÁVEIS	0,6	600
MARGEM DE CONTRIBUIÇÃO	0,3	300
CUSTOS FIXOS	0,2	200
RESULTADOS	0,1	100
PONTO DE EQUILÍBRIO	$\dfrac{200}{0,3}$ = 666 unidades	

EMPRESA B		
	Valor unitário	Valor total
VENDAS	0,9	900
CUSTOS VARIÁVEIS	0,2	200
MARGEM DE CONTRIBUIÇÃO	0,7	700
CUSTOS FIXOS	0,6	600
RESULTADOS	0,1	100
PONTO DE EQUILÍBRIO	$\dfrac{600}{0,7}$ = 857 unidades	

Conclusão:

Os resultados continuam a ser semelhantes em ambas as empresas. No entanto, o ponto de equilíbrio em A subiu de 500 para 666 unidades, um aumento de 33%. Na empresa B passou de 750 para 857 unidades, um aumento de 14%. A empresa A com custos variáveis mais elevados foi mais penalizada pela redução de preços.

O que acontece se o preço subir 10% e as restantes condições se mantiverem?

EMPRESA A		
	Valor unitário	Valor total
VENDAS	1,1	1100
CUSTOS VARIÁVEIS	0,6	600
MARGEM DE CONTRIBUIÇÃO	0,5	500
CUSTOS FIXOS	0,2	200
RESULTADOS	0,3	300
PONTO DE EQUILÍBRIO	$\dfrac{200}{0,5}$ = 400 unidades	

EMPRESA B		
	Valor unitário	Valor total
VENDAS	1,1	1100
CUSTOS VARIÁVEIS	0,2	200
MARGEM DE CONTRIBUIÇÃO	0,9	900
CUSTOS FIXOS	0,6	600
RESULTADOS	0,3	300
PONTO DE EQUILÍBRIO	$\dfrac{600}{0,9}$ = 666 unidades	

Conclusão:

Os resultados continuam a ser os mesmos. Mas o ponto de equilíbrio da empresa A baixou 20% em relação à situação de partida enquanto na empresa B tal redução foi de 11%. A empresa A, com custos variáveis mais elevados, foi favorecido em relação à B com a subida de preços.

Suponhamos que em relação à situação inicial tudo se mantém, mas que a procura em ambas as empresas se reduz 10% passando a ser de 900 unidades:

EMPRESA A		
	Valor unitário	Valor total
VENDAS	1	900
CUSTOS VARIÁVEIS	0,6	540
MARGEM DE CONTRIBUIÇÃO	0,4	360
CUSTOS FIXOS	0,222	200
RESULTADOS	0,178	160
PONTO DE EQUILÍBRIO	$\dfrac{200}{0,4}$ = 500 unidades	

EMPRESA B		
	Valor unitário	Valor total
VENDAS	1	900
CUSTOS VARIÁVEIS	0,2	180
MARGEM DE CONTRIBUIÇÃO	0,8	720
CUSTOS FIXOS	0,666	600
RESULTADOS	0,134	120
PONTO DE EQUILÍBRIO	$\dfrac{600}{0,8}$ = 750 unidades	

Conclusão:
Os respectivos pontos de equilíbrio mantêm-se em relação à situação inicial. No entanto, a redução de resultados foi maior na empresa B (de 200 para 120) do que na empresa A (de 200 para 160). A empresa B, com custos fixos mais elevados, foi mais penalizada pela quebra na procura.

Se a procura pelo contrário aumentasse 10%, para 1100 unidades, mantendo-se as restantes condições:

EMPRESA A		
	Valor unitário	Valor total
VENDAS	1	1100
CUSTOS VARIÁVEIS	0,6	660
MARGEM DE CONTRIBUIÇÃO	0,4	440
CUSTOS FIXOS	0,181	200
RESULTADOS	0,219	240
PONTO DE EQUILÍBRIO	$\dfrac{200}{0,4}$ = 500 unidades	

EMPRESA B		
	Valor unitário	Valor total
VENDAS	1	1100
CUSTOS VARIÁVEIS	0,2	220
MARGEM DE CONTRIBUIÇÃO	0,8	880
CUSTOS FIXOS	0,545	600
RESULTADOS	0,255	280
PONTO DE EQUILÍBRIO	$\dfrac{600}{0,8}$ = 750 unidades	

Conclusão:

Os pontos de equilíbrio mantêm-se, mas agora a empresa mais beneficiada com o aumento da procura foi a empresa *B*, cujos resultados passaram de 200 para 280, enquanto que na empresa *A* o aumento foi de 40 euros. A empresa com custos fixos mais elevados foi mais beneficiada.

Com base neste exemplo simplista podemos concluir finalmente que:

a) Se os **custos fixos são elevados** a política de preços deve ser conduzido de modo a maximizar o volume de vendas. A redução de preços para manter ou aumentar as vendas é desejável e por vezes indispensável.

b) Se os **custos variáveis são elevados é** preferível desenvolver uma política de preços que maximize a contribuição unitária mesmo com sacrifício do volume de vendas. É menos aconselhável e por vezes reprovável a redução de preços para manter ou aumentar o volume de vendas.

O custo total é o limite inferior para o estabelecimento do preço. No entanto, existem situações em que é aconselhável praticar preços inferiores aos custos durante períodos de tempo limitados. Tal política é insustentável a longo prazo, mas justifica-se em certas ocasiões pontuais:

— Quando por razões técnicas ou económicas (custos fixos elevados) é necessário ocupar a capacidade de produção instalada.
— Ouando se pretende conquistar um cliente ou uma encomenda importante.
— Quando se pretende ganhar quota de mercado de modo a beneficiar de economias de escala (redução dos custos fixos unitários) ou de economias de experiência (redução dos custos unitários com a produção acumulada).

Para além da classificação dos custos em fixos e variáveis deve ainda ter-se em conta o carácter dinâmico dos custos, não considerando o efeito da inflação. Os custos reais de certas actividades de produção e comercialização de produtos ou serviços variam com a taxa de ocupação de unidades instaladas, com a sua dimensão e com a produção acumulada.

A prática por períodos limitados de preços inferiores aos custos totais possibilita, em certas situações, a obtenção de vantagens em termos de capacidade instalada e da produção acumulada, cujos benefícios se verificam no futuro com a redução dos custos unitários reais.

Muitas empresas ainda utilizam os custos como único indicador para o estabelecimento dos preços. Geralmente aplicam uma margem, expressa em percentagem, sobre o custo total. É um método simples e protege a empresa da concorrência se os seus custos forem semelhantes aos dos concorrentes. No entanto, esta prática pode conduzir ao desperdício de resultados maiores que se poderiam atingir e não tem em conta a capacidade competitiva da empresa face aos seus concorrentes.

O VALOR PARA O CLIENTE

O valor que o cliente atribui ao produto é o limite superior para o estabelecimento do seu preço. A sua determinação nao é fácil, por diversas razões. Por um lado, o valor é influenciável pelo esforço de marketing das empresas, por outro, o valor depende do segmento de mercado que se considera.

São utilizados estudos de mercado especialmente concebidos para determinar o valor que o cliente está disposto a pagar pelo produto e avaliar a sua sensibilidade ao preço.

O valor reconhecido pelos clientes sem informação adicional ou com desconhecimento do produto é com certeza inferior ao valor potencial do produto que pode ser conseguido através do esforço de comunicação das empresas.

A divulgação dos atributos do produto capazes de satisfazer as necessidades dos clientes e a sua comparação com os produtos concorrentes (posicionamento) aumenta o valor percebido pelos clientes. A publicidade e o trabalho da força de vendas têm uma especial importância nesse esforço.

O conceito do produto e o seu nível de qualidade variam com o segmento de mercado que o avaliam. Assim, é de esperar que o valor que os clientes atribuem ao produto varie com o segmento de mercado considerado. Certos segmentos podem atribuir-lhe um valor mais elevado que outros, estando portanto dispostos a pagar um preço mais elevado.

É importante para o gestor de marketing identificar os segmentos que atribuem maior valor ao produto e aqueles que são mais sensíveis ao preço.

Embora difícil de determinar, é importante conhecer o valor para o cliente ao estabelecer o preço. Critérios objectivos e subjectivos influenciam esse valor. No entanto, essa política pode conduzir a resultados superiores na comercialização de bens e evitar investimentos na introdução de produtos novos, cujo preço de venda aceitável para a empresa é superior ao valor que os clientes lhe atribuem.

OBJECTIVOS

Podem ser diversos os objectivos que as organizações pretendem atingir com a sua política de preços, e assim influenciar se o preço deve estar mais próximo do custo ou do valor para o cliente-alvo. Os objectivos procurados podem ser:

— Maximizar os resultados a longo prazo.
— Maximizar os resultados a curto prazo.
— Crescer e ganhar quota de mercado.
— Desencorajar os concorrentes actuais ou futuros.
— Estabilizar o mercado.
— Expulsar os concorrentes indesejáveis e manter os concorrentes aceitáveis.
— Motivar os canais de distribuição.
— Posicionar o produto ou serviço no mercado.
— Despertar o interesse por um produto.
— Transmitir confiança aos clientes e concorrentes.
— Evitar inspecções das autoridades.
— Gerar tráfico (canais de distribuição).

As empresas seleccionam os objectivos da política de preço que estão de acordo com a sua estratégia e objectivos globais e com a maneira de estar no mercado.

Certas empresas entram nos mercados com uma **política de «desnatar»** o mercado, focando a sua actividade exclusivamente nos segmentos que atribuem maior valor ao produto praticando preços elevados. Deste modo, conseguem margens e níveis de rentabilidade elevados, ao mesmo tempo que podem construir uma imagem de prestígio no mercado. Se essas empresas planeiam ficar no mercado à medida que este se desenvolve podem reduzir gradualmente os preços do produto de modo a atingirem outros segmentos de mercado, ou, em alternativa, introduzir gradualmente produtos novos com preços diferentes concebidos para cada um dos segmentos identificados.

Uma política de preços de «desnatação» convida os concorrentes a entrar no mercado, atraídos pelas margens elevadas e lucros potenciais e pela oportunidade de captar uma fatia importante do mercado com preços mais baixos.

Outras empresas utilizam uma **política de preços de penetração** procurando, sem demora, conquistar a liderança no mercado através da adopção rápida por parte dos clientes. Nesta política, as empresas procuram atingir os segmentos de mercado de maior dimensão potencial praticando preços relativamente baixos. Procuram não só crescer rapidamente mas também desencorajam outros concorrentes de entrarem no mercado. Os recursos que permitem a execução de uma política de penetração são muito elevados. São necessários meios humanos e materiais suficientes para os aumentos de capacidade indispensáveis e frequentes. É também necessária a existência de canais de distribuição acessíveis.

CONCORRÊNCIA

O nível de preços praticado pela concorrência condicional obviamente, a política de preços de uma organização e limita as suas opções.

Ouanto maior a homogeneidade dos produtos no mercado, maior a pressão concorrencial em termos de preço.

Quanto menor o recurso das empresas às políticas de produto, comunicação e distribuição, maior a sua vulnerabilidade face a um ataque de preços mais baixos por parte da concorrência.

A diferenciação constitui uma boa barreira, que isola e protege as empresas da concorrência em preço. Quanto maior a diferenciação, menores são as restrições que a concorrência pode colocar à política de preço.

A escolha de segmentos menos sensíveis ao preço diminui também o impacte que a concorrência pode ter.

O conhecimento dos concorrentes é também importante no sentido de se poder diagnosticar e antecipar as suas reacções face a subidas ou descidas de preços. Vão seguir essas alterações ou contrariá-las? Quais as possíveis consequências do seu comportamento?

Para se poder responder a estas perguntas é necessário realizar uma análise da concorrência pormenorizada.

REGULAMENTAÇÃO

A legislação regulamentadora e por vezes definidora dos preços pode condicionar fortemente a política de preços. Os objectivos macroeconómicos que os Governos procuram atingir em termos de inflação, justiça social e crescimento podem obrigar ao estabelecimento de parâmetros condicionadores dos preços de certos bens.

Também as leis da concorrência estabelecem normas, com o fim de equilibrar e proporcionar a livre concorrência entre as empresas, afectando as suas políticas de preços.

ÉTICA

Os valores éticos que as organizações e os seus gestores defendem reflectem-se na política de preços praticada. A noção da justiça nos preços praticados está directamente associada à ética seguida.

O seu impacte reflecte-se na prática do não aproveitamento de situações especiais, tais como: diminuição da capacidade competitiva da concorrência, situação de dependência dos clientes, ausência de informação ou treino dos compradores e utilizadores, e discriminação de preços.

A responsabilidade social das empresas e dos seus gestores reflecte-se assim na política de preços, face ao mercado e aos concorrentes.

Sensibilidade do cliente ao preço

A avaliação de sensibilidade dos clientes ao preço é uma tarefa de grande utilidade, não só para a definição do nível de preços a praticar mas também para se estimar a variação da procura com a variação dos preços e para a relação dos segmentos de mercado mais ou menos sensíveis ao preço.

ELASTICIDADE

Designa-se por elasticidade a relação entre a variação relativa da procura de um bem em quantidade e a variação relativa do preço real desse bem.

Se um aumento de preços de 5% conduz a uma redução da procura de 10%, a elasticidade é negativa (-2).

$$\text{Elasticidade} = \frac{-10\%}{+5\%} = -2$$

A procura diz-se perfeitamente elástica quando esta pode variar entre zero e infinito sem variação de preço. Diz-se perfeitamente inelástica quando a procura permanece constante, independentemente do nível de preços praticado. São casos meramente teóricos. Na prática existem produtos cuja procura é mais ou menos elástica.

Normalmente é de esperar que a procura baixe com a subida dos preços (elasticidade negativa), no entanto, em certas situações e para determinados bens, sucede o contrário, a procura aumenta com a subida de preços (elasticidade positiva). Entre os bens com elasticidade positiva encontram-se os produtos ou serviços de luxo e alguns produtos de primeira necessidade, cujo aumento de preços é geralmente acompanhado por aumentos nos preços de produtos relacionados. Em certos casos, a procura aumenta com o aumento de preços porque a expectativa da subida da inflação é superior ao aumento de preços verificado.

A elasticidade da procura de um bem depende da intensidade e tipo das necessidades dos clientes consumidores, e da existência de substitutos para esse produto.

O conceito de elasticidade, embora teoricamente importante, tem uma utilidade prática reduzida. Na verdade, o valor da elasticidade determinado parte do princípio que permanecem constantes todas as outras variáveis que influenciam a procura com excepção do preço. A constância de variáveis como a introdução de produtos novos, publicidade, promoção dos fabricantes, canais de distribuição e acções da concorrência é praticamente impossível de atingir, ou de repetir, pelo que o valor de uma determinada elasticidade de procura é muito limitado.

PREÇOS PSICOLÓGICOS

No sentido de avaliar a sensibilidade dos clientes ao preço, os gestores de marketing recorrem a estudos de mercado cujo tratamento permite estabelecer o preço mais conveniente. Uma das técnicas é a determinação dos preços psicológicos. Segundo esta técnica os clientes potenciais são convidados a responder a duas perguntas:

a) Qual é o preço máximo que está disposto a pagar pelo produto ou serviço?
b) Qual é o preço abaixo do qual não compraria o produto ou serviço por não o considerar de qualidade aceitável?

Para cada preço calculam-se as percentagens acumuladas de respostas correspondentes ao preço máximo da pergunta a) e ao preço mínimo da pergunta b).

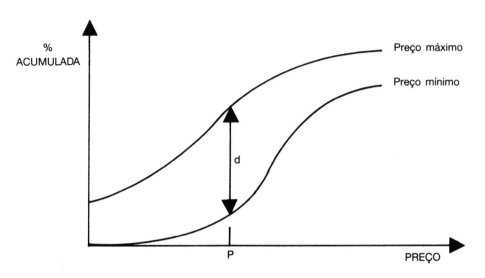

Para cada preço **P** a diferença **d** entre as ordenadas encontradas nas duas curvas corresponde à percentagem de clientes potenciais dispostos a adquirir o produto a esse preço **P,** de acordo com os resultados do estudo de mercado.

Um dos objectivos dos gestores pode ser o de maximizar essa percentagem correspondente à diferença **d.** Outros objectivos podem ser o de maximizar as receitas ou os resultados.

Outros aspectos psicológicos relevantes estão relacionados com o valor do preço. O impacte de preços como 99,99€ em vez de 100€ por exemplo. Esse impacte não é claro, embora possa funcionar positivamente para realçar promoções, saldos, ...

O preço na linha de produtos

As relações entre os preços das componentes de uma linha de produtos determinam as vendas e a rentabilidade de cada um deles e da linha de produtos. Essas relações podem conduzir a efeitos negativos tais como a canibalização ou a efeitos positivos como a ascensão na linha de produtos *(trading up)*.

CANIBALIZAÇÃO

A introdução de um produto novo numa linha de produtos pode ter efeitos perturbadores nessa linha. Um dos efeitos mais frequentes consiste em desviar as vendas de um produto existente para o produto novo. Este fenómeno é conhecido por canibalização do produto existente pelo produto novo.

A canibalização pode ser desejável se o produto existente estiver na fase de declínio do seu ciclo de vida, ou quando está sujeito a uma pressão forte por parte de uma empresa concorrente. De um modo geral procura-se minimizar os efeitos da canibalização em termos do volume de vendas ou da rentabilidade. O seguinte exemplo é ilustrativo:

Uma empresa apresenta as seguintes vendas do seu produto A:

	Produto A
Vendas (1 milhão de unidades)	100 000 mil euros
Custos variáveis	50 000
Contribuição	50 000
Enc. de estrutura	30 000
Res. antes de impostos	20 000

A empresa que tem uma quota de 50% com o produto A resolve introduzir no mesmo mercado um produto B com um preço de venda de 80€/unidade, cujo custo variável é de 45€/unidade. A empresa espera atingir uma quota de 50% nesse mercado com o produto B roubando vendas aos restantes produtos (incluindo A). Os encargos de estrutura passarão para 45 milhões de euros:

	Produtos A e B
Vendas de A (500 000 unidades)	50 000 mil euros
Vendas de B (1 milhão de unidades)	80 000
	130 000
Custos variáveis (A)	25 000
Custos variáveis (B)	45 000
	70 000
Contribuição	60 000
Encargos de Estrutura	45 000
Resultado antes de impostos	15 000

A canibalização do produto A pelo produto B não é vantajosa, a menos que constitua uma defesa a um ataque da concorrência ao produto A, ou se aproxima o declínio de A ou, ainda, o produto B constitui um protector da linha de produtos ao ataque de concorrentes futuros (flanqueador).

ASCENSÃO NA LINHA DE PRODUTOS *(TRADING UP)*

No sentido de aliciar os clientes na compra de produtos de maior valor (e maior margem de contribuição) incluem-se na linha de produtos algumas variedades mais baratas, com menos atributos ou com atributos de menor valor.

Espera-se deste modo atrair clientes com os produtos mais baratos na esperança de que, com o tempo, eles evoluam para produtos mais caros e sofisticados da mesma linha de produtos.

Esta prática de preços procura também fidelizar os clientes numa determinada marca, procurando que percorram toda a linha de produtos.

GERADORES DE TRÁFEGO

Certos produtos podem apresentar preços especialmente baixos de modo a atrair clientes que na ocasião acabam por adquirir outros produtos cuja margem de contribuição é mais elevada.

Por vezes esses produtos geradores de tráfego são vendidos abaixo do seu custo na esperança de que a venda de outros bens compense e ultrapasse a perda neles verificada.

Esta prática é muito utilizada pelos retalhistas, que estabelecem preços muito baixos para determinados produtos (leite, óleos alimentares, pão, ...) de modo a atrair clientes às suas lojas.

PRODUTOS INTERDEPENDENTES

O estabelecimento de preços de produtos interdependentes, tais como máquinas de fotografar e películas, máquinas de barbear e lâminas, levanta problemas especiais.

Deve estabelecer-se o preço de ambos os produtos de modo a gerarem margens de contribuição semelhantes em relação ao preço, ou deve privilegiar-se um deles em detrimento do outro?

No caso de um dos produtos (lâminas) se vender com frequência a um preço relativamente baixo, o fabricante quase que pode oferecer o outro produto (máquina de barbear) de modo a encorajar as vendas do primeiro produto se este for de uso exclusivo naquele.

Problemas

1. Uma empresa desenvolveu uma nova fotocopiadora, que produzia cópias de melhor qualidade e a custos mais baixos: 0,5€/100 cópias em vez de 2,5€/100 cópias nas fotocopiadoras normais.

O custo da máquina nova é de 1875€ e a empresa pensa vendê-la a um preço situado entre 2625€ e 3375€. As fotocopiadoras actuais são vendidas a um preço cerca de 2075€.
Como pode a empresa estabelecer o preço da nova fotocopiadora?

2. Um fabricante de aromas, para incorporação de produtos de higiene e beleza, viu a sua quota de mercado reduzir-se no ano passado de 100% para 90%. Esse fabricante, cujos preços eram 15% superiores aos da concorrência, resolveu aumentar o seu orçamento de publicidade e força de vendas. Não teria sido melhor baixar o preço?

3. Um teatro pretende estabelecer os preços dos bilhetes para o próximo espectáculo. Para tal, realizou uma sondagem junto de 100 pessoas, às quais fez as seguintes perguntas:
    a) Acima de que preço acha que é caro demais?
    b) Abaixo de que preço considera que o espectáculo não é bom?
Os resultados da sondagem foram:

Preço (€)	0	5	10	15	20	25	30	35	40
a)	—	5	15	20	25	15	10	5	5
b)	—	15	30	42	8	5	—	—	—

Qual o preço que deve ser estabelecido?

4. Um fabricante pretende que os retalhistas que comercializam o seu produto aumentem o *stock* médio de 1,5 para 2,5 semanas de vendas. O produto é vendido ao público a 0,50€ por unidade.
Para convencer os retalhistas, o fabricante oferece uma redução do seu preço de venda ao retalho de 0,42€ para 0,40€ por unidade.
    a) Acha que os retalhistas aceitam a oferta continuando a vender a 0,50€?
    b) O que acontece se o retalhista aceita a oferta e reduz o preço de venda ao público para 0,48€?

5. A que preço é que a DIGITERM (ver problema 10 do capítulo 5) deve ser vendido ao público considerando que os termómetros convencionais IN são vendidos ao público nas farmácias por 8,25€ e que o custo unitário variável é de 5,57€?

6. A Empresa CONGEL comercializa uma linha de vegetais congelados. A evolução das vendas da CONGEL nos últimos 3 anos foi a seguinte:

ANO	1999	2000	2001
Vendas (kgs)	798 000	804 000	828 000
Vendas (mil euros)	4948	4894	4920
Quota (quantidade)	25%	23%	22%

Em 2001 o nível de preços dos produtos CONGEL foi semelhante ao da concorrência e o seu custo variável médio foi de 4,4€/kg.
Prevê-se a entrada no mercado em 2002 de um concorrente internacional com preços cerca de 15% mais baixos que os da CONGEL.
Qual deve ser a política de preços da CONGEL para 1998?

7. Uma empresa de projectos de construção civil pretende definir a política de preços nos concursos públicos a realizar no próximo ano.
Apesar da qualidade dos projectos realizados a empresa tem perdido ultimamente contratos para o seu concorrente principal devido a preços mais baixos.

No último ano a empresa obteve os seguintes resultados:

- Facturação .... 660 milhões de euros
- Custos fixos .... 485 milhões de euros
  (Pessoal, amortizações, ...)
- Custos variáveis .... 105 milhões de euros
- Resultados antes de impostos .... 70 milhões de euros

Que recomendações faz relativamente à política de preços para o ano seguinte?

8. O custo unitário de um produto baixa com a produção acumulada devido a efeitos de experiência. Com a duplicação da produção acumulada o custo unitário baixa 20%.
Que implicações tem este aspecto na política de preços de uma empresa que fabrica e comercializa esse produto nas seguintes alternativas:

a) Pretende entrar no mercado onde já estão a actuar concorrentes.

b) É líder destacado.

9. Um fabricante de vestuário prepara o lançamento de uma linha de camisolas. Os estudos de mercado realizados permitiram identificar três segmentos que atribuem diferentes valores a essa linha de camisolas.

Segmento	Valor Atribuído	Procura Estimada (milhares unidades)
ALTO	62,5€	100
MÉDIO	42,5€	500
BAIXO	25€	1000

O custo médio de produção é de 14€ por camisola.

a) Que alternativas tem esse fabricante relativamente à política de preços da nova linha de camisolas?

b) De que factores depende a avaliação das alternativas identificadas?

c) Que implicações tem cada uma das alternativas nos outros elementos de marketing-mix?

8

Planeamento e organização de marketing

- *O plano de marketing*
- *O controle dos objectivos de marketing*
- *Organização de marketing*
- *Problemas*

Planeamento e organização de marketing

Há quem classifique com algum humor os gestores, em geral, e os de marketing, em particular, nas cinco categorias seguintes:

Categoria A - Os que fazem acontecer as coisas
 B - Os que pensam que fazem acontecer as coisas
 C - Os que vêem as coisas acontecer
 D - Os que gostariam de saber o que aconteceu
 E - Os que não sabem que alguma coisa aconteceu

A categoria desejável, de acordo com a sua caracterização, é a categoria A na maior parte das situações.

A competência, experiência, sorte e características de liderança contribuem para o sucesso do gestor de marketing. Mas instrumentos como o plano de marketing e a capacidade organizativa dos gestores pode ser decisiva.

O plano de marketing permite sistematizar os procedimentos, definir políticas e acções a desenvolver e assegurar a sua coerência interna e externa. O plano de marketing permite ainda controlar a eficácia das acções e políticas escolhidas, fornecendo elementos para estabelecer relações de causa-efeito entre as opções das várias políticas do *marketing-mix* e os resultados obtidos.

O plano de marketing é um guia de acção que permite acompanhar de um modo quantificado a evolução e situação concorrencial da empresa.

A organização de marketing assegura a realização das acções planeadas e a obtenção dos objectivos pretendidos.

A organização de marketing numa empresa tem em conta a sua dimensão, as funções principais que têm de ser desenvolvidas, a multiplicidade de produtos ou serviços e a dispersão geográfica da sua actividade.

Com a definição da estrutura organizacional são estabelecidos as responsabilidades e os poderes de cada órgão. Ficam também definidas as funções desempenhadas por cada um. Assegura-se a coerência das acções desenvolvidas.

Um esforço contínuo de planeamento e uma adequada organização de marketing são auxiliares valiosos dos gestores para saberem onde estão, por onde vão, para onde querem ir, para saberem se estão no bom caminho e para obterem informação como os outros vão e como o contexto está a evoluir.

Um contexto caracterizado por incertezas, mudanças rápidas e frequentes não invalida o esforço de planeamento e de organização. Tem pelo menos as virtudes de tomar conhecimento das mudanças a tempo de reagir e de avaliar o grau de adaptação da empresa à mudança.

O plano de marketing

O esquema do plano de marketing anual aqui apresentado não pretende ser mais que uma proposta de estrutura possível do plano, que aborde os aspectos fundamentais da sua elaboração e «levante» os problemas de gestão a curto ou médio prazo mais importantes para o negócio.

A estrutura do plano de marketing anual seguidamente desenvolvida inclui as seguintes partes:
1. Definição do negócio e estratégia de marketing
2. Posição concorrencial
3. Pressupostos
4. Objectivos operacionais
5. Programas de acções, orçamentos e calendário
6. Resumo financeiro
7. Sistemas de controle, motivação e responsabilização

1. Definição do negócio e estratégia de marketing

Procura-se nesta secção definir de um modo resumido o negócio, através dos bens oferecidos e dos mercados atingidos.

Deve também ser incluída uma breve descrição do modo como a empresa pretende actuar no mercado e/ou da forma como a empresa pretende que o mercado a considere.

A definição do negócio está directamente relacionada com a definição da estratégia de marketing. Os elementos da estratégia de marketing: âmbito, vantagens competitivas, objectivos estratégicos, sinergias e alocação de recursos, devem ser explicitados claramente. Estas escolhas estratégicas devem estar presentes aquando do estabelecimento posterior dos objectivos operacionais e dos programas de acções, de modo a assegurar a coerência de todo o plano de marketing.

2. Posição concorrencial

Pretende-se nesta secção apresentar uma análise da situação da empresa no negócio a que se refere o plano.

O objectivo principal desta análise é a identificação dos problemas e oportunidades que se deparam à empresa e em relação aos quais tem de desenvolver programas no período a que se refere o plano.

Esta secção deve iniciar-se com um resumo da evolução do(s) mercado(s) na qual a empresa actua através do negócio em análise. Não devem ser esquecidos os mercados que influenciam, mesmo indirectamente, a actividade da empresa.

Seguidamente, deve ser apresentada a evolução da empresa nesse(s) mercado(s) através do seu volume de vendas e quota de mercado.

Paralelamente deve ser traçada a evolução da concorrência no(s) mesmo(s) mercado(s). Com o objectivo de interpretar criticamente estas evoluções devem ser descritos comparativamente os elementos do *marketing-mix* da nossa empresa e da concorrência.

Esta secção deve encerrar com uma identificação dos principais problemas e das oportunidades que se deparam à nossa empresa e sua hierarquização.

Ao mesmo tempo, deve procurar-se ajustar as capacidades da empresa por forma a resolver os problemas e aproveitar as oportunidades.

3. Pressupostos

Face à análise da situação da empresa e do seu contexto envolvente apresentam-se nesta secção os pressupostos que estão subjacentes às previsões a curto prazo.

O modo como os contextos económico, político e tecnológico vão evoluir, as possíveis «jogadas» dos concorrentes actuais e potenciais e as prováveis modificações no(s) mercado(s)-alvo servirão de «pano de fundo» ao conjunto de actividades a programar e ao estabelecimento dos objectivos da empresa.

4. Objectivos operacionais

Com base na análise da posição concorrencial da empresa, nos pressupostos quanto ao futuro e na identificação dos problemas e oportunidades devem ser estabelecidos os objectivos preliminares a atingir durante o período a que se refere o plano de marketing. A possibilidade de atingir tais objectivos será testada durante a elaboração das fases seguintes do plano. A reformulação dos objectivos definidos nesta secção pode, portanto, vir a ser feita consoante os resultados desses testes.

5. Programas de acções, orçamentos e calendário

Nesta secção devem ser apresentadas do modo mais pormenorizado possível as acções específicas a desenvolver, no sentido de serem atingidos os objectivos fixados.

As acções devem abranger todos os elementos do *marketing-mix*, e também corresponder a um orçamento previsto para a sua execução e a um calendário bem definido. Os objectivos a atingir com as diversas acções devem ser estabelecidos de modo a possibilitar o seu controle futuro. O conjunto das acções deve ser coerente internamente, consistente com os pressupostos e responder aos problemas e oportunidades detectadas.

6. Resumo financeiro

Esta secção do plano destina-se a apreciar o impacte financeiro na exploração do negócio das medidas indicados nos programas de acção.

Ao mesmo tempo procura-se testar a possibilidade de atingir os objectivos previamente fixados.

Este resumo financeiro toma geralmente a forma de uma conta de exploração previsional, e os valores nele indicados devem ser comparados com os valores históricos justificando as alterações existentes.

7. Sistemas de controle, motivação e responsabilização

Cada programa de acção incluído no plano deve apresentar um responsável bem definido pela sua execução e obtenção dos resultados previstos.

Deve ser implementado um sistema de controle que permita acompanhar a execução do plano de marketing. É desejável que o controle seja pelo menos mensal, o que obriga não só a especificar o plano em termos de objectivos a atingir, mas também a fixar a respectiva calendarização.

O controle dos objectivos de marketing

Uma das tarefas mais importantes da actividade do gestor de marketing é a necessidade de um controle cuidadoso do cumprimento dos planos elaborados, não só para explicar os desvios encontrados mas também para estar preparado para introduzir alterações correctivas no sentido de responder a modificações significativas do contexto.

Consideremos o exemplo da empresa ABC que apresentou os seguintes resultados:

	Planeado	Realizado	Desvio
Vendas (unidades)	20 000	22 000	2 000
Vendas (€)	10 000	10 500	500
Mercado total (unidades)	40 000	50 000	10 000
Custo variável (€/unidades)	0,3	0,3	-
Contribuição (€)	4 000	3 900	(100)

O desvio negativo de 100€ verificado pode ter sido originado por diversas razões:

— evolução do mercado total
— variação na quota
— alteração no custo unitário
— alteração no preço.

Os desvios podem resultar de problemas existentes na previsão, execução ou em ambos. A responsabilidade de desvios na dimensão do mercado total deve ser principalmente atribuída a quem realizou a previsão. O desvio na quota de mercado é de mais difícil responsabilização, embora seja de atribuir principalmente ao grupo operacional.

ANÁLISE DOS DESVIOS DA EMPRESA ABC						
	Plano	Mercado	Quota	Preço	Custo variável	**Real**
Mercado (unidades)	40 000	50 000	50 000	50 000	50 000	50 000
Quota	50%	50%	44%	44%	44%	44%
Preço	0,5	0,5	0,5	0,4773	0,4773	0,4773
Custo variável	0,3	0,3	0,3	0,3	0,3	0,3
Contribuição	4 000	5 000	4 400	3 900	3 900	3 900
Desvio		1000	(600)	(500)	0	

Assim, podemos dizer que existe um desvio favorável de 1000€ resultante de um maior crescimento do mercado total. Tal respondeu a um subdimensionamento do mercado que se verificou vir a ser 25% superior ao previsto. O não cumprimento da quota estabelecido conduziu a um desvio negativo de 600€. A última componente do desvio total foi introduzida pela variação (redução) do preço, a qual atingiu 500€. O desvio total é assim a soma destes desvios parcelares (1000 – 600 – 500 = – 100€). De referir que, neste exemplo, a redução de preços pode ter sido um factor importante da procura total. De qualquer modo essa redução de preço conduziu a uma diminuição da contribuição de 500€.

O controle de marketing, para ser útil, deve incidir sobre os objectivos e variáveis de ordem estratégica, tais como: preço, quota de mercado e dimensão do mercado. Cabe pois aos gestores responsáveis julgarem as causas dos desvios, identificarem os responsáveis e introduzirem os mecanismos de correcção.

A actividade de controle é fundamental para se poder ter um conhecimento contínuo do mercado, principalmente quando este se altera com frequência, o que parece ser a tendência geral dos próximos anos.

Para além destes objectivos de marketing outros objectivos devem também ser controlados tais como o grau de satisfação de clientes, o nível de notoriedade e a imagem da empresa e das suas marcas.

Para tal a medição da satisfação dos clientes deve ser frequente assim como estudos de mercado especialmente dirigidos para a avaliação da notoriedade e imagem.

Organização de marketing

A organização de marketing nas empresas tem evoluído ao longo do tempo. As organizações iniciais centravam-se na área das vendas. A força de vendas, com os vendedores, técnicos de assistência após-venda e chefias de vendas, constituía o núcleo básico da organização. Ainda hoje muitas empresas têm separado na sua organização uma estrutura autónoma de vendas. É uma reminiscência ultrapassada e menos eficaz das origens da organização de marketing.

Com o desenvolvimento e tomada de consciência das diversas actividades de marketing e da sua interdependência a força de vendas passou a integrar uma estrutura mais larga, na qual desempenha o seu papel específico.

Assim se constituiu a moderna organização de marketing directamente dependente das estruturas do topo das empresas e que engloba todas as actividades de marketing ou tradicionalmente designadas por «comerciais».

TIPOS DE ORGANIZAÇÃO DE MARKETING

a) Funcional

A organização do tipo funcional é a mais adequada à empresa, com um número muito limitado de produtos ou serviços destinados para um ou muito poucos mercados.

As funções que constituem os órgãos de estrutura correspondem, em parte, às diversas componentes do *marketing-mix*. Assim, na dependência da direcção de marketing, que é responsável pela definição da estratégia, execução dos planos de marketing e por assegurar a coerência das diversas actividades, existem fundamentalmente as seguintes funções:

Vendas e distribuição

Responsável pela gestão da força de vendas e dos canais de distribuição utilizados. A sua actividade é dirigida no sentido de se atingirem os objectivos definidos pela direcção de marketing. A gestão da relação com os clientes e agentes distribuidores, assim como a prestação do serviço após-venda são tarefas importantes incluídas nesta função.

Comunicação

Responsável pela definição e realização da política de comunicação. Concebe a realização das campanhas de publicidade, promoções e relações públicas. Selecciona e gere as relações com agências de publicidade. Controla a execução das campanhas de comunicação.

Estudos de mercado

Colige e selecciona a informação útil sobre o mercado, concorrência e contexto económico e social. Responsável pela execução dos estudos para caracterização e análise de mercados e para avaliar as alternativas de acção de marketing.

Desenvolvimento

A responsabilidade desta função é a concepção e desenvolvimento de produtos novos de acordo com a estratégia definida pela empresa. Assegura a coordenação das diversas tarefas normalmente executadas no desenvolvimento de produtos novos.

Planeamento e controle

Controla o desenvolvimento das acções de marketing planeadas. Analisa os resultados obtidos e os desvios verificados face aos objectivos definidos.

b) Gestão de produtos

Se a empresa comercializa várias linhas de produtos num mercado pode justificar-se a existência de gestores que se preocupem exclusivamente com cada uma das linhas de produtos ou grupos de linhas de produtos. Procura-se, deste modo, concentrar um maior esforço e atenção da gestão em cada produto.

Esses gestores, normalmente designados por «gestores de produto», dependem directamente do director de marketing da empresa. São como que um minidirector de marketing dos seus produtos que propõem a estratégia e o plano de marketing que consideram mais adequados para os seus produtos.

A sua tarefa mais importante na implementação dos planos de marketing consiste em assegurar os meios materiais e humanos para apoiar os seus produtos.

A negociação e obtenção da colaboração dos gestores funcionais (força de vendas, publicidade e estudos de mercado) é fundamental para o sucesso das acções de marketing desenvolvidas por cada um dos gestores de produto.

FUNÇÕES DO GESTOR DE PRODUTO
• Desenvolver uma estratégia a longo prazo para o produto
• Preparar e realizar o plano de marketing anual e as previsões de vendas
• Desenvolver as campanhas publicitárias e promocionais em colaboração com as agências de publicidade ou departamentos internos especializados
• Estimular o apoio da força de vendas da empresa e dos canais de distribuição do produto
• Reunir e tratar a informação relativa ao mercado do produto, concorrência, comportamento do produto, clientes e distribuidores
• Desenvolver produtos novos como resposta a alterações do contexto

c) Gestores de mercado

No caso de a empresa comercializar um produto, ou um número reduzido de produtos, em diversos mercados com características diferentes (geográficas, comportamento e tipo de clientes, ...) há vantagens em concentrar a gestão dos produtos em cada mercado num gestor de mercado. Este gestor é um especialista do mercado que lhe é atribuído, procurando a maximização dos objectivos que nele se pretende atingir.

As funções do gestor de mercado são semelhantes às funções do gestor de produto, mas focadas no mercado da sua responsabilidade.

d) Gestores de produto/mercado

Na situação mais complexa de empresas, com muitos produtos dirigidos para diversos mercados, as estruturas organizacionais matriciais podem ser uma solução. Neste tipo de organização existem gestores de produto e gestores de mercado, respectivamente responsáveis pelas funções de gestão de produtos e dos mercados da empresa. Para além da colaboração necessária entre os gestores de produtos e os gestores de mercados cada um destes grupos tem também de coordenar as suas actividades e planos com os gestores funcionais de marketing.

É um tipo de organização muito complexa e de eficiência duvidosa, tendo em conta o esforço permanente de negociação e coordenação entre os diferentes gestores, o que constitui um processo que consome tempo e dinheiro.

Nestas situações pode ser mais vantajoso separar as actividades, criando eventualmente empresas autónomas mais pequenas, segundo critérios que podem ser baseados nos produtos ou nos mercados. Criam-se deste modo estruturas mais geríveis e operacionais evitando-se os problemas de comunicação e desfocagem a que as estruturas matriciais podem conduzir.

e) Gestores de canais de distribuição

As organizações baseadas nos produtos, marcas ou mercados estão normalmente centradas no consumidor final. Os respectivos gestores focam a sua atenção em obter a preferência dos consumidores finais satisfazendo melhor que os concorrentes as suas necessidades. No entanto em muitos sectores de actividade, nomeadamente nos bens de consumo, é igualmente importante focar também a atenção da gestão nos distribuidores - gestão de Trademarketing. Esta importância ultrapassa as funções tradicionais atribuídas à função vendas, pois exige uma gestão integrada de marketing dirigida aos distribuidores.

Neste sentido têm-se desenvolvido esquemas organizacionais de modo a contemplar as funções de Trademarketing. Um dos esquemas corresponde à criação de uma área de Trademarketing na organização da empresa, liderada por alguém junto à direcção geral, e que seja responsável pela gestão da relação com os distribuidores numa óptica de marketing. Outro esquema mais abrangente corresponde à criação dos designados gestores de categorias.

Este esquema organizacional implica que uma categoria de produtos seja gerida coordenadamente de modo a satisfazer as necessidades dos distribuidores e dos clientes finais. Uma categoria de produtos deve incluir todos os produtos que os consumidores finais considerem inter-substituíveis na satisfação das mesmas necessidades.

Problemas

1. O novo director-geral da Eurotelha estava preocupado com a situação da empresa, pois 2000 tinha sido o terceiro ano consecutivo com prejuízos.

    A Eurotelha tinha sido fundada em 1976, sendo a primeira a produzir telhas de cimento em Portugal. Respondendo à elevada procura não satisfeita pelos produtores de telhas de cerâmica, a Eurotelha expandiu as suas instalações entre 1979 e 1981 tendo atingido um volume de vendas de 12 milhões de telhas neste último ano.

    Em 2000 a Eurotelha vendeu cerca de 7 milhões de telhas no mercado interno, que consumiu nesse ano cerca de 40 milhões de telhas e que se encontra estacionário. O mercado é dominado pelos fabricantes de telhas de cerâmica com 80% do mercado (o principal fabricante deste tipo de telha é a Telha Astro com uma quota de 40%). A Eurotelha é o principal produtor de telhas de cimento com cerca de 75% deste segmento.

    A Eurotelha é a única empresa da indústria cujo produto está oficialmente aprovado pelo Laboratório Nacional de Engenharia Civil, e, de acordo com os seus técnicos, as telhas de cimento apresentam várias vantagens em relação às telhas de cerâmica:

- São mais resistentes.
- Desde que a estrutura do telhado da habitação tenha sido concebida de modo apropriado, as telhas de cimento são de mais fácil aplicação e conduzem a um telhado mais impermeável.
- O n.º de telhas de cimento por m² de telhado é inferior em cerca de 15% ao n.º de telhas de cerâmica por m².
- É possível fabricar telhas com cores variadas permitindo ao cliente final obter o telhado da cor que prefere. As telhas de cerâmica são geralmente vermelhas.

Ainda de acordo com esses técnicos, o único inconveniente das telhas de cimento é o seu maior peso, sendo cerca de 25% mais pesadas que as telhas de cerâmica.

Apesar das vantagens, o produto da Eurotelha encontrava dificuldades para aumentar as suas vendas:

— Alguns utilizadores finais queixavam-se da humidade provocada pelas telhas de cimento. Os técnicos da Eurotelha afirmavam que essas situações resultavam da deficiente concepção do telhado.
— Os revendedores de materiais de construção civil desconheciam as características específicas das telhas de cimento.
— Os arquitectos e algumas autarquias condenavam a utilização de telhas pretas ou verdes por razões de ordem paisagística.

Perante esta situação, num país tradicionalmente utilizador de produtos de cerâmica, a Eurotelha encontrava grandes obstáculos contrariamente aos que acontecia nos principais países da Europa, onde a telha de cimento é a mais utilizada.

Ponderando as acções a desenvolver, o director-geral da Eurotelha revia os aspectos principais da actividade da sua empresa:

- Em 2000, a empresa tinha vendido 7 milhões de telhas (5 milhões de telhas pretas e verdes e 2 milhões de telhas vermelhas), volume insuficiente para cobrir os custos da empresa (Anexo 1).
- No último triénio, no sentido de salvaguardar as margens, a empresa subiu os preços a um ritmo superior ao da concorrência, principalmente nas telhas pretas e verdes. No entanto, em 2000, os preços da Eurotelha eram semelhantes aos da concorrência, nas telhas vermelhas.
- À semelhança do que acontece com os outros fabricantes, a Eurotelha distribuía os seus produtos quase exclusivamente através dos revendedores de materiais de construção civil (Anexo 2). As telhas representam no máximo 10% do volume de negócios destes revendedores.
- A Eurotelha concentrava o seu esforço de comunicação exclusivamente junto dos revendedores, para os quais havia concebido um folheto mensal no qual se relatavam as actividades da Eurotelha e as vantagens e as características das telhas de cimento.

- A Eurotelha estava associada a telhas pretas, e sempre que o utilizador final desejava esta cor, os construtores não tinham praticamente outra alternativa senão recorrer à Eurotelha.
- Os arquitectos e algumas autarquias eram em princípio contrários à utilização de telhas pretas ou verdes. De referir que só em cerca de 5% das situações de compra de telhas é que os arquitectos intervêm.
- O custo do telhado numa habitação não é muito relevante, sendo geralmente inferior a 5% do custo total da habitação.
- Os revendedores procuravam maximizar as suas margens de comercialização estabelecendo os seus preços de venda dos materiais e distribuindo produtos de fabricantes concorrentes. Nas telhas era vulgar encontrar revendedores que simultaneamente distribuíam telhas da Eurotelha e de dois fabricantes de telhas de cerâmica.

O director-geral da Eurotelha acreditava nas virtudes da telha de cimento e na liderança tecnológica da empresa. Admitia também que, em Portugal, apesar da sua tradição cerâmica, a evolução seria no sentido da telha de cimento à semelhança do que acontece nos outros países da CEE.

Anexo 1

Conta de exploração em 2000

VENDAS LÍQUIDAS

	(mil euros)
Telhas pretas — 4 milhões	700
Telhas verdes — 1 milhão	175
Telhas verme. — 2 milhões	275
Total	1150

DESPESAS

Matérias-primas + energia	500
Pessoal	400
Encargos financeiros	200
Administrativas	100
Amortizações	400
Comissões vendedores	25
Total	1625

RESULTADOS (475)

Anexo 2

Esquema simplificado da distribuição de telhas

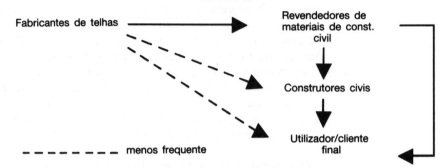

- - - - - - - menos frequente

2. O director de marketing da companhia de sumos CONSUMOS. ficou preocupado quando recebeu os dados relativos ao último trimestre de 2000. O plano de marketing da CONSUMOS relativo ao ano de 2000 apontava para a obtenção de uma contribuição de 298 500€ para lucros e encargos fixos da empresa durante o último trimestre do ano. No entanto, a contribuição real durante esse período foi somente de 221 700€, apesar da quota de mercado da COMSUMOS ter atingido 26%, valor superior ao previsto no plano – 25,5%. O director de marketing tinha à sua frente os valores correspondentes ao plano de 2000 e os valores reais relativos ao último trimestre desse ano (Anexos 1 e 2) e precisava de encontrar justificação para o desvio verificado, pois a reunião de direcção trimestral realizava-se no dia seguinte.

Anexo 1

Plano de marketing para 2000
(Período Out.-Dez.)

		(mil euros)
VENDAS		
Sumo de laranja	(945 000 l)	472,5
Sumo de limão	(512 500 l)	307,5
Sumo de ananás	(255 000 l)	185
Total		965
CUSTOS VARIÁVEIS		
Sumo de laranja		307
Sumo de limão		179,5
Sumo de ananás		105
Total		591,5
DESPESAS PUBLICIDADE + PROMOÇÕES + VENDAS		75
Contribuição		298,5

Anexo 2

Período Out.-Dez. 2000
(Valores reais)

VENDAS		(mil euros)
Sumo de laranja	(1 080 000 l)	517,15
Sumo de limão	(498 000 l)	272,15
Sumo de ananás	(229 800 l)	143,9
Total		933,2

CUSTOS VARIÁVEIS

Sumo de laranja	343,65
Sumo de limão	186,45
Sumo de ananás	106,9
Total	637

DESPESAS PUBLICIDADE + PROMOÇÕES + VENDAS	74,5
Contribuição	221,7

3. A Empresa de Lacticínios do Centro (LAC), produz e comercializa desde 1991 leite em embalagens de cartão de 1 litro, com prazo de validade de cerca de três meses e com a marca LAC.

No final de 1998 a empresa iniciou a produção e comercialização de uma linha de iogurtes em embalagens de 125 grs. com prazo de validade de 3 semanas e com a mesma marca do leite.

A decisão de entrar no mercado de iogurtes deveu-se não só ao melhor aproveitamento das matérias-primas mas também à possibilidade de utilizar a mesma rede e vendas, os mesmos distribuidores, os mesmos pontos de venda ao público e a mesma marca (LAC).

	1999	2000	2001
LEITE			
Vendas LAC (milhões de litros)	55	57	59
Vendas LAC (milhões de euros)	29	30	31
N.º Pontos de Venda	15 500	15 650	15 800
Investimentos Publipromocionais (milh. de euros)	1500	1600	1750
Custos variáveis (€/litro)	0,325	0,335	0,34
IOGURTES			
Vendas LAC (milhares de quilos)	1 100	1 150	1 180
Vendas LAC (milhares de euros)	1 750	1 700	1 600
N.º Pontos de Venda	4 700	4 200	3 700
Investimentos Publipromocionais (milh. de euros)	350	325	300
Custos variáveis (€/kg)	0,6	0,63	0,65

Em 2001, no mercado onde actua a LAC consumiram-se 120 milhões de litros de leite. O consumo de leite tem crescido 2% anualmente. Nesse mesmo mercado o consumo de iogurtes foi de 9500 kg em 1998 e tem crescido à taxa anual de 10%.

Com base nos elementos disponíveis prepare uma primeira versão dos planos de marketing para 2002, para o leite e para o iogurte.

Que elementos precisaria para completar esta primeira versão?

Índice

Prefácio 5

1 **Marketing** 7

O que é o marketing? 7
Que organizações utilizam o marketing? 9
O marketing como filosofia de gestão 10
    A óptica de produção 12
    A óptica de vendas 12
    A óptica de marketing 13
Tendências do marketing 14
Satisfação dos clientes 16
As funções de marketing 21
Elementos de análise económica em marketing 22
Problemas 26

2 **Análise do mercado** 31

Análise qualitativa do mercado 33
    Comportamento e necessidades dos clientes 34
    O processo de decisão de compra 37
    A segmentação de mercados 43
Análise quantitativa do mercado 50
    A dimensão do mercado 50
    A previsão de vendas 53
    As quotas de mercado 54

Estudos de mercado 60
    Aplicações dos estudos de mercado 62
    O processo de realização de estudos de mercado 64
    Briefing para realização de estudos de mercado 69
Análise da concorrência 71
    O perfil da concorrência 72
    Os benefícios da concorrência 75
    A concorrência desejável 77
Problemas 78

3   *O marketing estratégico e o marketing operacional*   85

O marketing estratégico 85
    Âmbito de actividade 88
    Vantagens competitivas 91
    Objectivos 97
    Sinergias 97
    Alocação de recursos 99
Acções competitivas 102
    Situação concorrencial das empresas 103
    Características dos mercados 104
A diversificação 107
A internacionalização 108
O marketing operacional 110
    O marketing-mix 111
    Posicionamento 113
Problemas 113

4   *Política de produto*   121

Definição de produto 121
O produto aumentado 123
Classificação de produtos 123
A qualidade 125
A embalagem 126
A marca 127
O ciclo de vida dos produtos 129
    Introdução 132
    Crescimento 133
    Maturidade 134
    Declínio 135
    Oportunidade de entrar no mercado 135
Desenvolvimento de produtos novos 136

Os serviços 139
    Porque é que os serviços são diferentes? 139
    Dimensões de análise de um serviço 140
    Posicionamento do serviço 142
    Gestão da carteira de clientes 143
    Gestão da procura do serviço 145
    O sistema de prestação do serviço 146
Os bens de organizações não lucrativas 147
    Captação de votos 148
    Captação de espectadores 150
    Captação de fundos 150
    Captação de pessoas 151
    Captação do interesse social 152
Problemas 153

5   *Política de comunicação*   159

Processo de comunicação 159
As funções da comunicação 161
O *mix* da comunicação 162
Elementos de comunicação 163
    Alvos 163
    Mensagem 164
    Intensidade 164
    Meios 165
    Avaliação 166
Publicidade 166
    Os objectivos da publicidade 166
    Os meios 168
    A avaliação da publicidade 168
    As agências de publicidade 170
Promoções 173
    Amostras grátis 173
    Coupons 173
    Descontos aos distribuidores 173
    Concursos 174
    Brindes nas embalagens 174
    Feiras e exposições 174
    Actividades nos pontos de venda 175
Relações públicas 176
    A identidade e imagem institucionais 176
Força de vendas 177
    Formulação do programa de vendas 178
    A implementação do programa de vendas 182
    O processo de venda 185

O vendedor eficiente 186
Marketing directo 186
Problemas 191

6 Política de distribuição 199

Canais de distribuição 199
Definição da política de distribuição 200
Funções dos canais de distribuição 200
Selecção dos canais de distribuição 202
A gestão da relação com os canais de distribuição 203
Tipos de canais de distribuição 210
    Canais de distribuição grossistas 210
    Canais de distribuição retalhistas 211
A gestão e organização dos canais de distribuição 216
Problemas 218

7 Política de preço 223

O preço no *marketing-mix* 223
Estabelecimento do preço 224
    O custo 225
    O valor para o cliente 230
    Objectivos 230
    Concorrência 231
    Regulamentação 232
    Ética 232
Sensibilidade do cliente ao preço 232
    Elasticidade 233
    Preços psicológicos 233
O preço na linha de produtos 234
    Canibalização 234
    Ascensão na linha de produtos (Trading up) 236
    Geradores de tráfego 236
    Produtos interdependentes 236
Problemas 236

8 Planeamento e organização de marketing 241

Planeamento e organização de marketing 241
O plano de marketing 242
O controle dos objectivos de marketing 244
Organização de marketing 246
    Tipos de organização de marketing 246
Problemas 249